Andrea Coppola

BLENDER
La guida definitiva

VOLUME 1

© 2015 Blender High School, Roma – Lulu.com
Prima edizione e-book Blender High School, 2015

Cover: Andrea Coppola
Redazione e sviluppo: Andrea Coppola

ISBN: 978-1-326-51032-9

Blender High School è su:
www.blenderhighschool.it
Facebook: Blenderhighschoolroma
www.lulu.com

Sommario

I

V

VI

1
PRIMA DI INIZIARE

1.1. Prefazione

Quando, alcuni anni fa, mi sono affacciato nel meraviglioso mondo della modellazione 3D, ho iniziato il lungo percorso di ricerca del giusto strumento.

È stata una ricerca davvero estenuante: nessun programma faceva davvero per me, vuoi per l'interfaccia ostica, vuoi l'eccessiva complessità, vuoi per la manualistica scadente, vuoi per gli scarsi risultati.

Ero arrivato al punto di desistere. Forse non avrei mai trovato lo strumento che mi avrebbe permesso di andare avanti da solo, realizzando i modelli tridimensionali dei miei progetti, senza dover chiedere continuamente aiuto a terzi (con notevole dispendio di denaro, spesso non previsto).

Qualcuno, invece, mi indicò Blender come la soluzione dei miei problemi. All'inizio rimasi perplesso, date le brutte esperienze causate dallo studio (a volte parziale) degli altri software open source o in genere gratuiti.

Nell'immaginario collettivo gratis è sinonimo di scadente, incompleto, poco professionale.

Blender si rivelò invece da subito qualcosa di portentoso, di estremamente completo e professionale.

La sua interfaccia grafica mi parve lineare ed ordinata, perfettamente chiara e comprensibile, in disaccordo con quanto asserito da alcuni utenti.

Tutt'al più che le nuove versioni andavano sempre più completandosi e migliorando.

3

Intuii la sua completezza e la sua potenzialità e la cosa mi incoraggiò così tanto che acquistai tutto il materiale in italiano e in inglese in circolazione e, non contento, presi lezioni private.

Sentii quasi subito la necessità di potenziare il mio hardware e acquistai una componentistica di ultima generazione che mi permise un utilizzo del programma ancor più *spinto*.

L'incontro con l'amico e collega Francesco Andresciani, ispiratore di questo lungo lavoro, mi aprì una nuova strada: una serie di fortunate pubblicazioni nel settore che mi riempiono ancora oggi di orgoglio. Da lì l'idea e la voglia di scrivere l'opera che avrei sempre voluto leggere.

Il manuale completo e ricco di esempi pratici che avrei voluto nella mia libreria e sul quale avrei voluto imparare Blender.

Il manuale diverso dagli altri, fuori dallo schema indice – argomento, un percorso i cui segreti sarebbero cresciuti con me.

Blender è un software che cresce con i suoi argomenti, qualcosa di aperto su cui sperimentare e studiare, raggiungendo sempre nuovi traguardi.

La mia ricerca continua ancora, ma stavolta nell'ambito dello stesso ambiente software. Lo studio giornaliero, l'esercizio e la scoperta di sempre nuove funzioni, *plugin*, tecniche mi spronano verso il continuo miglioramento.

Spero che le prossime pagine siano per voi quel mezzo che ho cercato inutilmente nelle librerie e nel web e che avrebbe potuto dimezzare i tempi di apprendimento e raddoppiare le mie conoscenze.

Buon lavoro!

Andrea Coppola

1.2. Introduzione

Questa opera è suddivisa per ovvie ragioni in più volumi.

Nel primo volume sono trattati gli argomenti base, dalle note informative, alla configurazione del sistema e la personalizzazione dell'ambiente di lavoro, alla struttura e al funzionamento dell'interfaccia utente (UI), alle funzionalità base e avanzate per la modellazione (modalità di lavoro, trasformatori, modificatori).

Nel secondo volume si analizzeranno, invece, in modo dettagliato i due motori di *rendering* principali di Blender (*Render Blender* e *Cycles*), l'illuminazione, i materiali dei due ambienti, nonché il complesso metodo dei nodi e le inquadrature.

Il terzo volume si concentrerà invece sulle simulazioni della fisica (fluidi, fumo e fiamme, effetti volumetrici, dinamica dei corpi rigidi e dei corpi soffici, tessuti, forze esterne), sul complesso sistema particellare e sul *Compositing* delle immagini finali.

Il quarto volume, infine, sarà interamente dedicato alle animazioni, al *rigging* e cinematica inversa delle armature delle *mesh*, al *Motion Tracking*, allo *Sculpting* e alle funzioni di montaggio audio video.

Si rimanda a pubblicazioni future un quinto volume sul *Game Engine* e sviluppi futuri.

Blender è uno strumento assai complesso e dettagliato. È quasi impossibile conoscere e descrivere accuratamente tutti gli argomenti e le tecniche, soprattutto quelle avanzate.

L'augurio è che questo sforzo immane diventi un punto di riferimento, ma anche di partenza per tutti i Blender *user*, professionisti, appassionati di computer grafica e, perché no, anche principianti.

5

1.3. Storia di Blender

Quando alla fine degli anni '90 Blender fu distribuito gratuitamente al pubblico ottenne un discreto successo tra gli appassionati di grafica 3D.

L'applicazione, fu creata nel 1995 come software proprietario dello studio di animazione olandese NeoGeo, in sostituzione del precedente ormai obsoleto, sotto la direzione artistica di Ton Roosendal.

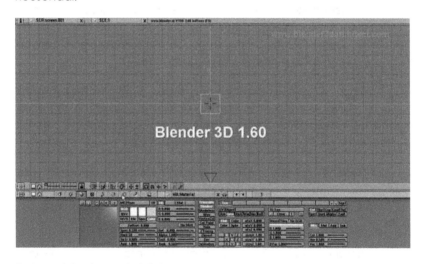

fig. 1 una delle prime versioni di Blender, la 1.60

Nel '98, lo stesso Roosendal fondò una nuova società la Not a Number (NaN) che sviluppò ulteriormente Blender come il primo grande software di modellazione 3D aperto al pubblico.

Nel 2000 ottenne una sovvenzione con cui lo sviluppo decollò ulteriormente, ottenendo un successo enorme con circa 250.000 utenti registrati.

Tuttavia, negli anni successivi, sull'orlo della bancarotta con la NaN, Roosendal decise di fondare una nuova organizzazione no profit per lo sviluppo di Blender: la *Blender Foundation*, che da allora non avrebbe più smesso di proseguire la ricerca e lo sviluppo di uno dei più grandi prodotti *open source* mai realizzati.

Negli anni, la Blender Foundation ha sviluppato e proposto gratuitamente al pubblico diversi film di animazione, quali ad esempio *Sintel o Caminandes*.

fig. 2 Progetto Durian: Sintel

Attualmente il nuovo film dal titolo *Gooseberry* è in fase di pubblicazione.

È possibile visualizzarli su Youtube o scaricarli dal sito www.blender.org.

Le potenzialità di Blender sono molteplici: dalla modellazione 3D, allo *sculpting*; dal *compositing* alla renderizzazione foto realistica o *cartoonistica*; dall'animazione alla creazione di effetti speciali; dallo sviluppo di videogiochi alla programmazione.

Qualitativamente Blender non ha assolutamente nulla da invidiare agli altri programmi commerciali, alcuni dei quali più conosciuti.

La versatilità, la facilità di utilizzo e la qualità fanno di Blender un validissimo concorrente, per lo più *open source*.

Il continuo sviluppo e l'apertura a terzi programmatori, ha permesso a Blender di migliorarsi continuamente, correggersi ed aggiornarsi.

Il nuovo motore di *rendering*, *Cycles*, ormai considerando il motore base di questo sorprendente strumento, risulta senza dubbio uno dei migliori motori di *rendering unbiased*, vale a dire di quella categoria che utilizza, a discapito dei tempi di calcolo, un algoritmo che, riproducendo il comportamento della luce, restituisce immagini altamente foto realistiche.

Ma che significa *open source*?

Con questo termine si intende qualsiasi software il cui codice di programmazione sia aperto a tutti i programmatori che intendano contribuire allo sviluppo.

Ciò comporta la gratuità della licenza di Blender e installabile sui tre principali sistemi operativi a 64 bit: Windows, Mac OSX e Linux.

Qualsiasi progetto, anche commerciale, sia stato realizzato con Blender è completamente illimitato.

Ciò renderà Blender il futuro della professione del 3D Artist.

1.4. Note sul Free Software e sul GPL[1]

Quando si sente parlare di "software libero" (*Free Software*), la prima cosa che viene in mente è l'idea di "costo zero". Anche se ciò di solito corrisponde al vero, il termine "software libero", utilizzato chiaramente dalla *Free Software Foundation* (ideatori del progetto e creatori della *GNU General Public License*) è inteso come *in libertà*, piuttosto che nel senso di *gratuito*. Il software libero in questo senso è un software che si è liberi di usare, copiare, modificare, ridistribuire, senza alcun limite. È un concetto estremamente differente rispetto alla concessione di licenze di pacchetti software più commerciali, dove è permesso caricare il software su uno o più computer, senza tuttavia poterli copiare, ridistribuire o vedere il codice sorgente. Il software libero permette un'incredibile libertà per l'utente finale. Dal momento che il codice sorgente è universalmente disponibile, vi sono anche molte più possibilità di segnalare *bug* e problemi e poterli rapidamente correggere e riaggiornare in nuove *release*.

Un programma rilasciato sotto la licenza GNU General Public (GPL) si ottiene il diritto di:

- usare il programma per qualsiasi scopo;

- modificare il programma e avere accesso ai codici sorgenti;

- copiare e distribuire il programma;

- migliorare il programma e rilasciare le proprie versioni.

In cambio di questi diritti, si devono osservare alcune regole nel caso in cui si distribuisce un programma GPL, regole pensate per proteggere le libertà altrui. Nello specifico:

---

[1] Tratto da Blender.org

9

- è obbligatorio fornire una copia della GPL con il programma, in modo che i destinatari siano consapevoli dei propri diritti ai sensi della licenza;

- è obbligatorio includere e rendere disponibile il codice sorgente;

- è obbligatorio, in caso di modifica del codice e ridistribuzione della versione modificata, la concessione delle modifiche disponibili sotto licenza GPL (o una licenza compatibile);

- è vietato limitare la licenza del programma oltre i termini della licenza GPL. Non è possibile, in pratica, trasformare un programma GPL in un prodotto proprietario.

Nel caso di Blender, il GPL è valido solo per l'applicazione e non l'opera d'arte che si crea con esso; per maggiori informazioni, ci si deve attenere alle regole della *Blender License* disponibili sul sito www.blender.org.

1.5. Il metodo adottato in questi volumi

Trattare tutti gli argomenti di Blender è un'impresa ciclopica e, probabilmente, anche per via del continuo sviluppo con rilascio di nuove release e nuove funzionalità.

Tuttavia in questi volumi si è tentato di mettere insieme tutte le possibilità offerte da Blender e di trasmetterle nel modo più semplice e discorsivo possibile, entrando, sì, nel metodo di tutti (o quasi) i parametri e gli strumenti, ma offrendo di volta in volta, esempi pratici che mettano l'utente nelle condizioni di iniziare a lavorare quasi da subito.

A partire dai capitoli in cui si inizia ad analizzare prettamente la fase nozionistica, saranno presi in considerazione gli aspetti più pratici nel dettaglio, con numerosi esempi ed esercizi sui quali l'utente è vivamente consigliato di porre attenzione.

Verranno continuamente ripetuti (al limite della petulanza) le *shortcut* corrispondenti ad un dato comando, sottolineata di volta in volta la modalità di lavoro, la finestra e i pannelli in cui richiamare i comandi, in modo che la memoria visiva possa piano piano contribuire all'apprendimento del programma.

Inoltre saranno presenti, nel corso delle spiegazioni, alcuni simboli all'inizio di un capoverso, che rappresentano:

 l'inizio di un'esercitazione inserita in un riquadro;

 una definizione o un consiglio (*Tip*);

 una nota, scritta in **neretto** all'interno di un riquadro grigio.

Blender, come amiamo ripetere, è un programma *complesso*, ma non difficile, e per questo necessita di continuo esercizio e chiarimenti.

Entrare nell'ottica di chi l'ha sapientemente programmato, sarà la chiave per impararlo e utilizzarlo al meglio.

Fate tesoro di questi pochi consigli, prima di iniziare questo lungo e tortuoso cammino.

Siamo più che certi (e ci auguriamo) che la grafica 3D e la potenza di questo fantastico software diverranno anche per voi una passione da coltivare.

1.6. Convenzioni utilizzate in questo volume

Riportiamo di seguito le principali convenzioni che saranno utilizzate in questo volume:

LMB	Left Button Mouse (tasto sinistro)
RMB	Right Button Mouse (tasto destro)
MMB	Medium Button Mouse (tasto centrale)
WM	Wheel Mouse (rotella di scorrimento)
SHIFT	Tasto SHIFT
ALT	Tasto ALT
CTRL	Tasto Control
TAB	Tasto TAB
SHIFT + C	Combinazione di tasti (esempio SHIFT e C)
ENTER	Tasto ENTER o INVIO
7 NUM	Tasto 7 del tastierino numerico
F1 – F12	Tasti funzione da F1 a F12
SPACEBAR	Barra Spaziatrice
BACKSPACE	Tasto indietro

1.7. Installare Blender

Blender è gratuitamente scaricabile dal sito www.blender.org dal quale è possibile scegliere la versione per Windows, per Mac OSX o per Linux.

fig 3 home page del sito www.blender.org

Nella sezione *Download* è sufficiente scaricare il file di installazione. La versione di riferimento per la stesura di questo volume è la 2.74.

Installazione per Windows

In ambiente Windows sarà possibile se scegliere di scaricare un file *Installer* oppure una cartella compressa *.zip, da scompattare (64 bit è preferibile se la macchina lo supporta).

Il file blender.exe verrà eseguito un programma di installazione di scegliere dove posizionare Blender e configurare Windows per avere una voce nel menu e per aprire i file *.blend* con Blender. Sono necessari i diritti di amministratore per installare Blender sul proprio sistema.

Con l'opzione di *download* *.*zip* è necessario estrarre manualmente i file di Blender e copiarli nella cartella desiderata, eventualmente sostituendo i file della versione precedente.

Installazione per Mac OSX

In ambiente Mac OSX, dopo averlo scaricato, decomprimere il file blender.app e trascinarlo nella cartella Applicazioni. In alternativa, è possibile avviare Blender direttamente dalla cartella compressa.

Installazione per Linux

In ambiente Linux, invece è disponibile il file *.*bz2* da scompattare.

Occorre scaricate la versione dedicata alla versione installata di Linux e decomprimere il file nella posizione desiderata.

Blender potrà quindi essere lanciato facendo doppio clic sul file eseguibile.

1.8. Configurazioni e personalizzazioni

Una caratteristica fondamentale di Blender è quella di proporsi come un software completamente configurabile e personalizzabile secondo le proprie esigenze, le caratteristiche tecniche del proprio sistema e le proprie abitudine, senza necessitare di alcuna *patch* particolare.

Oltre alla personalizzazione dell'interfaccia (che verrà analizzata di seguito), la finestra delle Preferenze di sistema, richiamabile dal percorso *File – User Preferences*, o con la combinazione di tasti CTRL + ALT + U, consente un gran numero di personalizzazioni, sia in base al proprio sistema, sia in funzione del proprio gusto estetico, sia in merito all'uso del mouse, dei comandi, della visualizzazione, dei comandi da tastiera (*screenshot*) e degli *Addons*.

Entriamo nello specifico della finestra User *Preferences*.

Una volta avviata, si presenta come una finestra libera dalle altre, cioè non agganciata a queste.

Si tratta dell'unico caso in Blender. Esso, infatti, è pensato per non lavorare con finestra scollegate o *popup*.

1.8.1. *User Preferences*

La finestra *User Preferences* si presenta suddivisa in pannelli ben definiti e suddivisi per argomenti ed in particolare andiamo ad analizzarli uno per uno:

16

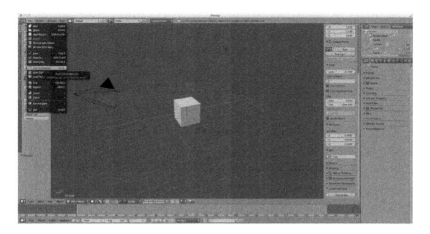

fig. 4 apertura della *User Preferences*

- *Interface* (in cui si definiscono alcune impostazioni sull'interfaccia);
- *Editing* (in cui è possibile impostare alcune preferenze in fase di manipolazione);
- *Input* (in cui si determinano le preferenze sull'inserimento dei dati);
- *Addons* (in cui si applicano o eliminano *plugins*);
- *Themes* (in cui si personalizzano i colori dell'interfaccia);
- *File* (in cui si scelgono i percorsi per il salvataggio dei file e di altri oggetti);
- *System* (in cui si impostano le funzionalità di sistema grafiche, audio e *hardware*).

A) Tab Interface

In questa sezione è possibile personalizzare l'interfaccia utente.

17

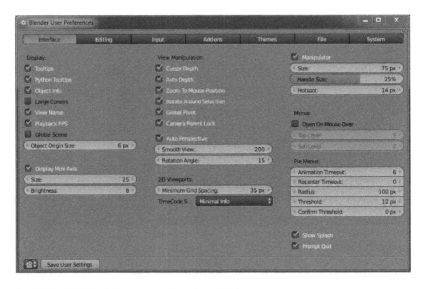

fig. 5 la finestra *User Preferences* nella sezione *Interface*

Sotto l'area *Display* vi sono alcune spunte che regolano la visualizzazione di alcuni accorgimenti e nello specifico:

- *Tooltips* attiva dei suggerimenti sul comando;

- *Python Tooltips* attiva la visualizzazione del file Pithon a cui è associata una determinata funzione o uno strumento;

- *Object info* fornisce informazioni sul nome dell'oggetto attivo selezionato;

- *Large Cursors* visualizza i cursori del mouse ingranditi, se disponibili in quel momento;

- *View name* visualizza il nome e il tipo di visualizzazione corrente nell'angolo in alto a sinistra della finestra 3D;

- *Playback FPS* mostra nell'angolo della finestra i fotogrammi al secondo i *refresh* di aggiornamento dello schermo mentre un'animazione viene riprodotta;

18

- *Global Scene* impone che la scena corrente sia visualizzata in tutte le schermate;

- *Object Origin Size* determina in pixel le dimensioni dell'origine di un oggetto attivo all'interno della *viewport*;

- *Display Mini Axis* mostra la miniatura di riferimento degli assi cartesiani in basso a sinistra della finestra 3D View, mentre i due parametri sottostanti definiscono le dimensioni e la luminosità degli stessi, se attivati.

Nell'area centrale (*View manipulation*) si definiscono:

- *Cursor Depth*, che regola la profondità sotto il mouse quando si posiziona il cursore;

- *Auto Depth*, che migliora le azioni di zoom e panoramica;

- *Zoom to Mouse Position* che determinala posizione del puntatore del mouse come punto focale dello zoom invece del centro finestra 2D. Utile per evitare la panoramica durante lo zooming in e out;

- *Rotate Around Selection* fa sì che l'oggetto selezionato divenga il centro di rotazione della vista corrente;

- *Global Pivot* permette di bloccare lo stesso pivot in tutte le viste 3D sia durante la rotazione sia durante la scalatura;

- *Auto perspective* fa in modo di passare automaticamente alla visualizzazione prospettica della vista passando dalle visualizzazioni ortogonali;

- *Smooth View* definisce il lasso di tempo di transizione fra le viste ortogonali e quelle 3D;

- *Rotation Angle* determina lo step di rotazione, espresso in gradi, della vista corrente quando si usano i tasti 4, 6, 2 e 8 del tastierino numerico.

L'area *2D View Ports* consente il controllo di:

- *Minimum Grid Spacing*, il numero minimo di pixel tra linee della griglia nella viewport 2D.

- Time Code Style, ossia il formato del Time Code visualizzato, quando si sceglie in luogo del numero dei frame nella Timeline.

A destra in alto troviamo invece l'area *Manipulator* che permette di regolare il manipolatore di trasformazione (trascinamento, rotazione e scalatura) di un oggetto.

Le opzioni di *Menus* invece consentono di aprire il menu al passaggio del mouse su un oggetto invece che venga selezionato.

Pie Menu regola i parametri relativi a questo strumento di selezione modalità attivabile dagli *Addons*.

Infine *Show Splash* mostra o meno la finestra *splash* all'avvio di Blender.

B) *Tab Editing*

Questa sezione definisce parametri sulla modifica degli oggetti.

- *Link Material To* definisce in che modo un materiale venga applicato ad un oggetto.

- *New Object* imposta le condizioni di inserimento di un oggetto nella scena e secondo quali coordinate (se globali o secondo la vista corrente). La spunta *Edit Mode* permette di inserire un nuovo oggetto nella scena in modalità *Edit Mode*.

- *Undo* specifica il numero degli annullamenti delle operazioni eseguite.

- *Grease Pencil* imposta le caratteristiche iniziali del pennarello (raggio della punta, smussatura, colore di default...) in cui è possibile disegnare nella 3D View.

- L'opzione *Allow Negative Frames* sotto *Playback* permette di poter impostare *frames* negativi.

Nell'area *Keyframing* esistono diversi parametri a spunta e alcune opzioni.

- *Visual Keying* rende visibili i *keyframes*;

- *Only Insert Needed* attiva *keyframes* se necessario;

- *Auto Keyframing* attiva automaticamente dei *keyframes* negli oggetti *Bones*, se attivato;

- *Only Insert Available* inserisce *keyframes* nelle curve disponibili;

- *New F-Curve Defaults* regola il comportamento matematico delle curve inserite;

- *XYZ to RGB* imposta lo stesso colore delle componenti x, y e z di una curva rispetto a quello degli assi.

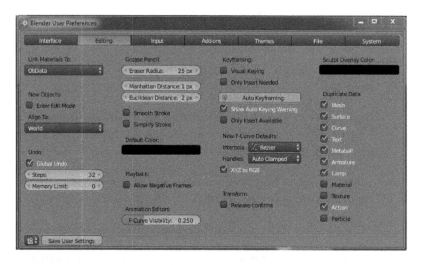

fig. 6 la finestra *User Preferences* nella sezione *Editing*

La casella di spunta *Release confirms* sotto *Transform* permette che il rilascio dell'operazione di trasformazioni (spostamento, rotazione e scalatura) per trascinamento del mouse col tasto LMB su un oggetto confermi l'operazione automaticamente al rilascio del tasto del mouse.

Sculpt Overlay Color definisce il colore da utilizzare nella parte interna del *brush* in modalità *Sculpting*.

L'ultima area di preferenze (*Duplication Data* permette di definire quali parametri di un oggetto verranno copiati durante l'operazioni di duplicazione dell'oggetto stesso.

C) *Tab Input*

Scorriamo rapidamente le altre impostazioni della sezione *Input*.

Nella tendina a discesa *Preset* è possibile impostare Blender con combinazioni di tasto simili a quelle di altri programmi del genere, come, ad esempio, 3DStudio Max. Con i tasti + e -, è possibile aggiungere *preset* personalizzati o eliminarne altri.

Spuntando l'opzione *Emulate 3 Mouse Button*, Blender verrà essere configurato per funzionare con diversi tipi di mouse (come un mouse a due tasti, tipo quello di Apple o laptop touchpad). La funzionalità dei pulsanti del mouse a 3 tasti verrà quindi emulata con combinazioni chiave, come mostrato nella tabella rappresentata di seguito:

Mouse 3 pulsanti	Mouse 2 pulsanti	Apple mouse
LMB	LMB	LMB
MMB	ALT + LMB	CMD + LMB
RMB	RMB	CMD + LMB

Continuous Grab consente di spostare il mouse fuori della vista (per la traduzione, la rotazione, la scala).

Drag / Tweak Threshold determinano quanti pixel di interfaccia utente deve sposterà un elemento affinché Blender riconsoca lo spostamento.

Come avrete probabilmente notato, l'uso dei tasti del mouse è pensato in modo opposto alla stragrande maggioranza dei software commerciali. In particolare la selezione avviene con il tasto destro in luogo del sinistro.

Si tratta di una scelta personale, ma vi consiglio, dato che la User Preferences ce lo consente, di invertire i comandi assegnati ai tasti. Entrate nella sezione *Input* e cliccate nell'opzione *Select* With la casella *Left* (che si colorerà di azzurro). Questa impostazione del mouse farà sì che il tasto sinistro fungerà da selettore, al posto del destro.

Double Click determina il tempo per un doppio clic (in ms).

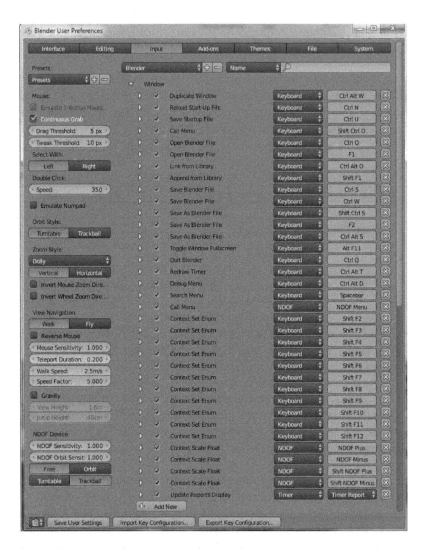

fig. 7 la finestra *User Preferences* nella sezione *Input*

Emulate NUM: le tavolette grafiche possono essere utilizzati per fornire un metodo più tradizionale di controllare il cursore del mouse con una penna. Questo può aiutare a fornire un'esperienza più familiare per gli artisti che vengono utilizzati per la pittura e

24

disegno con strumenti analoghi, oltre a fornire controlli aggiuntivi, come la sensibilità alla pressione.

Con *Orbit Style* si può scegliere come funziona Blender quando si ruota la vista 3D (con MMB di default). Due stili sono disponibili. Se siete abituati a lavorare con Maya o con Cinema 4D, si preferisce settare *Turntable*.

Zoom Style definisce invece lo stile preferito di zoom in e out con la combinazione di tasti CTRL – MMB Si può scegliere tra *Dolly*, *Scale* e *Continue*, oltre che *Orizontal* e *Vertical*.

Invert Zoom Direction inverte la direzione di zoom per l'opzione *Dolly* e *continue*.

Invert Wheel Zoom Direction inverte la direzione dello zoom rotellina del mouse.

Dispositivo NDOF imposta la sensibilità di un mouse 3D.

Editor Keymap consente di modificare il valore predefinito tasti di scelta rapida. È possibile modificare *keymaps* per ogni finestra.

Sul lato destro della finestra *Input*, invece, è possibile ripristinare e modificare tutte le combinazioni di tasti di scelta rapida dei comandi di Blender.

D) *Tab Addons*

Nella sezione *Addons* è possibile attivare o disattivare i componenti aggiuntivi proprietari, scelti eventualmente dalla lista per categorie, o di terze parti, anche in fase di *testing*, oppure importandoli da fonti esterne a mezzo di *script* in linguaggio *Python* (*Install from File*).

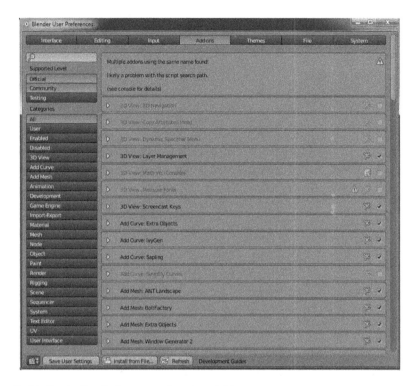

fig. 8 la finestra *User Preferences* nella sezione *Addons*

E) Tab Themes

La sezione *Themes* permette di personalizzare i colori di tutti gli elementi visualizzati in Blender, dalle finestre, ai contorni degli oggetti, agli sfondi, ai tasti e le caselle. Tutti gli elementi sono divisi per categorie sulla sinistra della finestra. È possibile importare temi da fonti esterne o ripristinare il tema di default *(Reset to Default theme)*.

fig. 9 la finestra *User Preferences* nella sezione *Themes*

F) Tab Files

Nella sezione *Files* è possibile personalizzare tutto quanto concerne la gestione dei file, i percorsi e le cartelle di salvataggio.

Nelle caselle sotto *File Path* si possono fissare i percorsi delle cartelle in cui Blender andrà automaticamente a cercare o salvare *fonts, texture*, salvataggi dei *rendering, script,* suoni, *file* temporanei di calcolo e *cache* e altri percorsi.

Sulla destra si trova l'area *Load & Save*, in cui si definiscono le metodologie di caricamento e salvataggio dei *file* (il percorso relativo, la compressione del file **.blend*, il caricamento delle impostazioni dell'interfaccia UI salvata sul file, i filtri delle estensioni sui file compatibili che verranno visualizzati e la visualizzazione delle miniature nel *browser*.

27

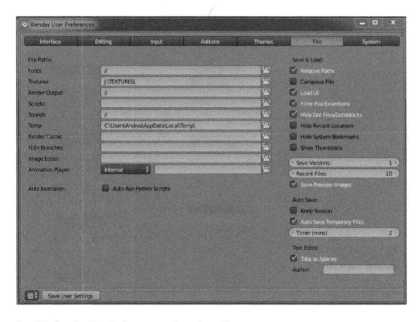

fig. 10 la finestra *User Preferences* nella sezione *File*

Inoltre si definiscono:

- *Save version*, il numero di versioni create per lo stesso file (per il backup);
- *Recent Files*, il numero di file visualizzati in File – Apri recenti;
- *Save Preview Images*, in cui si salvano le anteprime di immagini, materiali e altri file compatibili nella finestra File Browser.

Infine nell'area *Auto Save*:

- *Auto Save Temporary File* attiva un salvataggio automatico;
- *Timer* definisce il tempo che deve trascorrere prima che si attivi un *Auto Save*.

28

G) Tab System

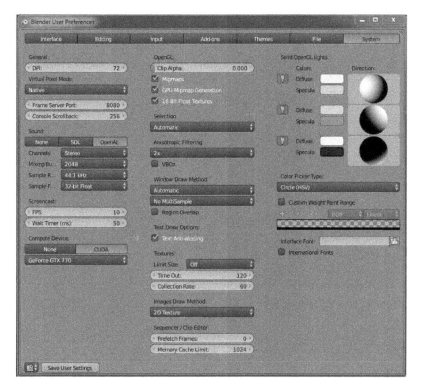

fig. 11 la finestra *User Preferences* nella sezione *System*

Nella finestra *System*, si posso no impostare le configurazioni hardware e software del sistema su cui si sta lavorando, ad esempio la risoluzione video, le preferenze sullo *scripting*, il suono, le schede video, e l'internazionalizzazione (lingua).

Sotto *General*:

- l'opzione *DPI è utile nel caso si intenda variare la* risoluzione dello schermo modificando quindi la dimensione dei caratteri di interfaccia di Blender e le icone interne riportate.

29

- *Virtual Port Mode* imposta la porta TCP / IP utilizzato in combinazione con l'indirizzo IP della macchina per il *rendering frameserver*;

- *Console Scrollback* definisce il numero di linee nella memoria della finestra della console.

Nell'area *Sound* si può impostare il tipo di dispositivo audio (nessuno, SDL o OpenAL), il numero dei canali di uscita (stereo, 4 ch, 5+1, 7+1), il *Mixing Buffer* (512, 1024, 2048, 4096, 8192, 16384, o 32768), il *Sample Rate* (ossia la frequenza di campionamento audioscegliendola tra 44.1 Khz, 48 KHS, 96 Khz e 192Khz) e il *Format Sample* espresso in bit (16, 24, 32 o 64).

Compute Device permette di impostare il dispositivo di calcolo per i motori di *rendering*. Se si imposta *None* automaticamente sarà la CPU del processore il dispositivo deputato al calcolo, mentre attivando *CUDA* saranno disponibili le schede video con tecnologia *Cuda Core* (vedi di seguito) disponibili nel sistema. Se siete provvisti di una discreta scheda video si consiglia di utilizzarla ai fini del calcolo.

L'area relativa all'*Open GL* definisce alcune opzioni come la soglia del *Clip Alpha* (tra 0 e 1), il *Mipmap* (vale a dire la texture di scala per vista 3D utilizzando il filtro *mipmap*).

È possibile poi impostare le opzioni relative al filtro anisotropico (*Anisotropic Filter*) e al *VBOs* (che velocizza il *viewport rendering* operando sugli array dei vertici) e quelle della *Window Draw Method* che imposta la visualizzazione secondo le impostazioni del driver della scheda video (*Authomatic*) o altri metodi.

Text Draw Options abilita anche il testo dell'interfaccia anti-aliasing.

Nell'area *Textures*, *Limit Size* limita la risoluzione massima per le immagini utilizzate in mostra texture per risparmiare memoria, mentre *Timeout* ibera lo spazio dell'ultima *texture GL* dopo un numero di secondi impostati.

Le impostazioni di *Prefetch Frames*, nell'area *Sequencer / Editor clip*, permettono di impostare il numero di fotogrammi in avanti oltre la riproduzione video. *Memory cache Limit*, invece, definisce il limite della memoria *cache* del *sequencer*.

Le opzioni grafiche dell'area *Solid OpenGL Light* definiscono i colori delle facce illuminate o ombreggiati nella vista in modalità *Solid*.

Custom Weight Paint Range determina un'alternativa alla scala di colori (rosso-giallo, blu-verde) che Blender assegna di default al peso dato ai vertici di una *mesh* in funzione dell'ossatura ad essa assegnata.

International Fonts permette all'utente di impostare una delle numerosissime lingue disponibili, sia per quanto concerne la traduzione dell'interfaccia (che si sconsiglia vivamente), sia per quanto riguarda i suggerimenti durante le fasi lavorative.

Una volta modificate le preferenze, per salvare le impostazioni, cliccate in basso a sinistra su *Save User Settings*.

1.8.2. Requisiti di sistema

Blender è un software molto leggero, ma necessita di un supporto *hardware* potente per garantire una buona funzionalità soprattutto con calcoli avanzati e pesanti. Consigliamo pertanto una configurazione minima ed una configurazione consigliata di sistema, qualunque sia il sistema operativo su cui lavorate.

Tali configurazioni sono aggiornate al 2015.

Configurazione minima

- *CPU Intel i5*
- *RAM almeno 4 GB*
- *HD almeno 500 GB*

31

- *Scheda video* con almeno 1 GB di RAM dedicata e almeno 512 *Cuda Core*

Configurazione consigliata

- *CPU Intel i7* o superiore
- *RAM* almeno 16 GB
- *HD* almeno 1 TB
- *Scheda video* con almeno 3 GB di RAM dedicata e almeno 1450 *Cuda Core*

Ma cosa sono i *Cuda Core*?

Le schede video moderne, soprattutto quelle professionali o semiprofessionali sono dei veri e propri computer che gestiscono in toto tutti i calcoli grafici al posto della *CPU (computer processor unity,* ovvero il processore).

Il processore della scheda video è detto *GPU* (ossia *Graphic Processor Unity)* e, come la *CPU* è dotato di unità logiche.

Quando si parla di *core* si intendono proprio queste unità logiche, dei veri e propri processori all'interno del componente *hardware.* Tali unità logiche gestiscono i calcoli in modo individuale, consentendo al sistema una maggiore potenza e velocità di calcolo.

Le *GPU* funzionano nello stesso modo, con la differenza che ogni unità logica è sì meno veloce nel calcolo rispetto a quelle della *CPU,* ma una *GPU* gestisce un numero elevatissimo di unità.

Per fare un esempio, quando si parla di *Quad Core* si intende un processore *(CPU)* con 4 unità logiche *(core).*

Le unità logiche della *GPU,* invece, nelle schede di un certo livello, come la serie Quadro, possono arrivare anche a 4000!

Non tutte le schede video però sono indicate per il calcolo in Blender.

Quando scegliete la vostra scheda, accertatevi che la *GPU* sia dotata di unità logiche dette *Cuda Core*.

Tra queste indichiamo le schede *Nvidia*, della serie GTX 700, 800, 900 o delle serie superiori *Titan* e *Quadro*.

fig. 12 scheda video *Nvidia GTX 770*

Se il vostro sistema è provvisto di una scheda video di questo livello, allora è preferibile assegnare al motore di calcolo la *GPU*, impostando *CUDA* nella casella in basso a sinistra della sezione *System* nella finestra *User Preferences* e poi salvare con *Save User Settings*.

In caso contrario lasciate impostato su *None*.

Blender supporta anche una configurazione multi scheda e le gestisce via driver direttamente nel *Compute Device*. Potrete scegliere, qualora siate in possesso di più schede, ad esempio, la voce *Scheda 1 + Scheda 2*.

Un accorgimento importante: le schede, per poter garantire il massimo delle prestazioni dovranno essere identiche nel modello, nel *chipset* (*clock* e velocità di accesso), numero dei *Cuda core* e RAM. Differenze, soprattutto se sostanziali, avrebbero un effetto negativo rispetto all'utilizzo di una sola scheda.

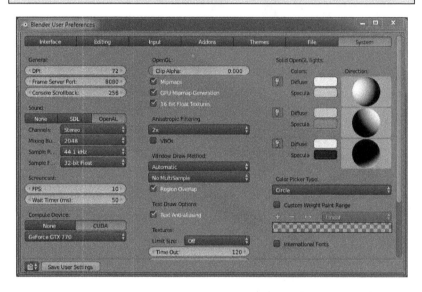

fig. 13 assegnazione dei *cuda* nelle preferenze di sistema

Con il salvataggio nelle preferenze farete sì che le impostazioni rimangano in memoria ad ogni avvio di Blender.

Tuttavia è possibile salvare anche le modifiche e le impostazioni di base dell'interfaccia.

Dopo aver scelto le finestre su cui lavorare, il dimensionamento che vi aggrada e i settaggi che usate sempre, potete salvare il tutto come *template*, ossia come modello all'avvio.

Andate su *File* e scegliete *File Startup File*, quindi confermate il salvataggio. Da quel momento in poi Blender si riaprirà sempre con quella configurazione salvata.

34

1.9. Risorse online

Blender è ricco di informazioni e tutorial in giro per la rete. Spesso ci si imbatte su materiale di buon livello, altre volte in pagine contraddittorie e di scarsa qualità.

Essendo un *open source*, chiunque può contribuire alla divulgazione e allo sviluppo del programma, tuttavia l'utente dovrà stare attento a percepire il meglio di quanto si trova in rete.

Internet è pieno di siti dedicati e moltissimi tutorial, alcuni dei quali davvero belli e utili.

Purtroppo (o per fortuna) la maggior parte del materiale su Blender è in lingua inglese e in italiano si trova davvero ben poco di valido.

Abbiamo scelto per voi alcuni siti internet in cui si parla di Blender in modo esaustivo e professionale. Non esitate ad utilizzare il materiale proposto come compendio a questo manuale.

Vi segnaliamo di seguito una lista di siti, invitandovi a visitarli ed estrapolarne quante più informazioni possibile:

- **www.blender.org** (sito ufficiale di Blender)
- **www.blenderfoundations.com** (sito della Blender Foundation)
- **www.blenderhighschool.it** (sito di formazione e istruzione a cura dell'autore di questo libro)
- **www.blender.it** (principale sito italiano su Blender)
- **www.blenderartists.org** (il più grande forum della comunità di Blender)
- **www.blenderclick.it** (forum e informazioni su Blender in italiano)
- **www.blenderguru.com** (il sito di Andrew Price in cui trovare preziosi consigli e tutorial di altissimo livello)
- **www.blendtuts.com** (sito di tutorial di alto livello)

- **http://cgcookie.com/blender** (pagina di cgcookie su Blender da cui scaricare tantissimi modelli)
- **www.blendernation.com** (sito di informazioni, notizie, tutorial e modelli di Blender)
- **http://www.littlewebhut.com/blender** (sito di divertenti tutorial su Blender)
- **www.blendernerd.com** (sito di tutorial molto avanzati)
- **www.blendswap.com** (sito da cui scaricare centinaia di modelli di Blender).

Consigliamo inoltre di acquistare online il corso di Blender in 15 *ebook* e il videocorso dello stesso autore di questa pubblicazione (in collaborazione con Francesco Andresciani), editi e distribuiti da Area51Publishing (www.area51editore.com).

fig. 14 il sito www.blenderhighschool.it

36

2

OPERAZIONI DI BASE

2.1. Struttura delle finestre e dell'interfaccia

Prima di entrare nel vivo delle varie finestre di Blender, è bene che sia chiaro come queste siano composte, da quali elementi, pulsanti, regioni, pannelli e aree di inserimento dati.

È necessario avere un controllo accurato delle finestre, dette anche *Editor*, apprendendo in che modo possano essere posizionate, eliminate, raddoppiate e dimensionate. In una parola: personalizzate.

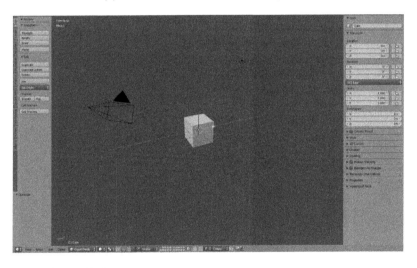

fig. 15 la finestra 3D view

Blender mette a disposizione diversi *Editor*, dotati da alcune caratteristiche comuni.

Li analizzeremo dettagliatamente uno per uno.

2.1.1. Intestazione o *Header*

fig. 16 intestazione o header

Innanzi tutto, ognuna delle finestre mostra una intestazione (o *header*), rappresentata da una striscia orizzontale della larghezza della finestra stessa.

Ogni *header* è richiamabile da un'icona a tendina che rappresenta la funzionalità di quella determinata finestra. Da tale icona è possibile modificare la natura della finestra di lavoro: cliccando su essa si aprirà un menu a tendina che consentirà di scegliere l'area di lavoro desiderata.

fig. 17 menu a tendina dell'header

Cliccando con il RMB sull'*header* in un punto privo di icone o pulsanti (zona grigia), sarà possibile decidere se l'*header* debba

40

essere visualizzato e posizionato in alto o in basso rispetto alla finestra (*Flip to top* o *Flip to bottom*) oppure se ridurlo al minimo dei comandi (*Collapse menus*). Sarà possibile inoltre nasconderlo trascinandone il bordo sul limite della finestra e richiamarlo cliccando sul piccolo + in basso a destra della finestra.

Infine è possibile massimizzare a tutto schermo (*Maximize Area*) o ripristinare (*Tile Area*) la finestra attiva.

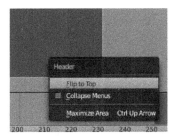

fig. 18 opzioni di visualizzazione dell'*header*

2.1.2. Area di lavoro

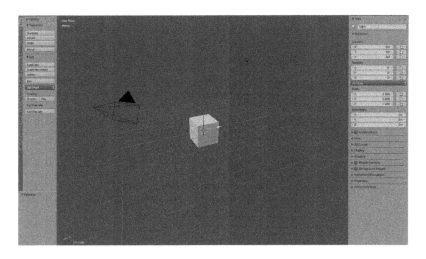

fig. 19 area di lavoro

41

L'area di lavoro è il cuore della finestra, lo spazio dove le operazioni prendono vita e forma.

Non tutte le finestre sono dotate di area di lavoro (è il caso, ad esempio, della finestra *Properties*).

In alcuni casi, come nella 3D view, l'area di lavoro può essere ulteriormente suddivisa o mostrare aree o barre laterali, ad essa legate.

2.1.3. Barre laterali o *Sidebar*

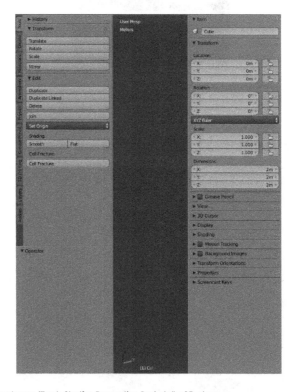

fig. 20 le due barre (*Tools Shelf* e *Properties Bar*) della 3D view

42

Le barre laterali (o *Sidebar*) sono due speciali aree verticali poste lateralmente dell'area di lavoro, nello specifico della 3D view, che raccolgono informazioni o strumenti e che possono essere richiamate appositamente da tasti di scelta rapida.

Entreremo meglio nel dettaglio quando tratteremo specificamente della 3D view.

2.1.4. Regioni

Le regioni suddividono ulteriormente una barra laterale.

fig. 21 regione superiore della *Tools Shelf*

2.1.5. Tabs

Le *tabs* si presentano sottoforma di linguette laterali e servono a raggruppare ulteriormente le funzioni o gli strumenti di una regione (*Tools Shelf*) secondo argomenti specifici.

fig. 22 la *tab* Tools della *Tools Shelf*

2.1.6. Pannelli

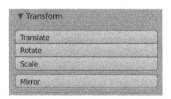

fig. 23 pannello *Transform* nella *Tools Shelf*

I pannelli suddividono ulteriormente una regione o un *tab* per argomenti.

Questi, disposti verticalmente, possono essere posizionati a piacimento trascinandoli cliccando sulle due barrette tratteggiate in alto a destra, oppure minimizzate o massimizzate cliccando sul triangolino in alto a sinistra.

fig. 24 trascinamento del pannello *Edit* della *Tools Shelf*

fig. 25 *pinning* di un pannello

Inoltre è possibile apporre su essi (sia che siano minimizzati sia che siano massimizzati) una puntina, al fine, ad esempio, di appuntarli come importanti, cliccando sulle barrette tratteggiate di trascinamento col tasto destro e spuntando *Pinning*.

2.1.7. Ridimensionare le finestre

Finestre, regioni e pannelli possono facilmente essere ridimensionati semplicemente posizionando il puntatore del mouse in prossimità dei margini. Compariranno delle freccette che indicano la direzione di trascinamento del margine.

Per massimizzare o minimizzare a tutto schermo una finestra è sufficiente digitare la combinazione di tasti CTRL + FRECCIA SU (o FRECCIA GIU').

2.1.8. Sdoppiare o eliminare le finestre

Nell'organizzare l'interfaccia grafica è possibile sdoppiare le finestre attive creando delle copie esatte del contenuto corrente.

Successivamente è possibile apportare modifiche di contenuto della finestra sdoppiata (o della finestra originale) o di modificarne la natura scegliendo tra le opzioni dal menu a tendina dell'icona sull'*header*.

Per poter sdoppiare orizzontalmente una finestra sarà sufficiente cliccare sull'angolo in alto a destra (è presente un piccolo triangolo) e trascinare verso l'interno della finestra stessa. Automaticamente si genererà una copia che potrà essere dimensionata a piacimento.

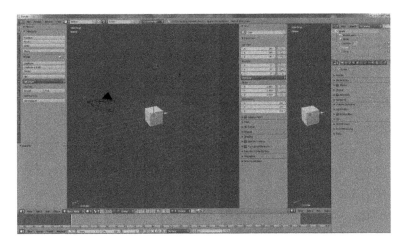

fig. 26 sdoppiamento di una finestra

Analogamente è possibile sdoppiare la finestra in senso verticale trascinando il triangolino in basso a sinistra.

Per eliminare una finestra occorrerà cliccare sul triangolino e trascinare nel senso di cancellazione, vale a dire definire quale finestra *fagociterà* quella attigua.

Durante questa operazione comparirà una grande freccia semitrasparente che indicherà il verso di cancellazione.

Eliminare le finestre è quindi molto semplice ma bisogna precisare un concetto fondamentale: una finestra può essere eliminata esclusivamente se quella attigua è della stessa larghezza o altezza.

Infatti l'eliminazione è il processo inverso dello sdoppiamento. Quando sdoppiamo in un senso una finestra trascinando il triangolino, il lato coincidente con quello della finestra originale avrà le sue stesse dimensioni.

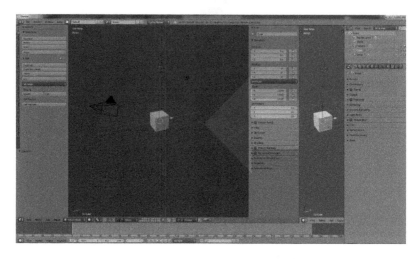

fig. 27 cancellazione di una finestra

2.1.9. Pulsanti e controlli

All'interno delle finestre troviamo una serie di pulsanti, icone, caselle e altri controlli di diversa natura necessari per assegnare valori numerici alle operazioni da eseguire, applicare strumenti o eseguire delle scelte. Vediamoli nel dettaglio.

a) Pulsanti

fig. 28 pulsante

I pulsanti sono delle semplici caselle attive che avviano un comando alla pressione del mouse.

b) Interruttori

fig. 29 interruttori

Gli interruttori sono molto simili ai pulsanti, ma sono raggruppati in gruppi di due o più elementi. Alla pressione di uno di essi si disattivano automaticamente gli altri.

c) Menu a tendina

fig. 30 menu a tendina

Cliccando sul menu a tendina (in cui sono rappresentate due piccole frecce chiare) compare una tendina in cui è possibile scegliere un'opzione.

d) Spunte

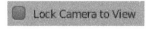

fig. 31 spunta

La casella di spunta attiva o disattiva una determinata funzione.

49

e) Contatori

fig. 32 contatore

Nei contatori è possibile inserire un valore numerico cliccando all'interno, oppure aumentare o decrementare tale valore cliccando sulle freccette laterali.

f) Cursori

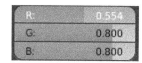

fig. 33 cursori

Nei cursori (o *slider*) è possibile digitare un valore numerico cliccando all'interno oppure trascinando la barra di avanzamento. La differenza sostanziale con i contatori sta nel fatto che nei cursori i valori sono inseriti in un *range* minimo e massimo.

g) Campi di testo

fig. 34 campi di testo

I campi di testo consentono, cliccando all'interno, di inserire delle stringhe di caratteri alfanumerici.

h) Tavolozza

La tavolozza è un riquadro in cui è possibile inserire valori numerici, trascinando un cursore per determinare un colore.

Un tipico esempio si trova nell'assegnazione del colore di un materiale degli oggetti della scena e dell'ambiente.

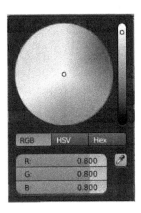

fig. 35 tavolozza

i) Icona

fig. 36 icona

L'icona, come visto precedentemente, di solito attiva un menu a tendina, piuttosto che campi di testo o altri pulsanti. Un esempio è l'icona dell'*header* che determina la natura di una finestra.

2.1.10. Funzioni matematiche nei Contatori e nei Cursori

Nello spazio adibito ai valori numerici dei Contatori e dei Cursori è possibile inserire funzioni matematiche. Il motore di calcolo di Blender è in grado di calcolare le formule inserite.

Ad esempio inserendo il valore 0.20 + 1.30, automaticamente sarà calcolato e visualizzato il valore 1.50m (espresso in metri qualora sia impostato, come vedremo in seguito.

Analogamente è possibile utilizzare i segni – (meno), / (diviso), * (per), ∧ (elevazione a potenza), log(x) (logaritmo), sin, cos, tan (seno, coseno e tangente), abs(x) (valore assoluto) ed altre funzioni matematiche.

2.1.11. Il segno – (meno)

Durante le operazioni di trasformazione che vedremo in seguito (spostamento, rotazione e scalatura), il segno meno viene usato in caso di trasformazione negativa, opposta cioè al verso positivo assoluto degli assi e del verso antiorario di rotazione. Il segno – (meno) può essere inserito anche di seguito al valore assoluto, in modo da non rieseguire da capo l'operazione in caso di errore o dimenticanza.

Ad esempio la traslazione lungo l'asse x di 2 metri in negativo può essere espressa come – 2 o 2 –.

2.1.12. Valori decimali

Il valori decimali sono separati di *default* dal punto (.), ad esempio 12.3.

Lo zero alla fine non è indispensabile (12.30 = 12.3).

Per i valori non interni inferiori ad 1 è possibile sopprimere lo zero. Ad esempio, 0.4 può essere digitato semplicemente .4.

2.1.13. Unità di misura

Verrà mostrato in seguito come impostare l'unità di misura.

In ogni caso inserendo valori numerici di misurazione decimali vengono automaticamente convertiti nel valore corrispondente secondo la scala impostata.

Ad esempio, se la scala è impostata in metri, inserendo il valore .1, comparirà automaticamente il valore 10cm.

Naturalmente è possibile è possibile operare in modo inverso. Blender riconosce i valori m (metri), cm (centimetri), km (chilometri), " (pollici), etc.; è possibile quindi, senza essere obbligati a fare un calcolo di conversione a mente, digitare direttamente 10cm o 10 cm.

2.2. Avvio di Blender

All'avvio, Blender si presenta (se attivata l'opzione delle preferenze) con una *splash screen* e con una configurazione di default delle finestre.

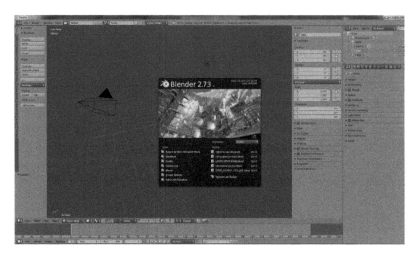

fig. 37 *splash screen* all'avvio di Blender

Nella *splash screen* è possibile scegliere la modalità di utilizzo nel menu a tendina, richiamare i file recenti, recuperare l'ultima sessione aperta (*Recover Last session*) o essere dirottati su *link online*.

Nella parte superiore è indicata la versione con la data di rilascio.

Cliccando al di fuori di questa finestra, questa si chiuderà e Blender si presenterà nella sua configurazione di *default*.

2.2.1. L'interfaccia di Blender e le impostazioni di base

Per anni Blender si è trascinato la fama di software valido ma difficile per via della sua interfaccia grafica indecifrabile.

In effetti, fino alla versione 2.49, l'interfaccia era ancora pressoché la stessa delle versioni iniziali, pensata cioè principalmente per gli sviluppatori e non per gli utenti.

Con la versione 2.5, Blender subì un rivoluzionario *restyling*, che rese la sua interfaccia utente qualcosa di decisamente chiaro, comprensibile e facilmente accessibile a chiunque.

Nell'ultima versione 2.7x (a cui si fa riferimento in questo volume), l'interfaccia è stata ulteriormente migliorata con l'introduzione di alcune linguette (*tab*) nella barra degli strumenti *Tools Shelf*, come vedremo in seguito.

Come abbiamo visto, l'interfaccia di Blender ha il vantaggio, come in molti programmi commerciali, di poter essere personalizzata secondo le proprie esigenze e secondo gli ambiti lavorativi.

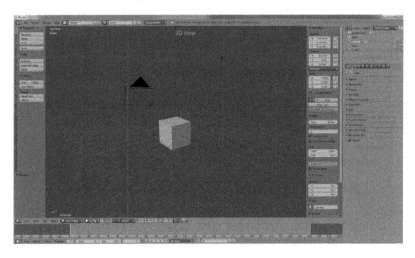

fig 38 interfaccia di *default*

55

Per questo motivo Blender prevede già alcuni *preset* che ottimizzano l'interfaccia per la modellazione, l'animazione, il *compositing*, il *game engine*, etc.

Vediamo nel dettaglio come è strutturata l'interfaccia di default.

Un'interfaccia è composta da 5 finestre, adeguatamente disposte tra loro, tutte modificabili in posizionamento e dimensioni.

2.2.2. La finestra *Info*

fig 39 la finestra *Info*

La finestra superiore orizzontale è detta **Info** o **Header Info**. Essa è composta da un'intestazione e da un'area grigia, generalmente minimizzata.

L'intestazione mostra alcuni menu a tendina: *File, Render, Window, Help, Screen Layout, Scene* e *Render Engine;* e una riga di informazioni.

a)   File

La tendina *File* contiene tutte le operazioni relative ai *file* importati o da importare.

Nello specifico:

- *New* (CTRL + N) crea un nuovo progetto vuoto di *default;*

- *Open* (CTRL + O) apre il *file* esistente;

- *Open Recent* (SHIFT + CTRL + O) consente l'apertura di un *file* dalla lista dei recenti;

56

- *Revert* ricarica il *file* corrente;

- *Recover Last Session* permette il recupero dell'ultima sessione chiusa inaspettatamente;

- *Recover Auto Save* ripristina l'ultima versione salvata di un *file;*

- *Save* (CTRL + S) salva il progetto in estensione **.blend;*

- *Save As...* (SHIFT + CTRL + S) salva il progetto con un nome;

- *User Preferences* (CTRL + ALT + U) richiama la finestra delle preferenza analizzata in precedenza.

- *Save Startup file* (CTRL + U) salva tutte le impostazioni correnti, gli *Addons* installati o aperti, le posizioni e le dimensioni delle finestre, gli oggetti presenti nella scena, i valori numerici inseriti, le preferenze e le modifiche effettuate in un *file template* che diverrà il *file* di *default* all'apertura del programma. Si raccomanda attenzione nell'uso di questa utilissima e importante funzione.

- *Load Factory Settings* carica i valori di *default* con le impostazioni iniziali di fabbrica;

- Link e Append consentono di collegare o importare all'interno di un file aperto il contenuto di un altro file. Gli *shortcut* delle due funzioni sono rispettivamente CTRL + ALT + O e SHIFT + F1;

- *Import* permette di caricare modelli di altri formati compatibili realizzati con altri software di modellazione;

- *Export* salva il progetto in formati compatibili con altri software;

- *External Data* recupera e gestisce i file direttamente connessi con il file in esecuzione (ad esempio, le *texture* e i video). Sarà sufficiente inserire nel *browser che si aprirà al comando il percorso dei file dissociati;*

- *Quit* (CTRL + Q) chiude Blender.

fig 40 il menu a tendina *File*

b) *Render*

Il menu *Render* gestisce le voci relative al motore di *rendering* utilizzato. Nello specifico:

- *Render Image* avvia il processo di *rendering* di una visualizzazione statica (richiamabile anche con F12);

- *Render Animation* avvia il processo di *rendering* di un'animazione (richiamabile anche con CTRL + F12);

- *OpenGL Render Image* e *OpenGL Render Animation* avviano il *rendering* in modalità *OpenGL*, se supportata;

- *OpenGL Render Option* apre una sottotendina gestendo le preferenze dell'*OpenGL* in merito all'*antialiasing* e alla modalità di trasparenza (*Alpha*);

- *Show/Hide Render View* mostra o nasconde la finestra di *rendering* durante il processo (ALT + F11);

- *Play Rendered Animation* avvia l'animazione dopo il processo di renderizzazione (avviabile anche con CTRL + F11).

fig 41 il menu a tendina *Render*

c) *Window*

Questo menu gestisce le finestre dell'interfaccia corrente.

- *Duplicate Windows* duplica l'intero progetto Blender aperto (CTRL + ALT + W);

- *Toggle Windows Fullscreen* massimizza Blender nascondendo la barra superiore del sistema operativo in uso (ALT + F11);

- *Save Screenshot* fa una fotografia dell'intera area di lavoro e la salva come *file* in una cartella specificata nel *browser* (CTRL + F3);

- *Make Screencast* avvia un videoclip all'interno dell'area di lavoro e lo salva al termine in una cartella */tmp*. Per avviare l'operazione si può anche digitare ALT + F3, mentre per terminarla è necessario cliccare sul pulsante CAPTURE che comparirà nell'*header* della finestra *Info*. All'avvio di questa utile operazione attorno al cursore comparirà un cerchietto semitrasparente che mostrerà durante il *playback* del video la posizione del mouse;

- *Toggle System Console* mostra le righe di comando dell'avvio di Blender in una finestra di tipo *shell*.

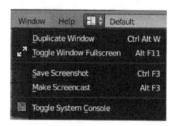

fig 42 il menu a tendina *Window*

d) *Help*

fig 43 il menu a tendina *Help*

La finestra *Help* consente di rimandare l'utente *online* a tutti i siti della *Blender Foundaton* per la ricerca della manualistica, dei comandi, e di altre funzioni dedicate.

La voce *Splash Screen* lancia e visualizza nuovamente la finestra di apertura.

e) *Screen Layout*

fig 44 il menu a tendina *Screen Layout*

Questa finestra contiene alcune configurazioni (o *Layout*) reimpostate delle aree di lavoro di Blender, specifiche per determinati ambiti. *Default* è la configurazione di partenza.

Naturalmente richiamando un'altra configurazione e salvandola in *Save Startup File* Blender si aprirà in quella nuova configurazione fino alle modifiche successive.

È possibile aggiungere nuove configurazioni di finestre e pannelli, create dall'utente, cliccando sul tati + e digitando il nome scelto, oppure cancellare una configurazione cliccando sul tasto X, posti entrambi a destra della tendina a discesa.

Una volta cancellata una configurazione sarà impossibile recuperarla.

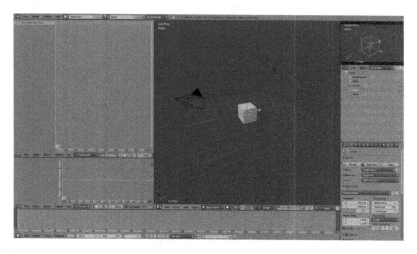

fig 45 il *Layout* impostato su *Animation*

f) *Scene*

Il menu *Scene* consente di creare all'interno dello stesso *file* di lavoro *.*blend* diverse scene, partendo dalla principale. Cliccando sul tasto +, comparirà un menu a tendina in cui sarà possibile specificare quali elementi dovranno essere duplicati nella scena nuova, ad esempio solo i settaggi, piuttosto che l'intera scena (*Full Copy*). Le scene saranno in questo ultimo caso completamente indipendenti.

Questa modalità di lavoro è fondamentali in Blender perché dello stesso progetto sarà più semplice gestire ad esempio, viste e illuminazioni diverse, piuttosto che versioni con colori e materiali modificati, o presenza o meno di oggetti.

Per cancellare una scena basterà (sulla scena selezionata) cliccare sul pulsante X.

fig 46 il menu a tendina *Scene*

g) *Render Engine*

Questo menu serve per selezionare il motore di *rendering* in uso nel progetto corrente.

Di *default* è attivo il motore di *rendering Cycles*.

fig 47 il menu a tendina Render *Engine*

h) La riga informazioni/statistiche

Questa riga fornisce tutte le statistiche e le informazioni degli oggetti e degli elementi presenti nella scena, ossia, nell'ordine, da sinistra verso destra: la versione di Blender usata, il numero di vertici e facce dell'oggetto selezionato, il numero delle superfici triangolate, il numero degli oggetti in scena in relazione agli oggetti selezionati, il numero delle lampade selezionate in funzione delle lampade totali, il peso della memoria occupata dal file, il nome dell'oggetto attivo.

Un oggetto attivo in modalità *Edit Mode* (come vedremo in seguito) attiverà le statistiche specifiche: numero di vertici, spigoli, facce e nome dell'oggetto.

v2.73 | Verts:8 | Faces:6 | Tris:12 | Objects:1/3 | Lamps:0/1 | Mem:10.03M | Cube

fig 48 la riga informazioni/statistiche

2.2.3. La finestra 3D view

L'ampia finestra centrale è detta 3D view, all'interno della quale avviene la vera e propria costruzione e modellazione, nonché la visualizzazione dei solidi 3D.

All'apertura, di *default*, vengono visualizzati un cubo, una luce e una camera disposti su una griglia parallela agli assi cartesiani x (in rosso) e y (in verde).

In basso, sul lato sinistro, è rappresentata la terna di assi x, y, z, rispettivamente nei colori rosso, verde e blu, e orientata a seconda della vista corrente.

In alto, sempre sul lato sinistro c'è una scritta in bianco che informa circa la tipologia di visualizzazione (prospettica o assonometrica) e l'unità di misura.

Due barre verticali (una a destra e una a sinistra), dette **Sidebar**, contengono informazioni e strumenti di lavoro sul progetto e sugli oggetti selezionati.

In particolare, la *Sidebar* sinistra è detta *Tools Shelf* e racchiude tutti gli strumenti necessari alla creazione e alla modellazione di base.

La *Sidebar* destra invece, detta *Properties Bar*, fornisce le informazioni e le proprietà degli oggetti presenti sulla scena e sulla 3D view stessa.

Poiché a questo punto del volume non siamo ancora entrati nello specifico della tipologia degli oggetti e delle modalità, in questa fase, descrivere dettagliatamente tutte le funzionalità delle *Sidebar* potrebbe risultare quanto meno ostico e comunque non in linea con il metodo utilizzato in questo libro.

Preferiamo pertanto descrivere sommariamente le due *Sidebar* per poi rimandare più in là i dettagli delle loro funzioni, con esempi chiarificatori.

Di *default*, nella parte inferiore orizzontale della 3D view è posizionata l'intestazione (o *header*).

fig 49 l'*header* della 3D View

Da sinistra verso destra, subito dopo l'icona rappresentativa della *3D view*, troviamo la voce **View** che rimanda e apre il relativo menu, all'interno del quale sono presenti tutte le funzioni legate alla vista corrente.

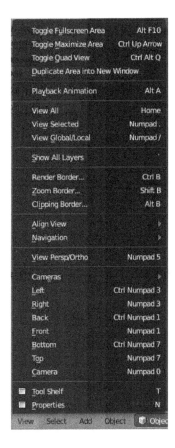

fig 50 il menu *View*

65

- *Toggle Fullscreen Area* (combinazione di tasti ALT + F10) che massimizza le dimensioni della 3D view a tutto schermo;

- *Toggle Maximize Area* (CTRL + UP ARROW) che massimizza la 3D view nella finestra di Blender (CTRL + DOWN ARROW per ripristinare);

- *Toggle Quad View* (richiamabile con la combinazione di tasti CTRL + ALT + C) che duplica l'area di lavoro in 4 parti uguali e raffigura la scena corrente nelle 4 viste principali (TOP, dall'alto; FRONT, prospetto frontale, RIGHT, prospetto laterale, PERSP, vista prospettica. Questa opzione è utilissima per lavorare su una scena e modellare avendo a portata le viste dell'oggetto interessato nelle proiezioni ortogonali e in vista tridimensionale;

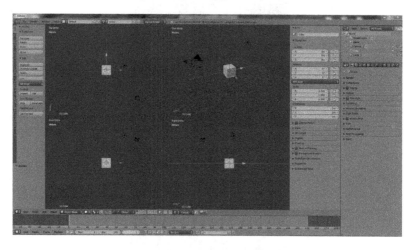

fig 51 la vista *Quad View*

- *Duplicate Area into New Window* che duplica la 3D view con un clone esatto;

- *Playback Animation* (ALT + A) che lancia un'animazione;

- *View All* (tasto *Home*) che rende visibili in primo piano tutti gli oggetti presenti nella scena;

- *View Selected* (. NUM) che massimizza e mette in primo piano l'oggetto selezionato;

- *View Global/Local* (/ NUM) che massimizza e mette in primo piano l'oggetto selezionato, nascondendo tutti gli altri. Ripetendo l'operazione si ritorna alla vista originale;

- *Show All Layers* che accende tutti i *Layer*;

- *Render Border* (combinazione di tasti CTRL + B con trascinamento del puntatore del mouse) che crea una finestra di selezione che definirà l'area di pre renderizzazione della scena o della vista corrente;

- *Zoom Border* (SHIFT + B e trascinamento) che effettua uno zoom automatico dell'area selezionata;

- *Clipping Border* (ALT + B e trascinamento) che renderizza automaticamente esclusivamente dell'area selezionata. La nuova pressione di ALT + B ripristina le condizioni di *default*;

- *Allign View* che apre un sottomenu a tendina, dal quale è possibile richiamare opzioni e sottomenu delle viste:

  - Allign View Active *che* richiama un ulteriore sottomenu dal quale è possibile richiamare delle viste predefinite, richiamabili anche con alcuni tasti del NUM:

7 NUM	Vista TOP (dall'alto)
SHIFT + 7 NUM	Vista BOTTOM (da sotto)
1 NUM	Vista FRONT
SHIFT + 1 NUM	Vista opposta a FRONT
3 NUM	Vista RIGHT
SHIFT + 3 NUM	Vista LEFT
5 NUM	Assonometria/prospettiva
4, 6 NUM	Rotazioni orizzontali di 5° della vista
8, 2 NUM	Rotazioni verticali di 5° della vista
0 NUM	Richiama la vista camera

- *Center Cursor and View All* che centra il cursore nella scena e visualizza tutti gli oggetti;

- *Allign Active Camera to View* che imposta la vista corrente come camera, ovvero assegna alla camera attiva la vista corrente nella 3D view. (ALT + CTRL + 0 NUM);

- *Allign Active Camera to Selected* che inquadra automaticamente l'oggetto selezionato con la camera attiva;

- *View Selected* (. NUM) che visualizza l'oggetto selezionato massimizzato nella 3D view;

- *Center View to Cursor* che centra la vista nella 3D view in modo che il cursone sia al centro della vista;

- *View Lock to Active* (SHIFT + . NUM) che centra la vista sull'oggetto selezionato o attivo;

- *View Lock Clear* (ALT + . NUM) che ripristina la vista dall'operazione precedente).

- *Navigation* che definisce i principali metodi di navigazione (orbita, panoramica e zoom);

- *View Persp/Ortho* (5 NUM) che passa automaticamente dalla vista prospettica a quella assonometrica;

- *Cameras* che apre un sottomenu di due voci che gestiscono la vista camera:

  - *Set Active Object as Camera* (CTRL + 0 NUM) fa sì che la camera selezionata venga considerata quella attiva, ossia quella principale, la cui vista viene richiamata dal tasto 0 NUM;

- *Active Camera* mostra la vista della camera attiva (0 NUM).

- Le successive 7 voci richiamano le viste predefinite con la combinazione dei tasti del NUM (gli stessi di *Allign View Active*);

- *Tools Shelf* che apre e chiude la *Tools Shelf Bar* (tasto T);

- *Properties* che apre e chiude la *Properties Bar* (tasto N).

Di seguito, nel menu **Select** si trovano tutti i comandi legati alla selezione degli oggetti e agli elementi geometrici che li compongono.

Le voci di questo menu cambiano a seconda della modalità oggetto selezionata (*Object Mode* o *Edit Mode*). Le voci relative alla modalità *Edit Mode* verranno analizzate nel dettaglio in seguito, nel capitolo relativo alle modalità e in particolare nella sezione dell'*Edit Mode*.

> **NOTA: In linea generale tutti i menu di Blender variano le voci a seconda della modalità impostata. Ad esempio in modalità *Sculpt Mode*, i menu dell'*header* della 3D view mutano completamente in altre voci dedicate.**

Vediamo nel dettaglio le voci relative alla modalità *Object Mode*:

- *Select Pattern...* consente di inserire una stringa ai fini della selezione degli oggetti in scena. Ad esempio digitando * si selezionano tutti gli oggetti;

- *Linked* (SHIFT + L) seleziona gli oggetti per tipologia di raggruppamento (dati oggetto, materiale, *texture*, sistema particellare, librerie, etc.). Funzione utilissima in caso si debbano selezionare oggetti di cui è nota una determinata tipologia;

- *Grouped* (SHIFT + G) seleziona gli oggetti nella scena secondo uno schema predefinito di raggruppamento;

- *Select Camera* seleziona la camera attiva;

fig 52 il menu *Select* in *Object Mode*

- *Select All by Type* apre un menu a tendina che consente di selezionare tutti gli oggetti facenti parte una determinata categoria (*mesh, curve...*);

- *Select All by Layer* seleziona tutti gli oggetti appartenenti ad uno o più determinati *layer*;

- *Mirror* (SHIF + CTRL + M) seleziona gli eventuali oggetti specchiati da quelli selezionati;

- *Random* effettua tra un gruppo di oggetti una selezione casuale degli oggetti in vista. È necessario specificare nella regione in basso della *Tools Shelf* la percentuale di selezione nel cursore apposito;

- *Inverse* (CTRL + I) inverte la selezione;

- *Select/Deselect All* (A) seleziona o deseleziona tutti gli oggetti della scena;

- *Circle Select* è un utile mezzo per selezionare oggetti a mezzo di un *brush* circolare, dimensionabile con WM. Digitando C e regolando quindi la dimensione del *brush* circolare è possibile "*colorare*" (e quindi selezionare) gli oggetti cliccando con LMB. Per terminare la selezione digitare ESC;

- *Border Select* (B) è il metodo di selezione più diffuso, tramite la selezione rettangolare trascinando LMB. Verrà creata un'area all'interno della quale, tutti gli oggetti saranno selezionati.

> **NOTA: Selezione e oggetti attivi. Quando si seleziona un oggetto, a questo, di *default*, si colora di arancio chiaro il contorno, indicando che si tratta dell'oggetto ATTIVO, quello cioè su cui eseguire le principali azioni di modifica. In una selezione multipla (più oggetti), i contorni degli oggetti si colorano di arancio più scuro, mentre uno solo, quello attivo avrà i bordi in arancio chiaro per essere riconosciuto. È possibile, in una selezione, che ci sia UN SOLO OGGETTO ATTIVO.**

Altri metodi di selezione e deselezione

È possibile selezionare o deselezionare più oggetti cliccando su essi, uno dopo l'altro, con LMB tenendo premuto il tasto SHIFT.

In una selezione multipla, **l'ultimo oggetto selezionato sarà quello ATTIVO**. In quella selezione, è possibile cambiare oggetto attivo semplicemente cliccando sul nuovo oggetto tenendo premuto SHIFT.

Nel menu ***Add***, è possibile inserire nella scena tutti i principali oggetti.

fig 53 il menu *Add*

La stessa operazione è possibile grazie alla *short cut* SHIFT + A all'interno dell'area di lavoro. Si aprirà un menu a tendina con le stesse opzioni.

Nel menu **Object** (in modalità *Object Mode*; mentre in *Edit Mode* compare **Mesh, Curve, Metaball, Text**... etc. a seconda della natura dell'oggetto selezionato), sono presenti tutti i comandi che gestiscono le operazioni sugli oggetti selezionati nella scena.

I menu relativi alla modalità *Edit Mode* verranno analizzati nel dettaglio nel capitolo relativo alla suddetta modalità, mentre per ora analizzeremo esclusivamente i comandi in modalità *Object Mode*.

- *Futurism* (*addon* da scaricare) duplica l'oggetto selezionato tante volte quanti sono i fotogrammi dell'animazione, creando una sorta di scia;

72

- *Convert to* (ALT + C) permette di convertire una *mesh* in *curva* e viceversa;

- *Hide* (H) mostra o nasconde l'oggetto o gli oggetti selezionati. In particolare: *Hide Unselected* (SHIFT + H) permette la funzione inversa, ovvero di nascondere ciò che non è selezionato; mentre *Show Hidden* (ALT + H) mostra gli oggetti precedentemente nascosti;

- *Move to Layer* (M) sposta l'oggetto o gli oggetti selezionati su un altro *Layer*. È sufficiente selezionare il *Layer* desiderato una volta attivato il comando;

- *Transfer Mesh Data Layout* apre una finestra, una volta selezionati due o più oggetti (di cui uno attivo), in cui definire di trasferire dati specifici da quello attivo a quelli selezionati;

- *Transfer Mesh Data* (SHIFT + CTRL + T) trasferisce dall'oggetto attivo a quelli selezionati I dati relative ai vertici o al *bevel* (smussatura), scelti dalla finestra che si apre all'avvio del comando;

- *Join* (CTRL + J) unisce due o più *mesh* in una;

- *Game* apre un sottomenu in cui definire di copiare, unire o eliminare proprietà dell'oggetto attivo e dati in ambiente gioco;

- *Quick Effects* assegna all'oggetto attivo effetti e comportamenti fisici o volumetrici in modo rapido, ovvero: *Fur* (pelliccia); *Explosion* (esplosione), *Smoke* (fumo e fiamme), *Fluid* (fluido);

- *Constraints* gestisce le concatenazioni, i gruppi o relazioni di parentele parentele dell'oggetto attivo e in particolare:

    - *Add Contraint (with Target)* (SHIFT + CTRL + C) apre una finestra in cui assegnare all'oggetto attivo una relazione con altri oggetti o simulazioni;

73

- *Copy Constraints to Selected Object*, in una selezione, copia le relazioni su tutti gli oggetti selezionati da quello attivo;

- *Clear Object Contraints* (CTRL + ALT + C) cancella ogni relazione assegnata all'oggetto attivo selezionato.

- *Group* gestisce i raggruppamenti tra oggetti, da non confondere con *Join* in quanto ogni oggetto rimarrà proprietario della sua geometria, delle sue relazioni e delle sue proprietà, ma sarà legato ad altri. *Group* apre un sottomenu:

- *Create a new Group* (CTRL + G) crea un gruppo di oggetti selezionati;

- *Remove from Group* (CTRL + ALT + G) rimuove l'oggetto selezionato dal gruppo corrente a cui appartiene;

- *Remove from All Groups* (SHIFT + CTRL + ALT + G) rimuove l'oggetto selezionato da tutti i gruppi a cui è legato;

- *Add Selected to Active Group* (SHIFT + CTRL + G) raggruppa l'oggetto selezionato al gruppo in cui è contenuto l'oggetto attivo nella scena;

- *Remove Selected to Active Group* (SHIFT + ALT + G) stacca l'oggetto selezionato dal gruppo in cui è presente l'oggetto attivo.

- *Track* lancia comandi relativi al *Tracking* di cui, tuttavia ci occuperemo in seguito in maniera dettagliata;

- *Parent* gestisce le funzioni di parentela tra oggetti, che vedremo nei capitoli successivi;

- *Make Single User* rende unici e connessi al solo o ai soli oggetti selezionati i dati assegnati nei rapporti di concatenazione e parentela;

74

- *Make Local* (L) crea una libreria di dati relativi all'oggetto o agli oggetti selezionati nel *file* corrente;

- *Make Dupli Face* converte l'oggetto selezionato in una istanza bifacciale;

- *Make Links* (CTRL + L) apre un sottomenu in cui scegliere cosa collegare o copiare (materiali, dati, modificatori, animazioni, gruppi) di un oggetto attivo su altri oggetti selezionati. Per eseguire l'operazione occorre selezionare gli oggetti sui quali bisogna copiare i dati, quindi (tenendo premuto SHIFT) selezionare per ultimo l'oggetto attivo da cui copiare i dati suddetti, digitare CTRL + L e infine scegliere il tipo di informazioni da copiare (o collegare);

- *Make Proxy* (CTRL + ALT + P) aggiunge un oggetto *Empty* (vuoto) su cui assegnare localmente i dati dell'oggetto;

- *Delete* (X o CANC) elimina l'oggetto o gli oggetti selezionati. È necessario confermare;

- *Duplicate Linked* (ALT + D) crea una copia connessa all'originale (o istanza). È una funzione utilissima in caso di oggetti uguali tra loro ma ancora passibili di modifiche. Le modifiche effettuate nella geometria dell'originale verranno automaticamente applicate su tutte le istanze;

- *Duplicate Object* (SHIFT + D) crea una copia esatta dell'originale, completamente indipendente da quest'ultima;

- *Animation* apre un sottomenu in cui gestire le principali funzioni sull'animazione anche dalla 3D view:

    - *Insert Keyframe* (I) aggiunge un *keyframe* a un parametro dell'oggetto in un determinato fotogramma;

    - *Delete Keyframe* (ALT + I) elimina i *keyframe* esistenti dal parametro;

- *Clear Keyframes* elimina tutti i *keyframes* relativi all'oggetto selezionato;

- *Change Keying Set* (SHIFT + CTRL + ALT + I) cambia le impostazioni del *keyframe* attivo;

- *Bake Action* fissa definitivamente il comportamento delle proprietà di un oggetto sul quale sono stati assegnati dei *keyframe*.

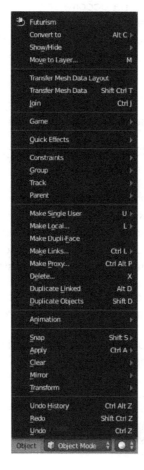

fig 54 il menu *Object* in *Object Mode*

76

- *Snap* (SHIFT + S) apre un sottomenu in cui sono riassunte le funzioni realative allo *snap* che troviamo dettagliate nei successivi menu dell'*header Snap Element* e *Snap Target*;

- *Apply* (CTRL + A) assegna in modo definitivo le modifiche subite all'oggetto o agli oggetti selezionati. Si apre una tendina in cui è possibile scegliere quali modifiche applicare in modo definitivo, ovvero: *location, rotation, scale, rotation&scale*);

- *Clear* ripristina le impostazioni originali dell'oggetto, scegliendole dal sottomenu: *Location* (ALT + G), *Rotation* (ALT + R), *Scale* (ALT + S), *Origin* (ALT + O), dopo che sono state variate;

- *Mirror* apre un sottomenu ove scegliere di specchiare un oggetto secondo la posizione del mouse rispetto a questo (CTRL + M) oppure secondo gli assi predefiniti *x, y, z*;

- *Transform* richiama i tre principali trasformatori: Grab (*spostamento,* G), *Rotation* (R), *Scale* (S). Eseguito il comando, questo può essere seguito da comandi da tastiera come la direzione *x, y* o *z* e dal valore numerico. Ad esempio per spostare l'oggetto in direzione *x* negativo di 2 metri è sufficiente digitare G X 1 – (o – 1);

- *Undo History* (CTRL + ALT + Z) mostra una tendina in cui è riportata la lista degli ultimi comandi *Undo* (Annulla);

- *Redo (SHIFT + CTRL +Z)* annulla l'ultima operazione annullata;

- *Undo* (CTRL + Z) annulla l'ultima operazione eseguita.

Il menu a tendina successivo, detto **Mode Menu** (in cui compare di *default* la scritta *Object Mode*, cioè la prima delle selezioni disponibili nel menu), permette di entrare, una volta selezionato un oggetto nelle varie modalità di lavoro, che sono:

- *Object Mode*, in cui si opera nella globalità dell'oggetto selezionato, senza entrare nel merito della geometria;

- *Edit Mode*, in cui si possono modificare gli elementi che compongono la geometria dell'oggetto selezionato, vale a dire vertici (*Vertex*), spigoli (*Edge*) e face (*Face*), grazie ai trasformatori e agli strumenti per la geometria;

- *Sculpt Mode*, che permette di scolpire e modellare l'oggetto con specifici *brush*, in modo simile a un reale oggetto di creta o plastilina;

- *Vertex Paint*, che consente di tingere alcuni vertici, al fine di assegnarli ad altre operazioni;

- *Weight Paint*, che assegna un peso ad ogni vertice;

- *Texture Paint*, che consente di colorare parti dell'oggetto in 3D.

fig 55 menu delle modalità

Con il tasto TAB è possibile passare rapidamente dalla modalità *Object Mode* e *Edit Mode* e viceversa.

Esistono inoltre altre due modalità che si attivano durante determinate funzioni. Esse sono:

- *Particle Mode*, che contiene gli strumenti per gestire il sistema particellare che vedremo in seguito;

78

- *Pose Mode*, modalità dedicata al posizionamento delle armature. È possibile alternare questa modalità con il *Weight Paint* con CTRL + TAB.

Avremo ovviamente modo di entrare nel dettaglio in seguito, dopo aver appreso concetti propedeutici.

Il menu successivo **Viewport Shading** (o *Stili di Visualizzazione*) consente di visualizzare nella 3D view tutti gli oggetti in scena in 6 differenti modi, a seconda dell'uso.

fig 56 stili di visualizzazione

- *Bounding Box* visualizza un parallelepipedo che coincide con l'ingombro massimo dell'oggetto. Questo metodo è utile in caso di scene molto pesanti e rallentate;

- Con *Wireframe* si ottiene una visualizzazione a fil di ferro, ossia con i soli spigoli, trasparenti e senza facce. Metodo molto utile per comprendere la globalità della geometria degli oggetti e per selezionare parti di questo anche se posti nel lato non a vista;

- *Solid* visualizza l'oggetto come solido e non trasparente. In questo caso non sarà possibile selezionare parti dell'oggetto o altri oggetti non in vista;

- *Texture* fa in modo che venga visualizzata anche in 3D view la *texture* applicata all'oggetto. Utile per rendersi conto se questa mappatura è stata effettivamente assegnata o meno;

- *Material* fornisce informazioni più complete sul materiale assegnato agli oggetti, ossia, oltre che eventuali *texture* anche altri parametri, come riflessioni e trasparenze;

- *Rendered* restituisce una visualizzazione pre renderizzata, secondo una risoluzione definita nel pannello *Sampling* della finestra *Properties*. Visualizzazione fondamentale per avere delle *preview* del risultato finale senza che sia necessario lanciare *rendering* lunghi e laboriosi. La combinazione di tasti di scelta rapida per ottenere questo stile di visualizzazione è SHIFT + Z.

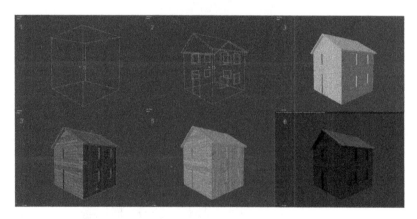

fig 57 stili di visualizzazione: 1: Bounding Box; 2: Wireframe; 3: Solid; 4: Texture; 5: Material; 6: Rendered

Il tasto Z consente di passare rapidamente dai due stili di visualizzazione più usati: *Wireframe* e *Solid*, e viceversa, mentre ALT + Z alterna *Soldi* e *Texture*.

80

La coppia di pulsanti successiva, **Pivot Center for Rotating/Scaling** verrà analizzato in seguito grazie ad esempi pratici.

Serve a definire in che modo dovrà agire una trasformazione o un modificatore rispetto al centro dell'oggetto, detto **Pivot**.

fig 58 I pulsanti *Pivot Center* for *Rotating/Scaling*

A seconda della scelta, è possibile indicare come *Pivot* l'elemento attivo di una selezione (baricentro); il punto medio di un oggetto, di una selezione di oggetti o elementi; il baricentro individuale di tutti gli oggetti o gli elementi selezionati; il baricentro di massa fra più oggetti; il cursore (vedi in seguito); il baricentro del *Bounding Box*, qualora impostata questa opzione.

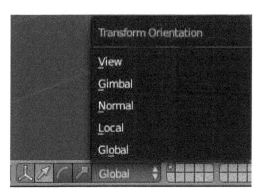

fig 59 I pulsanti relativi ai manipolatori

I pulsanti successivi servono a selezionare i **manipolatori** di un oggetto, quelle terne di assi o rotazioni che servono per operare manualmente sull'oggetto o sulla sua geometria le trasformazioni principali: **spostamento**, **rotazione** e **scalatura**.

Il primo dei 5 pulsanti accende o spegne del tutto i manipolatori.

81

Il secondo (freccetta) aggiunge all'oggetto selezionato i manipolatori dello spostamento (terna di assi con freccetta terminale) centrati sul *Pivot* lungo i 3 assi di riferimento *x, y* e *z. Per* spostare l'oggetto lungo un asse basta cliccare sulla freccia corrispondente e trascinare in un senso o nell'altro. Per operare uno spostamento libero è sufficiente cliccare e contestualmente trascinare sul cerchietto bianco centrale.

Il secondo (archetto) aggiunge all'oggetto selezionato i manipolatori della rotazione (terna di anelli) centrati sul *Pivot* attorno ai 3 assi di riferimento *x, y* e *z. Per* ruotare l'oggetto attorno ad un asse basta cliccare sull'anello corrispondente e trascinare in un senso o nell'altro. Per operare una rotazione libera è sufficiente cliccare e contestualmente sul cerchietto bianco centrale.

Il terzo, infine (barretta con quadratino terminale) aggiunge all'oggetto selezionato i manipolatori della scalatura (terna di assi con quadratini in sommità) centrati sul *Pivot* secondo i 3 assi di riferimento *x, y* e *z. Per* scalare l'oggetto secondo un asse, basta cliccare sul quadratino corrispondente e trascinare in un senso o nell'altro. Per operare una scalatura globale è sufficiente cliccare e contestualmente trascinare sul cerchietto bianco centrale.

In tutti e tre i casi, i manipolatori distinguono i tre assi per colore (rosso = x; verde = y, blu = z).

Attivando tutti e tre i pulsanti contemporaneamente saranno visualizzati tutti e tre i manipolatori sull'oggetto selezionato.

Vedremo in seguito, analizzando in dettagli i trasformatori, tutti i modi per spostare, ruotare e scalare, utilizzando i pulsanti o le combinazioni di tasti.

Il quinto pulsante (con scritta *Global*), detto **Transform Orientation**, apre un menu a tendina che permetterà la scelta di definire il sistema di assi di riferimento, ossia *Global* (globale di *default*), *Local* (cioè secondo il sistema di coordinate locali dell'elemento selezionato), *Gimbal* (incernierandosi in un punto),

Normal (secondo la normale, cioè la perpendicolare alla faccia selezionata), *View* (secondo la vista corrente).

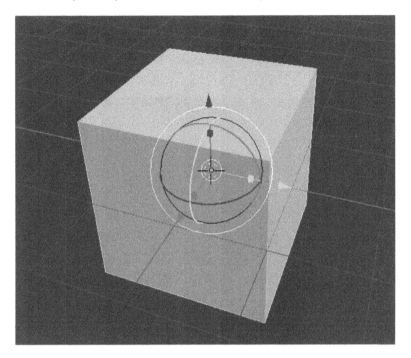

fig 60 i tre manipolatori sovrapposti centrati sul *Pivot* dell'oggetto Cubo

In modo simile ad altri software di fotoritocco o disegno automatico, anche Blender dispone della possibilità di raggruppare in **Layer**, o livelli, gli oggetti della scena.

fig 61 selettore dei Layer

Questo sistema molto ordinato nel procedimento è molto utile in ambito progettuale.

Raggruppare oggetti per genere, materiale, colore o funzione può risolvere una grande quantità di problemi e, all'occorrenza, alleggerire la scena da oggetti inutili in una determinata fase semplicemente spegnendo il layer.

Blender dispone di 20 layer, ognuno dei quali raffigurato da una casella.

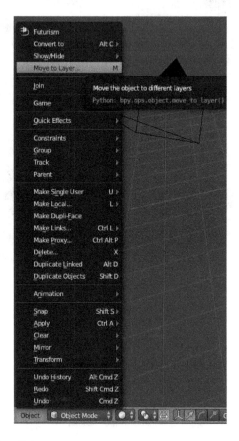

fig 62 l'opzione *Move To Layer*

Le caselle in cui è inserita una spunta circolare contengono oggetti al loro interno, mentre le caselle con il fondo grigio più scuro

84

sono attive, vale a dire che gli oggetti raggruppati in essi sono visualizzati nella scena ed eventualmente renderizzati.

Il layer con la spunta colorata di giallo (pallino giallo) indica invece che al suo interno è inserito l'oggetto selezionato attivo nella scena.

Per spostare uno o più oggetti in un *layer* è sufficiente selezionarli e dal menu *Object* scegliere l'opzione *Move To Layer* e quindi cliccare nella casella relativa al *layer* di destinazione.

In alternativa è possibile digitare M e il numero da 1 a 0 per scegliere direttamente un *layer* entro i primi 10.

Nella *Tools Shelf*, se attivato il relativo *Addons*, i *layer* possono essere gestiti anche in modo più chiaro e completo nell'apposito *tab Layers*, in cui sarà possibile inserire i nomi, spegnerli o accenderli nella vista o nei render e altre opzioni.

Il pulsante di **concatenazione dei livelli**, se premuto (come di *default*) fa sì che ogni modifica relativa ai *layer* della vista avverranno anche in tutte le viste 3D attive.

fig 63 pulsante di concatenazione livelli

Sulla destra è presente un pulsante raffigurante una pallina grigia, che gestisce l'**editing proporzionale**. Se premuto questo pulsante la pallina si colora di azzurro e attiva un menu a tendina sulla sua destra, detto ***Proportional Editing Falloff***.

Tale pulsante serve a gestire le operazioni di trasformazione *sposta*, *ruota* e *scala* in modo proporzionale, interagendo e influenzando proporzionalmente anche con altri oggetti ed elementi (come vertici ad esempio) a quelli selezionati.

fig 43 *Proportional Editing Falloff*

fig 65 il menu *Snap*

L'area di influenza può essere regolata dopo aver attivato la funzione di trasformazione con la rotella del mouse (WM) che scalerà un cerchio bianco nella 3D view, gli elementi contenuti all'interno del quale subiranno l'influenza della trasformazione.

Nel menu *Proportional Editing falloff* è possibile selezionare il tipo di influenza che sarà appilcata agli elementi all'interno dell'area, ovvero di tipo *Smooth*, *Sphere*, *Root*, *Sharp*, *Linear*, *Constant* e *Random*.

Le icone alla sinistra alle singole voci del menu sono più che chiarificatrici circa l''effetto applicato.

Il pulsante **Snap** (calamita) consente di agganciare un oggetto o un elemento appartenente della geometria di tale oggetto a un altro oggetto o elemento, durante un'operazione di trasformazione, secondo una logica predeterminata.

Gli ultimi due pulsanti avviano il *rendering* o l'animazione in modalità **OpenGL** (*Open Graphics Library*), una piattaforma largamente utilizzata per i videogiochi e soprattutto in ambiente *Unix*.

fig 66 i pulsanti di avvio dei render e delle animazioni in *OpenGL*

2.2.4. Le *Sidebar* della 3D view – nozioni preliminari

I comandi, gli strumenti, le funzionalità e i pulsanti delle *sidecar* si adattano alla tipologia di oggetto selezionato e alla modalità di utilizzo assegnata allo stesso.

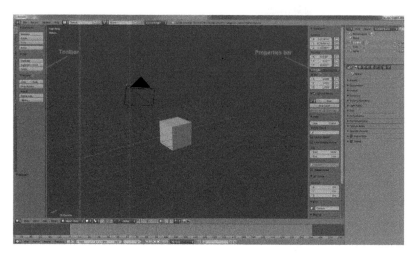

fig 67 Tools Shelf e Properties Bar

A) **La Tools Shelf** (o barra degli strumenti)

Nella *Tools Shelf* sono disponibili tutti gli strumenti di trasformazione, creazione oggetti, relazioni fra essi, fisica e altri strumenti specifici. Questi cambiano in modo sostanziale, attivando diverse opzioni a seconda delle modalità correnti e del tipo di oggetto selezionato.

Essa è divisa in due regioni di cui quella superiore racchiude diversi Tabs, mentre quella inferiore si attiva durante determinati comandi.

Descriviamo sommariamente i *tabs* di *default* all'interno della regione superiore:

- *Tools* contiene tutti gli strumenti di trasformazione della geometria di un oggetto. I parametri e i pannelli variano a seconda delle modalità e della natura degli oggetti;

- *Create* consente di inserire oggetti di varia natura nella scena, la cui *shortcut* è SHIFT + A;

- *Relations* gestisce le relazioni di parentela tra oggetti nella scena;

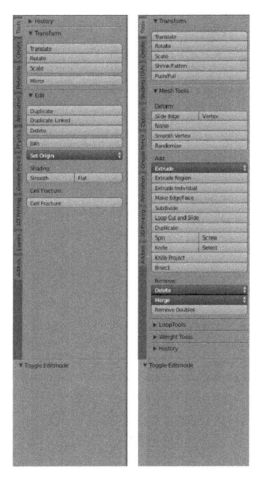

fig 68 la *Tools Shelf* relativa ad un oggetto selezionato nelle versioni *Object Mode* (a sinistra) e *Edit Mode* (a destra)

- *Physics* riassume i principali comandi per il controllo della fisica;

- *Grease pencil* contiene gli strumenti necessari per disegnare a mano libera nella 3D view.

A questi possono essere aggiunti altri pannelli e altre *Tab*, richiamabili dagli *Addons*, come ad esempio gli strumenti per la stampa 3D o il *Layer manager*, descritto in precedenza.

B) La Properties Bar (o barra delle proprietà)

In questa *Sidebar*, da non confondere assolutamente con la finestra *Properties*, sono presenti tutte le informazioni e le proprietà, eventualmente modificabili) all'interno della 3D view, della scena, di tutti gli oggetti presenti, della vista tridimensionale, delle opzioni di ombreggiatura, del cursore e di altre funzioni che riassumiamo sommariamente di seguito, per rimandare i dettagli nei capitoli successivi.

Tutte le proprietà sono suddivise in specifici pannelli (non necessariamente nell'ordine sotto descritto):

- *Item* è una casella di testo che fornisce informazioni sul nome dell'oggetto selezionato. Questo può essere modificato cliccando all'interno dello spazio. Automaticamente (e analogamente) verrà modificato il nome anche nella lista degli oggetti dell'*Outliner* e nel pannello *Object* della finestra *Properties*.

- *Transform*, che riassume tutte le informazioni relative al posizionamento (*Location*), alla rotazione *(Rotation)*, alla scalatura *(Scale)*, al sistema di assi di riferimento (menu xyz) e alle dimensioni (*Dimensions*) di un oggetto o un elemento (o gruppi di tali) presente nella scena. Nel pannello vi sono anche informazioni relativi ai limiti di arrotondamento e smussatura di un oggetto (*Mean Bevel Weight* e *Mean Crease*), a seguito di applicazione su un oggetto di modificatori della geometria *Bevel* e *Subdivision Surface*). Questi parametri possono essere modificati e inseriti direttamente negli specifici contatori, oppure a mezzo di *shortcut* (come vedremo in seguito) o manipolatori;

- *Grease Pencil*, che contiene le informazioni relative alla matita, utile per disegnare direttamente nella 3D view o su un oggetto di tipo *mesh*;

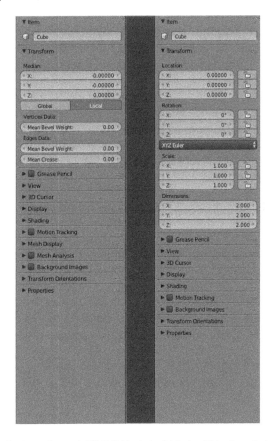

fig 69 la *Properies Bar* nelle modalità *Edit Mode* (a sinistra) e *Object mode* (a destra)

- *View* fornisce informazioni sulla vista corrente e consente di regolare la lente della camera virtuale che inquadra la 3D view (*Lens*); bloccare le operazioni di navigazione all'interno della 3D view su uno specifico oggetto (*Lock To Object*) da selezionare dalla lista del menu a tendina, fra quelli presenti nella scena; bloccare la vista sul cursore spuntando l'opzione *Lock To Cursor*; bloccare la vista sull'inquadratura, navigando all'interno della camera come un cameraman (tasto 0 NUM per visualizzare la vista della camera corrente), spuntando l'opzione *Lock Camera To View*; modificare i valori di Clip (*Start* e *End*) che definiscono i limiti di vista vicino o lontano oltre i quali un oggetto o parte di esso non verrà visualizzato; selezionare la camera attiva tra quelle presenti (*Local Camera*); renderizzare i limiti di una selezione nella 3D view (*Render Border*).

- *3D Cursor determina e consente la modifica numerica della posizione del cursore (Location), come vedremo in seguito;*

- *Display*, in cui si definiscono le impostazioni della 3D view stessa ed in particolare:

- *Only Render* mostra la 3D view bloccata sulla visualizzazione *Rendered*;

- *World background* mostra il colore impostato dello sfondo della scena;

- *Outline Selected* mostra un contorno colorato dell'oggetto (o gli oggetti selezionati). Il colore di *default* arancio chiaro mostra l'oggetto attivo, arancio scuro gli altri oggetti selezionati;

- *All Object Origins* mostra, se attivata la spunta, l'origine (*pivot*) di tutti gli oggetti presenti in scena in luogo del solo oggetto attivo;

- *Grid Floor* attiva e disattiva gli assi x, y, z nella 3D view e gestisce la presenza, le dimensioni e le suddivisioni della griglia sul piano orizzontale *xy*, mentre *Toggle Squad View* divide automaticamente la regione centrale della 3D View in 4 regioni di ugual misura che rappresentano la vista 3D in prospettiva, la vista dall'alto (*Top*); la vista frontale (*Front*) e la vista laterale (*Right*), queste ultime in proiezione assonometrica. Questa funzione è la stessa richiamabile dal menu *View* della 3D view;

- *Shading* è un pannello che gestisce la visualizzazione (ombreggiatura) degli oggetti 3D nella scena. Vi sono tre opzioni a spunta:

- *Textured Solid* che forza la visualizzazione di una *texture*, se assegnata, anche in visualizzazione *Solid*;

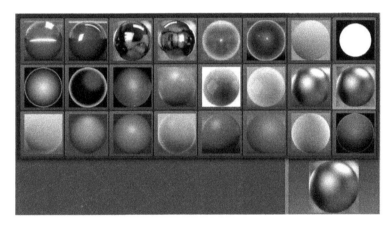

fig 70 gli ombreggiatori artificiali predefiniti di *Matcap*

- *Matcap* assegna agli oggetti in scena ombreggiature e colorazioni artificiali molto utili per comprendere il funzionamento della mesh e la correttezza della geometria. Tali ombreggiatori sono esclusivamente virtuali e non interferiscono in nessun modo sull'effettiva illuminazione, ombreggiatura e applicazione dei materiali degli oggetti;

93

- *Backface Culling*, in superfici non solide, nasconde il retro della faccia rendendolo "invisibile".

- *Motion Tracking* racchiude alcuni parametri relativi all'omonimo sistema di animazione;

- *Background Image* verrà ampiamente analizzato in seguito con esempi pratici. In sostanza permette di caricare nella scena una o più immagini (dette *blueprint*) e collocarle in qualsiasi vista oppure in viste selezionate, eventualmente riposizionandole, scalandole e, nell'ultima versione di Blender ,anche ruotandole, al fine di utilizzarle come modello e contorno da ricalcare, come se la 3D view fosse un foglio lucido;

- *Transform Orientation*, infine, è la ripetizione del menu presente nell'*header* della 3D view.

2.2.5. La finestra *Timeline*

fig 71 la *Timeline*

L'uso della *Timeline* è molteplice. Essa viene utilizzata per riprodurre gli effetti di simulazione fisica, che applicano trasformazioni in un lasso di tempo; effetti volumetrici; animazioni e montaggio e post produzione video.

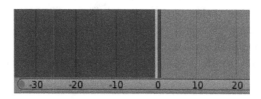

fig 72 la striscia dei fotogrammi e il pulsante di zoom

94

La *Timeline* si presenta come una finestra molto semplice, composta da un'area principale, in cui sulle ascisse è rappresentato il tempo, mentre un cursore verticale verde procede fotogramma dopo fotogramma, secondo dopo secondo.

Nela striscia orizzontale subito sotto l'area principale sono indicati i fotogrammi e, sia all'inizio, sia alla fine della finestra, vi sono due piccoli cerchi grigio scuro, che servono letteralmente per stirare orizzontalmente, in un senso o nell'altro, la visualizzazione il tempo. È sufficiente cliccare con il LMB del mouse trascinando per ottenere il risultato.

fig 73 *header* della *Timeline*

Al di sotto della striscia dei fotogrammi, è situata l'intestazione (*header*) della *Timeline*, in cui, da sinistra verso destra sono posizionati i seguenti pulsanti e menu:

- icona del menu delle intestazioni raffigurante il simbolo della *Timeline*, un orologio;

- menu *View*, al cui interno vi sono le opzioni:

fig 74 menu *View* della *Timeline*

- *Toggle Fullscreen Area* (combinazione di tasti ALT + F10) che massimizza le dimensioni della *Timeline* a tutto schermo;

- *Toggle Maximize Area* (CTRL + UP ARROW) che massimizza la *Timeline* nella finestra di Blender (CTRL + DOWN ARROW per ripristinare);

- *Duplicate Area into New Window* che duplica la *Timeline* con un clone esatto;

- *Bind Camera To Markers* (CTRL + B) che fissa la camera sui marcatori attivi;

- *Cache* che mostra la *cache* delle diverse fisiche applicate ad un oggetto;

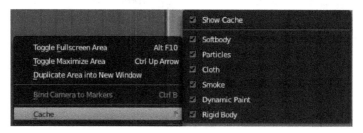

fig 75 menu e sottomenu *Cache*

- *Only Keyframes to Selected Objects* che, se spuntato, mostra esclusivamente i *keyframes* relativi all'oggetto selezionato;

- *Show Frame Number Indicator* che indica in un riquadro verde in basso a destra del cursore di scorrimento del tempo del tempo il numero del fotogramma in cui si trova;

- *View All* che massimizza tutti i fotogrammi dell'intera animazione nello spazio orizzontale della *Timeline*;

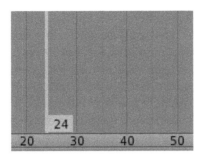

fig 76 numero del *keyframe* sul cursore di scorrimento

- *Lock Time to Other Windows* permette di sincronizzare il tempo di tutte le finestre relative al tempo che hanno questo tipo di opzione;

- *Show Seconds* che mostra i secondi invece dei fotogrammi (*frames*). Se spuntata questa opzione, l'opzione *Show Frame Number Indicator* mostra i secondi trascorsi sul cursore di scorrimento.

fig 77 il menu *Marker* della *Timeline*

97

- il menu *Marker* permette di gestire tutto quanto concerne l'inserimento, lo spostamento, la duplicazione e la cancellazione di *marker* (o marcatori) nella Timeline. I *marker* non devono essere confusi con i *keyframes*, che verranno analizzati in seguito. Essi servono a mettere un segno visivo sulle finestre che gestiscono eventi nel tempo (Timeline, appunto, ma anche *Graph Editor*, *Video Sequencer* e *Dope Sheet*). Per inserire un marker in un fotogramma, occorre posizionarsi in quel fotogramma e digitare M, oppure scegliere nel menu a tendina *Add Marker*. Vediamo gli altri comandi dell'ambito.

- *Jump to Previous Marker* salta immediatamente alla posizione (*frame*) del *marker* precedente a quello selezionato;

- *Jump to Next Marker* salta alla posizione (*frame*) del *marker* successivo;

- *Grab/Move Marker* permette di traslare e spostare il *marker* selezionato. Equivale al trascinamento con il mouse;

- *Rename Marker* permette di dare un nome o rinominare un *marker* per avere subito chiaro sulla *Timeline* o sulle altre finestre connesse il tipo di evento che inizia in quel fotogramma. Selezionato il *marker* è possibile anche digitare CTRL + M per eseguire la stessa operazione;

- *Delete Marker* (X) cancella il *marker* selezionato;

- *Duplicate Marker To Scene* permette di copiare il *marker* selezionato in un'altra scena;

- *Duplicate Marker* duplica il *marker* selezionato nella stessa scena;

- *Add Marker* (M) aggiunge un nuovo *marker*.

- il menu *Frame* contiene tutte le informazioni e gli strumenti per la gestione dei fotogrammi *(frame)*.

- *Auto-Keyframing Mode* controlla la metodologia di inserimento automatico dei *keyframes*, ossia: *Add&Replace* oppure *Replace*.

- Set Start Frame (tasto S) imposta il fotogramma su cui è posizionato il cursore come inizio dell'animazione;

- Set End Frame (tasto E) imposta il fotogramma su cui è posizionato il cursore come fine dell'animazione;

- Set Preview *Range* (tasto P) attiva una selezione ridotta dei fotogrammi nella *Timeline*, entro il quale *range* avverrà l'animazione in *preview*;

- Cleare Preview Range (ALT + P) pulisce la *Timeline* dalla selezione.

fig 78 il menu *Frame*

- nel menu *Playback* sono contenuti i comandi (a spunta) relativi al trascinamento della *Timeline* *(playback)*.

99

- *Audio Scrubbing* permette l'ascolto dei canali audio durante il trascinamento manuale nella *Timeline*;

- *Audio Muted* disattiva l'audio dalla *Timeline*;

- *AV-Sync* sincronizza audio e video durante la riproduzione con l'orologio *audio clock*;

- *Frame Dopping* fa sì che la riproduzione faccia cadere i fotogrammi qualora risultino troppo lenti;

- *Clip Editor* aggiorna l'*editor Movie Clip* durante la riproduzione;

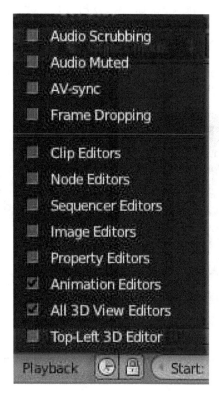

fig 79 il menu *Playback*

- *Node Editors* aggiorna i nodi nel *Node Editor* durante la riproduzione;

- *Sequencer Editor* aggiorna il *sequencer* durante la riproduzione;

- *Image Editors* aggiorna l'*Image Editor* durante la riproduzione;

- *Property Editors* aggiorna in tempo reale i valori degli *editor delle preferenze durante la riproduzione;*

- *Animation Editors* aggiorna *Timeline, Graph Editor* e *Video Sequencer Editor* durante la riproduzione;

- *All 3D View Editors* aggiorna *Timeline* e 3D View durante la riproduzione;

- *Top-Left 3D Editors* aggiorna la *Timeline* durante la riproduzione se *Animation Editors* e All Vista 3D Editors sono disattivate.

Proseguendo i menu e i comandi sull'*header* troviamo:

- *Range Control buttons*:

  - *Use Preview Range* consente di visualizzare animazioni con un *range* alternativo. Funziona per la riproduzione nell'interfaccia utente, ma non per il *rendering* di un'animazione.

  - *Lock Time Cursor to Playback Range* limita il tempo nella gamma di riproduzione.

fig 80 i pulsanti del *Range Control*

- *Frame Control Counter:*

101

fig 81 i contatori del *Frame Control*

- *Start* e *End* definiscono il fotogramma iniziale e quello finale dell'animazione;

- *Frame* permette di saltare direttamente al fotogramma corrispondente con il numero digitato.

- i pulsanti di trascinamento permettono di avviare, fermare e avanzare una riproduzione. Da sinistra verso destra: all'inizio; veloce indietro; play all'indietro; play/pausa (tasti ALT + A); veloce avanti; alla fine.

fig 82 i pulsanti di trascinamento

- il menu a tendina *Sync Mode* definisce la modalità di sincronizzazione (*AV-Sync; Frame Dropping; No Sync*).

fig 83 menu a tedina *Sync Mode*

fig 84 *Keyframe Control*

- i pulsanti *Keyframe Control* gestiscono i *keyframe*. Questi attivano degli eventi e li registrano nella *Timeline*. E' automatizzabile praticamente qualsiasi pulsante, contatore o cursore in Blender. Per aggiungere un *keyframe* in un fotogramma, bisogna posizionarsi nel fotogramma voluto, e salvare l'azione digitando il tasto I con la freccetta del mouse posizionata in corrispondenza del valore modificato. La casella o il pulsante si colorerà di giallo e varrà visualizzato un *keyframe* giallo sulla *Timeline* sotto forma di barretta verticale.

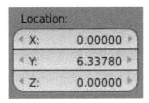

fig 85 le caselle dei contatori *Location* si colorano di giallo alla pressione del tasto I

- *Record* (il tasto con il pallino rosso) attiva l'*Auto-keyframe*, ossia l'aggiunta o la sostituzione di un *keyframe* nella *Timeline*;

- *Auto Keying Set* permette di inserire nuovi fotogrammi chiave (*keyframe*) per le proprietà.

Tutte le funzioni sulle animazioni saranno riprese nel dettaglio in seguito, con esercitazioni e chiarimenti.

2.2.6. La finestra *Outliner*

La finestra *Outliner* racchiude l'insieme degli oggetti, delle proprietà di questi e delle eventuali parentele e comunicazioni tra questi.

L'*Outliner* è suddiviso in due parti principali: come per tutte le finestre di Blender, anch'esso è dotato di intestazione, che si trova di

103

default nella parte superiore; nella parte inferiore, invece troviamo l'area di lavoro vera e propria.

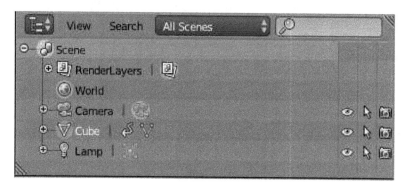

fig 86 la finestra *Outliner*

Analizziamo adesso l'area di lavoro e il modo in cui è organizzata.

La struttura dell'*Outliner* con i suoi oggetti è organizzata in cascata.

La scena (*Scene*) contiene un mondo generale (*World*) e un sistema di renderizzazione organizzato in *Render Layer* (che vedremo meglio più in là. Basti per ora sapere che organizzare una scena in *layer* permette, come avviene nei programmi di fotoritocco, ad esempio, di agire in modo indipendente sulla resa, gli effetti e il comportamento dei vari oggetti, raggruppati appunto in *layer* differenti.

Alcuni oggetti, possono essere *aperti*, ci si passi il termine, entrando nello specifico della propria geometria o delle proprietà specifiche della sua natura.

Il piccolo + consente di aprire la *root* di un oggetto ed entrare nella modalità di modifica (come *Edit Mode*, ad esempio). Questa sotto-modalità verrà rappresentata da un altro simbolo e così via.

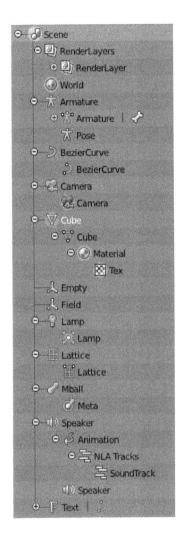

fig 87 struttura degli oggetti

All'interno del mondo, sono infine contenuti tutti gli oggetti contenuti nella scena. Ogni oggetto è inserito nella lista dell'*Outliner* ed è rappresentato da un simbolo specifico.

Ogni oggetto nella sua *root* principale corrisponde alla sua interezza, cioè a sé stesso nella modalità *Object Mode*.

L'oggetto selezionato, ovvero quello attivo, è visualizzato con caratteri bianchi.

Cliccando su un oggetto della lista con il tasto destro (RMB) si apre una tendina, detta *Outliner Object Operation*, in cui è possibile:

a) per gli oggetti in *root* principale: selezionarli (*Select*); deselezionarli (*Deselect*); selezionarne la gerarchia (*Select Hierarchy*); eliminarli (*Delete*); renderli immuni alla visibilità (invisibili in 3D view), alla selezione e alla renderizzazione (non renderizzati) con le voci *Toggle Visible*, *Selectable* e *Renderable*; e infine rinominarli (*Rename*);

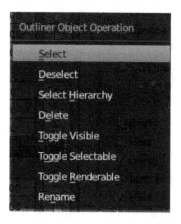

fig 88 menu dell'oggetto selezionato in *root* principale

b) per gli oggetti o le proprietà in *root* secondarie: scollegarli (*Unlink*), come ad esempio scollegare il materiale da una mesh; crearne un duplicato (*Make Local*); altre funzioni secondarie che analizzeremo in altra sede (*Make Single User*, *Add Fake User*, *Clear Fake User*); rinominarli (*Rename*); infine selezionare quelli sconnessi dall'oggetto principale (*Select Unlinked*).

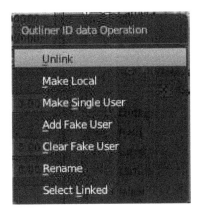

fig 89 menu dell'oggetto o delle proprietà selezionato in *root* secondarie

Analizziamo adesso le opzioni contenute nell'*header*.

Subito a sinistra dell'icona rappresentativa (raffigurante un diagramma di flusso), troviamo il menu a tendina *View*.

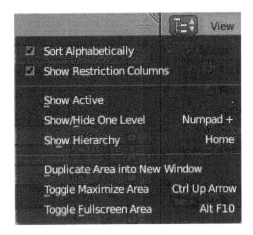

fig 90 il menu *View*

- *Sort Alphabetically* visualizza, se spuntato, in ordine alfabetico gli oggetti della lista;

107

- *Show Restriction Column*, se spuntato, attiva le tre colonne a destra che raffigurano l'occhio, la freccia e la camera e che analizzeremo nelle pagine successive;

- *Show Active* (. NUM) è utilissimo per visualizzare nella lista l'oggetto attivo nella 3D view;

- *Show/Hide One Level* espande la lista rendendo visibili tutte le *root*;

- *Show Hierarchy* riduce la lista nella sua *root* principale minimizzata;

- *Duplicate Area into a New Window* raddoppia la finestra Outliner in una nuova finestra con gli stessi contenuti;

- *Toggle Maximize Area* (CTRL + UP ARROW) che massimizza l'Outliner nella finestra di Blender (CTRL + DOWN ARROW per ripristinare);

- *Toggle Fullscreen Area* (combinazione di tasti ALT + F10) che massimizza le dimensioni dell'Outliner a tutto schermo;

Il menu *Search* contiene due voci a spunta che verranno spiegate in seguito:

- *Case Sensitive Marches Only*

- *Complete Matches Only*

fig 91 il menu *Search*

Il *Display Mode* fornisce informazioni sugli oggetti dell'Outliner relativi a quanto selezionato nel menu a tendina, ossia tutte le scene, la scena corrente, i *layer* visibili etc.

fig 92 il menu *Display Mode*

La casella di ricerca permette di inserire l'oggetto che si intende selezionare e visualizzare nella lista.

fig 93 la casella di ricerca

109

I tre pulsanti di visualizzazione invece sono rappresentati da tre icone (un occhio, una freccia e una fotocamera) e sono utilissimi per attivare o disattivare rispettivamente:

- la vista dell'oggetto selezionato nella 3D view (quindi la possibilità di visualizzarlo);

- la possibilità di selezionarlo;

- la possibilità di renderizzarlo.

fig 94 i pulsanti di visualizzazione

2.2.7. La finestra *Properties*

La finestra *Properties* non va assolutamente confusa con la *Properties Bar* perché permette di intervenire nelle proprietà globali di tutto il progetto e non della sola 3D view.

Di *default*, la finestra *Properties* è posizionata al di sotto dell'*Outliner* ed è suddivisa in 12 *tab* sottoforma di icona, tutti contenuti nell'*header*, subito dopo l'icona rappresentativa della finestra, raffigurante un cursore e un contatore sovrapposti.

fig 95 la *header* della finestra Properties

Descrivere e analizzare in questa fase tutte le numerosissime funzioni presenti nella finestra *Properties* sarebbe controproducente perché entreremmo in concetti assolutamente sconosciuti al momento.

Sarà quindi preferibile acquisire prima tutti i concetti propedeutici sulla modellazione, prima di entrare nel dettaglio delle proprietà.

Passeremo in rassegna sommariamente, quindi, i contenuti presenti nei 12 *tab*.

fig 96 proprietà *Render*

- *Render* (*tab* raffigurante una fotocamera) racchiude tutti i parametri relativi all'ambiente di renderizzazione di immagini fisse o animazioni. Contiene al suo interno i pannelli *Render* (che definiscono i dettagli e i pulsanti di render e le impostazioni del *device* grafico); *Dimensions* (le informazioni sulle dimensioni del file renderizzato); *Output* (le informazioni sul file e sulle impostazioni di salvataggio); *Sampling* e *Volume Sampling* (i dettagli sul campionamento delle immagini renderizzate); *Light Path* (i parametri sul percorso e sul comportamento della luce); *Motion Blur* (i parametri relativi all'effetto omonimo); *Film* (i parametri e le caratteristiche della pellicola virtuale); *Performance* (i valori da assegnare al motore

111

di rendering in funzione dell'hardware a disposizione); *Post Processing* (informazioni sulla post produzione del file renderizzato); *Bake* (i parametri per fissare le *texture* sulle *mesh* in modo permanente); *Stamp* (le opzioni di stampa delle informazioni sul file renderizzato); *Freestyle* (i valori e i parametri relativi alla renderizzazione con effetto disegno).

- *Layer* contiene tutti i parametri sui *layer* di renderizzazione e sui filtri relativi alla modalità *Render layer*.

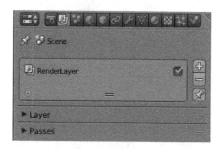

fig 97 proprietà *Layer*

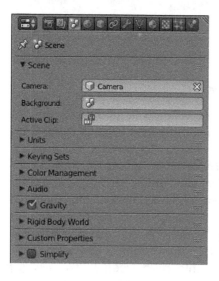

fig 98 proprietà *Scene*

- *Scene* contiene i parametri e le informazioni relativi alle scene: *Scene* (informazioni sulla camera e lo sfondo); *Units* (informazioni e impostazioni dell'unità di misura); *Keying Sets* (impostazini sui *key*); *Color Management* (impostazioni sul colore; *Audio* (impostazioni sull'audio); *Gravity* (informazioni e impostazioni sulla forza di gravità); *Rigid Body World* (impostazioni sull'ambiente di fisica dei corpi rigidi);

fig 98 proprietà *World*

- *World* riassume tutti i parametri dell'ambiente e dello sfondo (*environment* della scena 3D: *Preview* (fornisce una *preview* dello sfondo; *Surface* (imposta i dettagli e la tipologia dello sfondo); *Ambient Occlusion* (attiva l'effetto di occlusione ambientale, peraltro già attivo nel motore di *rendering Cycles*); *Ray Visibility* (informazioni e impostazioni sulla visibilità e gli effetti della luce nella scena e nel *rendering*); *Settings* (impostazioni generali di illuminazione e dello sfondo.

- *Object* contiene tutto quanto riguarda gli oggetti nella scena: il nome dell'oggetto, *Transform* (posizione, rotazione e scalatura dell'oggetto); *Ralations* (eventuali relazioni con altri oggetti); *Delta Transform* (differenza di posizione, rotazione e scalatura dopo una trasformazione rispetto ai valori di partenza); *Transform Lock* (blocca le trasformazioni selezionate con il lucchetto); *Groups* (mostra le impostazioni relative a gruppi con altri oggetti); *Duplication* (impostazioni su elementi

113

duplicati della geometria dell'oggetto); *Relations Extras* (impostazioni su parentele e *camera trackng*); *Motion Paths* (dettagli e impostazioni sui percorsi assegnati per il movimento); *Motion Blur* (impostazioni sulla scia lasciata dal movimento rapido; *(Ray Visibility)* (gestione della visibilità dell'oggetto e degli elementi in relazione al percorso della luce).

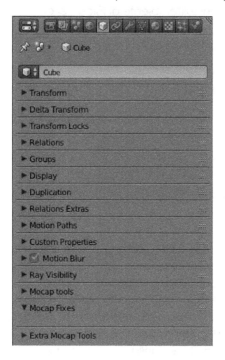

fig 99 proprietà *Object*

- *Constraints* permette di assegnare ad un oggetto relazioni di concatenazione con altri oggetti, percorsi, forze, etc. Alcuni esempi, soprattutto in ambito del movimento e di animazioni della camera, verranno trattati più dettagliatamente in seguito. *Constraints* apre un menu a tendina tra cui scegliere il tipo di legame, tra *Motion Tracking, Transform, Tracking* e *Relationship.*

114

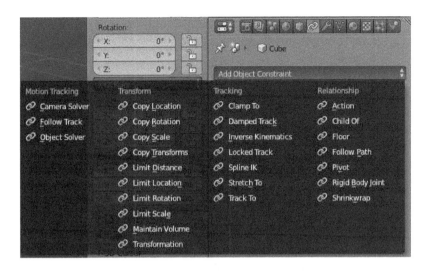

fig 100 proprietà *Constraints*

fig 100 proprietà *Modifiers*

115

- *Modifiers* contiene gli strumenti più utili, comuni e potenti di tutto l'ambiente di modellazione di Blender. I modificatori aggiungono algoritmi all'oggetto selezionato, in modo da aggiungere e deformare la geometria secondo parametri e funzioni. I modificatori verranno trattati nell'omonimo capitolo, dettagliatamente uno per uno, con l'ausilio di numerosi esempi.

- *Data* permette di raggruppare e gestire gruppi di vertici selezionati, piuttosto che andamenti curvilinei, utilissimi, ad esempio nelle *mesh*, per assegnare a questi colori, effetti, comportamenti particolari e particelle; o nelle curve per dar loro spessore. L'icona del *tab* varia a seconda del tipo di oggetto selezionato.

fig 102 proprietà *Data*

fig 103 proprietà *Material*

116

- *Material* (altro aspetto su cui insisteremo molto) assegna un materiale ad un oggetto e ne gestisce le caratteristiche.

- *Texture* permette di assegnare alla *mesh* e ad alcuni modificatori delle *texture* scelte fra quelle procedurali vale a dire risultanti da algoritmi matematici, o tratte da file esterni.

fig 104 proprietà *Texture*

- *Particles* assegna ad una *mesh* il sistema particellare utile per simulare capelli, fili d'erba, peli o oggetti di emissione. Questo argomento sarà oggetto in seguito di larga trattazione.

fig 104 proprietà *Particles*

- *Physics*, infine, aggiunge componenti fisici ad oggetti o all'ambiente. Tra questi sono disponibili: *Force Field* (forze esterne come vento, vortice, magnetismo...); *Collision* (rende un oggetto passibile di collisione rispetto ad un altro appartenente alla fisica); *Cloth* (simula il comportamento di un tessuto, quando applicato ad una *mesh*); *Dynamic Paint* (permette di assegnare a vertici *dipinti* direttamente sulla *mesh* una determinata influenza sull'effetto fisico; *Soft Body* (assegna ad una *mesh* un comportamento elastico); *Fluid* (assegna alla *mesh* un comportamento simile a quello di un fluido all'interno

117

di un certo dominio di azione); *Smoke* (simula fumo e fiamme); *Rigid Body* (assegna ad una *mesh* il comportamento proprio della dinamica dei corpi rigidi, soggetti a gravità, collisione e rottura). *Rigid Body Constraint*, inoltre, regola le influenze della fisica con altri parametri. È interessante, infine, notare come i vari componenti fisici possano interagire tra loro e con il sistema particellare, come ad esempio il vento su un tessuto può simulare lo sventolio di una bandiera o spettinare i capelli. Vedremo nel dettaglio la fisica nei capitoli successivi.

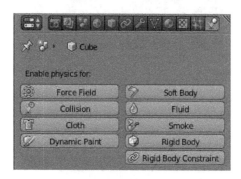

fig 106 proprietà *Physics*

2.3. Le shortcut (o comandi rapidi da tastiera)

Le *shortcut* sono comandi da tastiera ottenuti con la semplice pressione di un tasto o con una combinazione di tasti, utili per velocizzare le operazioni di lavoro.

Evitare di cercare comandi e strumenti nei menu o tra i pulsanti delle varie finestre, utilizzando appunto le *shortcut*, è il metodo migliore per ottimizzare il tempo e il proprio flusso di lavoro.

Sarà bene quindi entrare immediatamente nell'ordine delle idee che lavorare a due mani è la metodologia migliore e che sarà necessario imparare a memoria quantomeno quell'insieme di comandi da tastiera più frequenti, che andremo via via a conoscere e sperimentare.

In ogni caso tutti i comandi sono richiamabili sia da menu (o pulsante) nelle finestre di Blender sia via *shortcut*.

fig 107 personalizzare le *shortcut* nella fnestra *Preferences*

119

È possibile, come avevamo già accennato nell'introduzione, personalizzare le *shortcut* (anche se per motivi di compatibilità con altri corsi o tutorial) lo sconsigliamo vivamente), nella finestra delle preferenze (CTRL + A + U), nel *Tab Input*.

Tutti i comandi disponibili sono organizzati per gruppi e funzioni.

NOTA: Esistono online numerosi schemi delle principali *shortcut*.

2.4. Sistemi di navigazione con mouse o tastiera

Come detto, l'uso della tastiera e delle *shortcut* è fondamentale, ma per navigare all'interno della 3D view, selezionare oggetti ed elementi ed operare trasformazioni il mouse è lo strumento principale.

Con esso è possibile selezionare, spostarsi o orbitare a scena.

Vediamo le funzioni del mouse riassunte nella tabella di seguito:

LMB (RMB di *default*)	Seleziona oggetti o elementi
RMB (LMB di *default*)	Posiziona il cursore (3D Cursor)
MMB e trascinamento	Orbita la vista (attorno a quanto specificato nelle preferenze nel TAB *Interface*)
WM	Zoom in avanti o indietro
SHIFT + MMB	Naviga liberamente nella 3D view (pan)
CTRL + MMB	Trascinando il mouse avanti e indietro, effettua uno zoom fine nella 3D view
SHIFT + WM	Effettua un pan fine nella 3D view a destra e sinistra
CTRL + WM	Effettua un pan fine nella 3D view in alto e in basso
ALT + WM	Effettua lo scrub avanzando o tornando indietro nella Timeline

Ricordiamo inoltre le principali *shortcut* che consentono di richiamare velocemente viste predefinite nella 3D view:

121

7 NUM	Vista TOP (dall'alto)
SHIFT + 7 NUM	Vista BOTTOM (da sotto)
1 NUM	Vista FRONT
SHIFT + 1 NUM	Vista opposta a FRONT
3 NUM	Vista RIGHT
SIFT + 3 NUM	Vista LEFT
5 NUM	Assonometria/prospettiva
3, 6 NUM	Rotazioni orizzontali di 5° della vista
8, 2 NUM	Rotazioni verticali di 5° della vista
0 NUM	Richiama la vista camera

2.5. Selezione

Come abbiamo visto in procedenza è possibile selezionare gli oggetti in diversi modi.

Ne riassumiamo rapidamente i principali metodi e le relative *shortcut*:

a)   selezione con LMB (o RMB nel metodo di *default*);

b)   selezione multipla con SHIFT + LMB (o SHIFT + RMB nel metodo di *default*);

c)   selezione rettangolare (*Border Select*) con B

d)   selezione circolare o con il *brush* (*Circle Select*) con C (ESC per confermare);

e)   selezione lazo (*Lasso Select*) che consente di selezionare gli oggetti contenuti in un'area disegnata a mano libera con SHIFT + CTRL + LMB (o SHIFT + CTRL + RMB nella modalità di *default*);

f)   selezione o deselezione globale (A);

g)   selezione inversa (*Invert Select*) che permette di invertire la selezione tra un gruppo di oggetti selezionati con tutti gli altri al di fuori della selezione (I);

h)   selezione *Random* nel menu a tendina *Select* della 3D view.

NOTA: Questi metodi di selezione sono validi in entrambe le modalità *Object Mode* e *Edit Mode*.

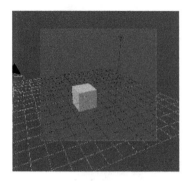

fig 108 selezione rettangolare (B)

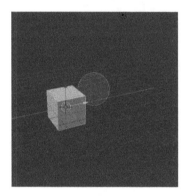

fig 109 selezione circolare (C)

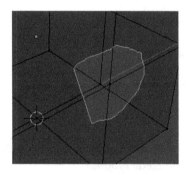

fig 110 selezione con il lazo (SHIFT + CTRL + LMB)

2.6. Il Cursore (3D Cursor) e l'Origine (Pivot)

Il cursore (o *3D Cursor*) è uno strumento non particolarmente diffuso nei programmi di modellazione 3D, anzi, si può dire che, fra quelli più importanti, Blender è l'unico a farne uso.

È raffigurato come un mirino bianco e rosso.

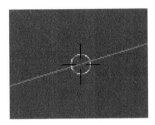

fig 111 il *3D Cursor*

Strumento apparentemente ostico e poco comprensibile nell'uso e nella funzione, il *3D Cursor* è invece fondamentale perché permette di operare in un gran numero su un oggetto o nella 3D view.

Innanzi tutto, come funzione primaria, il 3D Cursor rappresenta il punto esatto in cui verrà inserito un nuovo oggetto, o meglio il punto in cui coinciderà il *Pivot*, centro di trasformazione di un oggetto.

Giocando tra il *3D Cursor* e il *Pivot* sarà possibile assegnare a quest'ultimo un gran numero di posizioni sull'oggetto o su punti specifici, regolarne il centro di rotazione o scalatura, agganciare oggetti su altri e altre operazioni importanti.

Per spostare il *3D Cursor* si può semplicemente cliccare in un punto qualsiasi dell'area di lavoro della 3D view con RMB (o LMB di *default*), oppure inserirne a mano le coordinate nella barra laterale *Properties Bar*, nel pannello *3D Cursor*.

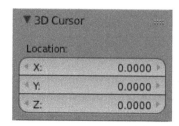

fig 112 coordinate del *3D Cursor*

Infine è possibile assegnare al *3D Cursor* e al *Pivot* una posizione specifica in relazione ad altri elementi della scena, richiamabili dalla combinazione di tasti SHIFT + S.

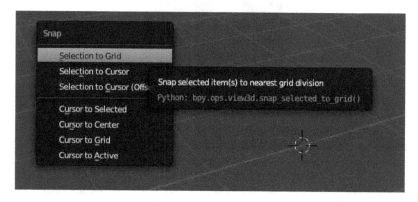

fig 113 opzioni di posizionamento avanzato del *3D Cursor* con la combinazione di tasti SHIFT + S

Nello specifico, nel menu a tendina, detto *Snap*, che verrà aperto al comando SHIFT + S, sarà possibile:

- agganciare il *Pivot* oggetto sul punto della griglia più prossimo alla posizione corrente (*Selection Grid*);

- agganciare il *Pivot* in *Object Mode* o un elemento o gruppo di elementi in *Edit Mode* sul *3D Cursor*;

126

- agganciare il *3D Cursor* sul *Pivot* dell'oggetto attivo in *Object Mode* o su un elemento o gruppo di elementi selezionati in *Edit Mode* (*Cursor to Selected*);

- agganciare il *3D Cursor* sul punto della griglia più prossimo;

- agganciare il *3D Cursor* sul *Pivot* dell'oggetto attivo in una selezione di oggetti.

Analogamente è possibile assegnare all'origine (*Pivot*) una posizione specifica in relazione ad altri elementi e al *3D Cursor* stesso, richiamando un menu di 4 opzioni, detto *Set Origin*, con la facilmente ricordabile (per quanto contorta) combinazione di tasti SHIFT + CTRL + ALT + C.

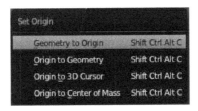

fig 114 il menu *Set Origin*

Da questo menu è possibile scegliere dove posizionare il *Pivot* o origine.

- *Geometry to Origin* sposta il baricentro di un oggetto nella posizione attuale del *Pivot*;

- *Origin to Geometry* fa sì che il *Pivot* coincida con il baricentro della geometria di un oggetto;

- *Origin to 3D Cursor* assegna al *Pivot* la stessa posizione del *3D Cursor*;

- *Origin to Center of the Mass*, in un sistema di oggetti selezionati, posiziona l'origine (il *Pivot*) in corrispondenza del baricentro del sistema.

127

ESERCIZIO n. 1: POSIZIONARE IL CURSORE SUL PIVOT E VICEVERSA

Con un semplice esercizio proviamo a posizionare il cursore sul *Pivot* e viceversa.

Inseriamo un cubo e con la combinazione di tasti G + X + 3 (vedremo in seguito il significato), spostiamolo i 3 metri lungo l'asse *x*.

Digitiamo ora SHIFT + S e impostiamo *Cursor to Selected*. Il *3D Cursor* si sarà posizionato in corrispondenza dell'origine del cubo.

Annulliamo le ultime due operazioni digitando due volte CTRL +Z (*Undo*). Il cubo si riposizionerà all'origine degli assi mentre il cursore resterà spostato.

Digitiamo, con il cubo selezionato, il tasto R per farlo ruotare. Muovendo il mouse esso ruoterà su se stesso, attorno, cioè alla sua origine, posta esattamente nel suo baricentro.

Premiamo ESC per annullare l'operazione.

Digitiamo ora SHIFT + CTRL + ALT + C e scegliamo l'opzione origin to *3D Cursor*. Il *Pivot* si posizionerà sul cursore.

Proviamo ora a ruotare nello spazio il cubo digitando semplicemente R e muovendo il mouse.

Il cubo ruoterà liberamente attorno alla sua origine posizionata questa volta al di fuori del suo baricentro, compiendo ampi raggi.

Premiamo ESC per annullare.

Con questo semplice esercizio abbiamo visto come l'interazione fra il *3D Cursor* e il *Pivot* sia importantissima per ottenere risultati differenti, a seconda dei casi.

3

INSERIRE GLI OGGETTI

3.1. Impostazioni della scheda grafica

Prima di iniziare a modellare e a inserire oggetti nella scena, è importante impostare le preferenze di Blender in modo che sia al meglio configurato a seconda dell'hardware e del sistema operativo di cui si è in possesso.

Aperta la finestra delle preferenze (CTRL + ALT + U), entrare nella sezione *System* e impostare il *Compute Device*, ossia l'unità logica che eseguirà i calcoli in fase di *rendering*.

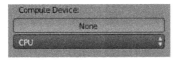

fig. 115 impostazione del *Compute Device* come CPU

fig. 116 impostazione del *Compute Device* come GPU

Se si è in possesso di una scheda grafica con unità logiche di tipo *Cuda Core*, impostare il *Device* su GPU, altrimenti impostare CPU.

Il pannello dove regolare tali impostazioni (*Performances*) si trova nella finestra delle preferenze, nel pannello *Render*.

fig. 117 impostazione del *device* nel pannello *Render*

131

Qualora si disponesse di una scheda grafica con tecnologia *Cuda*, occorrerà tuttavia valutarne le *performances* derivanti dal numero di processori logici (*Cuda Core*) a disposizione. Le schede economiche non sono particolarmente performanti, mentre sono più che accettabili quelle costruite per il 3D *gaming* (tecnologia GTX) e indicate quelle ad esempio del gruppo Quadro della Nvidia.

Le prestazioni variano notevolmente a seconda del numero dei *Cuda Core* e non è detto che schede grafiche che montino tale tecnologia siano più performanti rispetto alla CPU.

Per avere un ordine di grandezza che sposti la scelta sul *device* GPU, lasciate che sia la scheda grafica a gestire i calcoli di renderizzazione se è dotata di almeno 1200 *Cuda Core* e non meno di 3 GB di RAM dedicata.

Con valori inferiori, probabilmente la CPU risponderà meglio e sarà addirittura più veloce.

Sarà importante infine regolare inoltre il numero dei *Tiles*, nel pannello *Performances*, ovvero il numero delle piccole aree di renderizzazione che verranno gestite contemporaneamente dall'unità di calcolo.

Studi ed esperimenti ci permettono di saltare noiosi e laboriosi *test*, impostando nei contatori X e Y i valori 64 se si usa la CPU e 256 se si usa la GPU come unità logica di calcolo.

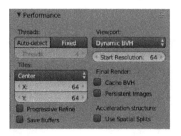

fig. 118 impostazione dei *Tiles* nelle *Performances* con la CPU

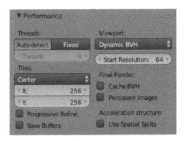

fig. 119 impostazione dei *Tiles* nelle *Performances* con la GPU della scheda grafica

Consigliamo di salvare queste impostazioni come *Template* per i successivi avvii di Blender digitando CTRL + U o scegliendo la voce *Save Startup File* nel menu *File* della finestra Info e quindi confermare.

fig. 120 *Save Startup File*

3.1.1. Scelta dell'unità di misura e della scala del progetto

Un altro argomento molto importante da definire prima di iniziare a lavorare è quello inerente l'unità di misura e la scala.

133

Inserire un valore numerico che definisca una geometria potrebbe non essere sufficiente per rappresentare un oggetto tridimensionale. Anche per funzioni più avanzate come la mappatura o la stampa 3D, Blender deve conoscere l'unità di misura con la quale si intende rappresentare un oggetto e questa sarà in funzione delle dimensioni dello stesso.

fig. 121 impostazione dell'unità di misura e della scala del progetto

Per scegliere l'unità di misura occorrerà entrare nel *tab Scene* della finestra *Properties*. Consigliamo di scegliere l'unità metrica decimale per le lunghezze e i gradi per gli angoli.

Il parametro *Scale* definirà, all'interno del sistema scelto, l'unità di misura.

Il valore 1 di *default*, nell'ambito metrico, sta ad indicare *metri*. Per scegliere quindi di inserire valori numerici espressi in centimetri, sarà necessario impostare la scala con il valore 0.01.

Ricordiamo che, con la scelta della scala, l'inserimento di un qualsiasi valore decimale sarà rapportato a questa.

Ad esempio, ragionando in metri (*Scale* = 1) ed inserendo il valore 0.03, Blender interpreterà automaticamente il valore e visualizzerà la dicitura 3 *cm*.

3.2. Inserire gli oggetti

Giunti a questo punto, possediamo sufficienti nozioni per iniziare ad inserire oggetti nella scena, entrarne nella struttura e modificarli.

Blender suddivide gli oggetti in gruppi.

Per inserire un qualsiasi oggetto nella scena vi sono due modi:

a) Aprire il menu *Add* nell'*header* della 3D view e scegliere il tipo di oggetto tra le scelte disponibili;

b) Digitare nell'area di lavoro della 3D view la combinazione di tasti SHIFT + A e scegliere l'oggetto dal menu che si aprirà di conseguenza;

c) Scegliere l'oggetto da inserire nel secondo *tab* in alto (*Create*) della *Tools Shelf*.

È possibile aggiungere ulteriori oggetti e strumenti, attivandoli tra gli *Addons* della finestra *Preferences* o caricando dal browser di Blender il relativo file *.py da fonte esterna, dopo aver cliccato sul pulsante *Install from File*.

> **NOTA: Ricordiamo che l'oggetto verrà inserito con la sua origine (*Pivot*) coincidente con il *3D Cursor*.**

Per eliminare un qualsiasi oggetto, o gruppo di oggetti, anche di natura diversa, è sufficiente effettuare la selezione e digitare CANC oppure X, confermando poi l'eliminazione.

Si può annullare l'operazione di inserimenti digitando CTRL + Z (*Undo*) oppure ripristinare l'operazione con SHIFT + CTRL + Z (*Redo*).

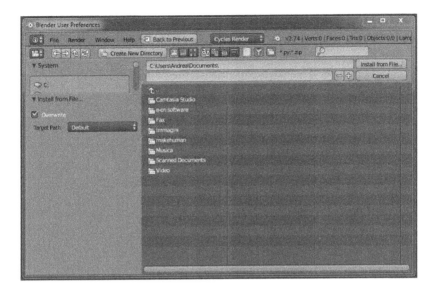

fig. 122 importazione di un nuovo *Addon*

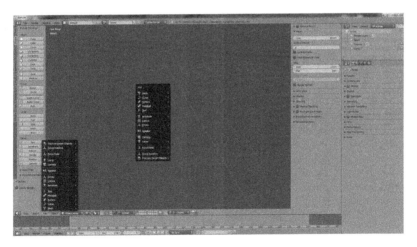

fig. 123 metodi di inserimento degli oggetti

3.2.1. Mesh

Il primo gruppo di oggetti che andremo ad analizzare è detto *Mesh*, letteralmente *nuvola di punti*.

 Come dice la parola una *mesh* è un insieme di punti (l'unità minima geometrica), eventualmente connessi tra loro con spigoli e facce che definiscono un oggetto poliedrico.

Questi elementi geometrici (*vertici*, *spigoli* e *facce*) sono le tre geometrie base da cui partire per creare e modellare un oggetto.

ESERCIZIO N. 2: INSERIMENTO DI UNA MESH NELLA 3D VIEW

Dopo aver lanciato Blender, per prima cosa cancelliamo tutti gli oggetti presenti nella scena.

Digitiamo A per selezionarli tutti, quindi X per eliminarli e confermiamo l'operazione.

Il *3D Cursor* si trova all'origine degli assi. Clicchiamo con RMB in un punto qualsiasi dell'area di lavoro per spostare il *3D Cursor*.

Digitiamo quindi SHIFT + A e nel menu a tendina scegliamo *Mesh*, quindi *Cube*.

Il cubo verrà inserito con la sua origine (di *default* al baricentro) coincidente con il *3D Cursor*.

Provate ora ad inserire altri tipi di mesh nella scena.

Potete scegliere fra: *Plane*, *Cube*, *Circle*, *UVSphere*, *Ico Sphere*, *Cylinder*, *Cone*, *Torus*, *Grid* e *Monkey*, che sono dette **Primitive**.

Le *Primitive* sono descritte alla fine del presente esercizio.

fig. 124 inserimento di una *mesh*

Provate infine a selezionare e deselezionare le *mesh* con gli strumenti conosciuti, utilizzando soprattutto i metodi di selezione a rettangolo, cerchio e lazo.

fig. 125 selezione multipla delle *mesh*

E' possibile inoltre inserire oggetti dal *tab* **Create** della *Tools Shelf*.

139

Tutti gli oggetti appena inseriti possono essere immediatamente modificati, ridimensionati e posizionati con precisione agendo nei parametri della regione in basso nella *Tools Shelf*.

Nei menu e nei contatori è possibile inserire informazioni relative al numero dei vertici, alla posizione, la rotazione e al dimensionamento. Questi parametri possono variare a seconda della tipologia di *mesh* inserita.

Non appena si clicca all'interno della 3D view, tali parametri non potranno più essere modificabili nella regione suddetta, ma sarà necessario agire nella *Properties Bar*.

fig. 126 Impostazioni di inserimento di una *mesh* (nell'esempio *Circle*)

Scorriamo brevemente quali sono le *primitive* e le loro relative caratteristiche basiche.

Plane inserisce nella scena un quadrato di dimensioni 2 x 2;

Cube inserisce nella scena un *cubo*, meglio propriamente detto *icosaedro*, composto da 6 facce, 12 vertici e 8 spigoli e di misura 2 x 2 x 2.

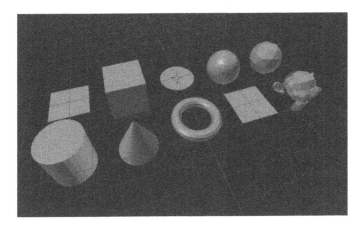

fig. 127 *mesh primitive*

Circle inserisce il perimetro di un ennagono di ingombro massimo 2 e composto da 32 segmenti di *default*, che lo rendono del tutto simile a una circonferenza. Tecnicamente si tratta di un poligono regolare a 32 lati, che possono essere ridefiniti in modo da renderlo meno o più dettagliato agendo nella regione i basso della *Tools Shelf*, all'interno del contatore *Vertices*. È inoltre possibile applicare al poligono la campitura, rendendolo superficie impostando *Ngon* nel menu *Fill Type*. Con lo stesso tipo di *mesh* è possibile, impostando ad esempio 6 vertici, un esagono.

Sphere inserisce una *mesh* che simula l'aspetto di una sfera. Tale *mesh* è composta da facce quadrangolari ad eccezione di quelle ai poli che sono triangolari e si congiungono in un punto. Così come per *Circle*, anche per *Spere* è possibile agire sul raggio, il numero di vertici (e, di fatto, sui meridiani e sui paralleli), nonché sulla posizione.

Icoshpere inserisce un solido simile ad una sfera, ma composto da tutte facce triangolari.

141

Cylinder inserisce un solido simile a un cilindro composto da 32 facce verticali che ne costituiscono il corpo e da due facce a 32 lati parallele alle estremità. Anche in questo caso, possono essere ridefiniti i parametri di dettaglio e dimensionali.

Cone inserisce un solido simile a un cilindro composto da una base a 32 lati e un corpo di 32 facce triangolari che si uniscono in un unico punto in sommità. Per definire i parametri dimensionali occorre anche in questo caso agire nella regione della *Tools Shelf*.

Torus inserisce una figura torica, solido di rotazione di un *Circle* che ruota attorno all'origine.

Grid inserisce un quadrato di dimensioni totali 2 x 2, più dettagliato rispetto a *Plane*, poiché suddiviso sia in direzione x, sia in direzione y, da una rete di n segmenti il cui numero è definibile nella regione della *Tools Shelf*.

Monkey, infine, inserisce una *mesh* a media definizione poligonale che rappresenta la testa di una scimmietta, mascotte di Blender e dal nome Suzanne. Non ha alcuna funzione specifica se non quella di *test* per alcune operazioni.

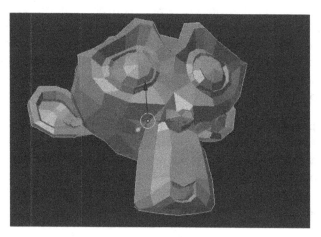

fig. 128 Suzanne

3.2.2. Curve

Analogamente al sistema di inserimento delle *mesh*, è possibile inserire nello spazio 3D ance delle curve.

 Le curve, a differenza delle *mesh*, che simulano un solido per *approssimazione* di dettaglio, sono oggetti bidimensionali e si rapportano a modelli matematici e geometrici per definire un percorso nello spazio. Questo comporta che sono composte da un numero infinito di punti consecutivi.

fig. 129 il menu *Curve*

Sono disponibili due tipologie di curve:

a) **Curve di Bézier**, definite da alcuni punti chiave dotati di maniglie (*handles*). Nel menu è possibile scegliere tra:

1. *Bézier*, una curva basica con due punti di controllo;

2. Circle, una circonferenza con quattro punti di controllo.

b) **NURBS** (acronimo di *Non Uniform Rational B*-Spline), definite invece da punti chiave che sono controllati da altri punti al di fuori della curva. Nel menu è possibile scegliere tra:

1. *NURBS Curve*, una curva basica con due punti di controllo;

2. *NURBS Circle*, una circonferenza con quattro punti di controllo;

3. *Path* un segmento semplice a due punti di controllo.

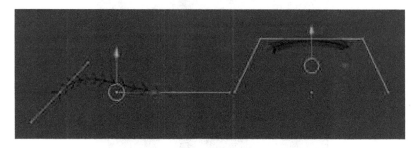

fig. 130 Curve di *Bézier* e *NURBS*

Spostando nello spazio i punti chiave delle curve, si possono definire curve nello spazio, da non confondersi con le superfici.

3.2.3. *Surface*

Le superfici sono oggetti tridimensionali definiti da due o più curve, definibili, come per queste, da punti chiave e maniglie.

All'inserimento sono disponibili:

a) **NURBS Curve**;

b) **NURBS Circle**;

c) **NURBS Surface**;

144

d) **NURBS Cylinder**;

e) **NURBS Sphere**;

f) **NURBS Torus**.

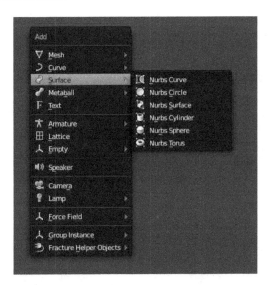

fig. 131 inserimento di superfici

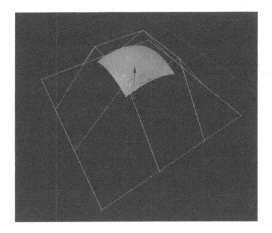

fig. 132 inserimento di una superficie

145

3.2.4. Metaball

A differenza degli altri oggetti, le *metaball* sono superfici che prendono forma a seguito di attrazione con altre *metaball* vicine.

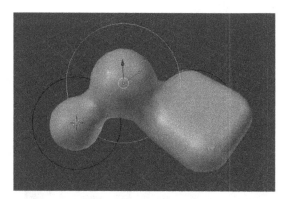

fig. 133 tre metaball

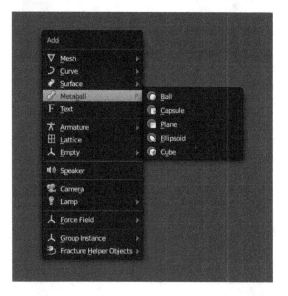

fig. 134 inserimento di *Metaball*

Sono disponibili dal menu le seguenti *metaball*:

146

a) **Ball**;

b) **Capsule**;

c) **Plane**;

d) **Ellipsoid**;

e) **Cube**.

La circonferenza attorno alla *Metaball* indica l'influenza sulle altre.

Così come per le *mesh*, le *curve* e le *superfici*, è possibile modificare le impostazioni dalla regione della *Tools Shelf*.

3.2.5. Text

Text permette l'inserimento di oggetti testo. Vedremo in seguito come fare per digitare il testo e per modificarne carattere e stile.

È possibile accedere a tutte le *fonts* a disposizione del vostro sistema operativo.

fig. 135 testo

147

fig. 136 inserimento di un testo

3.2.6. Empty

L'oggetto *Empty* è adimensionale e non può essere neppure renderizzato.

Il suo utilizzo è assai frequente quando si desidera eseguire la messa a fuoco della camera in un punto preciso, piuttosto che come centro di rotazione e di trasformazione se applicato ai *modificatori*, come vedremo più avanti.

L'*Empty*, in definitiva, è un oggetto vuoto, semplicemente un *target* di una certa operazione.

Può essere visualizzato a scelta nella 3D view come un *sistema di assi*, un *cerchio*, una *sfera*, una *freccia*, etc. e, così come altri oggetti, può essere spostato, ruotato e scalato.

148

fig. 137 inserimento di un oggetto *Empty*

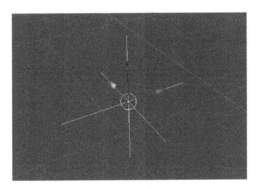

fig. 138 oggetto *Empty*

3.2.7. Camera

Sulla *Camera* è bene spendere più di qualche parola.

Essa è lo strumento che definisce l'*inquadratura* degli oggetti nella scena, cuore e traguardo dell'intero processo di modellazione.

All'avvio di Blender, oltre a un cubo e una luce, è presente anche una *Camera*.

All'interno di una scena è possibile inserire più camere, tenendo presente che quella **attiva** sarà quella che inquadrerà la scena.

fig. 139 inserimento di una *Camera*

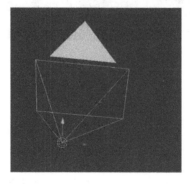

fig. 140 l'oggetto *Camera* nella 3D view

150

Per determinare quale debba essere la camera attiva, è sufficiente entrare nel menu *View* della 3D view e nel sottomenu *Cameras* scegliere la voce *Set Active Object as Camera*, oppure digitare la *shortcut* CTRL + 0 NUM.

La visualizzazione dell'inquadratura della camera attiva potrà essere invece richiamata direttamente digitando il tasto 0 NUM, oppure nel menu *View/Cameras* scegliere l'opzione *Active Camera*.

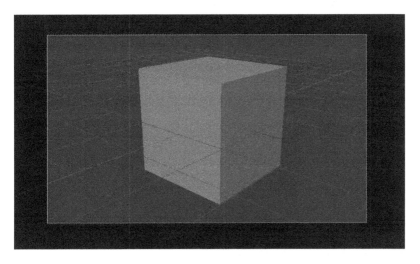

fig. 141 inquadratura della camera attiva (CTRL + 0 NUM)

Così come per qualsiasi anche oggetto , al suo inserimento con SHIFT + A, è possibile modificare subito alcune proprietà della camera nella regione della *Tools Shelf* dedicata, in particolare la posizione e la rotazione.

Altre impostazioni sulla visualizzazione e sulla camera corrente sono presenti all'interno del **pannello View** della *Properties Bar*.

Nello specifico:

- *Lens* definisce la lente della vista 3D nella 3D view;

151

- *Lock to Object* fissa la vista su un oggetto selezionato;

- La spunta *Lock to Cursor* fissa la vista sul *3D Cursor*;

- *Lock Camera to View*, in vista camera (0 NUM) entra all'interno dell'inquadratura e ne permette la modifica. Rimuovere la spunta al termine;

- *Clip* definisce un limite vicino e lontano per la vista al di là dei quali l'immagine *clippa* cioè taglia letteralmente gli elementi al di fuori del margine assegnato;

- *Local Camera* visualizza la camera locale;

- *Render Border* renderizza entro i margini di una regione impostata con CTRL + B.

fig. 142 il pannello *View* della *Properties Bar* e *Lock Camera to View* spuntato

Nella finestra *Properties*, è possibile ottenere ed inserire ulteriori informazioni relative alla camera e alla vista.

In particolare nel pannello **Dimensions** del *tab* **Render**, è possibile definire le dimensioni dell'inquadratura, espresse in pixel

152

oppure nel menu a tendina *Render Presets* definire dei formati predefiniti come ad esempio PAL, mentre nel pannello *Film* impostare l'esposizione.

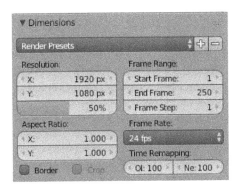

fig. 143 il pannello *View*

fig. 144 il pannello *Film*

La selezione di una camera, inoltre, attiva delle impostazioni ad essa specifica nel *tab* **Data** della finestra *Properties*, la cui icona assume la forma di una macchina da presa.

Nel *tab*, dall'alto verso il basso troviamo diversi pannelli.

- L'icona *Camera* seleziona la scelta della camera corrente;

- Il pannello *Lens* contiene i parametri e le informazioni sul tipo di lente, scegliendo fra tre principali visualizzazioni:

- *Perpective* (prospettiva);

- *Orthographic* (assonometria);

- *Panoramic* (panoramica, con la scelta tra *Fisheye* e *Equirectangular*).

- *Focal Length*, espressa in millimetri definisce la lunghezza focale della camera;

- *Shift* permette di traslare in senso orizzontale (x) o verticale (y) una inquadratura senza deformazione dell'immagine e senza spostamento dei punti di fuga;

- *Clipping* ha la stessa funzione dell'omonima funzione della 3D view;

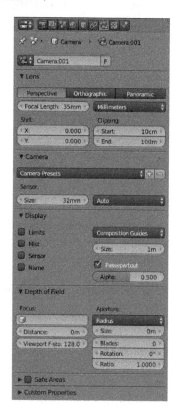

fig. 145 proprietà *Data* della *Camera*

- *Il pannello Camera* imposta le caratteristiche fisiche della camera:

  - Il menu *Camera Preset permette di scegliere una camera predefinita nelle impostazioni in base a modelli commerciali in uso;*

  - *Sensor* definisce le dimensioni in millimetri del sensore della camera;

- *Display* definisce che cosa visualizzare e renderizzare:

  - *Limits* (limiti); *Mist* (nebbia e foschia se attivata); *Sensor* (i dati sul sensore), *Name* (il nome della camera);

  - *Composition Guide* è un menu a tendina che permette di visualizzare (ma non rende rizzare) alcune linee guida, utilissime e utilizzate in fotografia per una corretta inquadratura;

  - *Le dimensioni delle linee;*

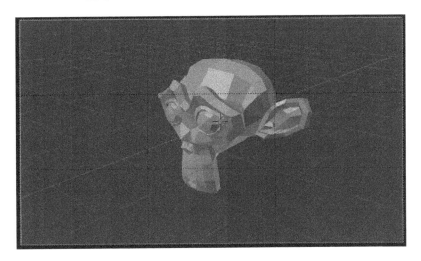

fig. 146 le linee guida (nell'immagine: il metodo del terzo medio)

155

- *Passpartout* e il suo valore *Alpha* in percentuale, scuriscono l'esterno dell'inquadratura rendendola maggiormente visibile.

- Il pannello *Depht of Field* contiene tutti dati sulla messa a fuoco della camera e l'apertura dell'obiettivo:

  - *Focus* permette di inserire come *target* di messa a fuoco un oggetto, scelta dalla lista dei presenti nella scena nel menu a tendina (ad esempio un oggetto *Empty*);

  - *Distance*, la distanza di messa a fuoco;

  - *Aperture Type*, espressa a scelta con la distanza *radius* (in metri) o in valore *F-Stop* (esempio 5,6);

  - Il valore di apertura;

  - *Blades* indica il numero di lamelle dell'obiettivo;

  - *Rotation* il numero di gradi di rotazione delle lamelle;

  - *Ratio*, la distorsione che simuli l'effetto anamorfico delle lamelle (con parametro da 1 a 2);

- Il pannello *Safe Area* definisce l'area sicura di ripresa, al di là della quale l'immagine o il video verrà visualizzato in ogni caso anche se il formato di supporto fosse differente. Ad esempio 14:9 in luogo dei 16:9.

Infine, ulteriori informazioni sull'oggetto *Camera*, così come per tutti gli altri oggetti, sono inserite nel *tab **Object*** della finestra *Properties*, in modo particolare il nome, la posizione, la rotazione e la scalatura.

3.2.8. Lamp

È possibile inserire, ai fini dell'illuminazione della scena oggetti di tipo *Lamp*, ossia lampade.

fig. 147 inserimento dell'oggetto *Lamp*

Esistono 5 tipi di lampade differenti, ognuna rappresentata da una specifica icona:

- *Point* inserisce una luce puntuale, omnidirezionale;

- *Sun* inserisce una luce fortemente direzionale, a raggi paralleli, simile alla luce solare;

- *Spot* inserisce una luce che riproduce l'effetto di un faretto puntuale all'origine e circolare al margine, con tanto di cono di luce;

- *Hemi* riproduce un pannello riflettente a ombrello, simile a quelli utilizzati negli studi fotografici;

157

- *Area* inserisce un pannello emettente una fonte luminosa, che riproduce una luce diffusa e ombre morbide.

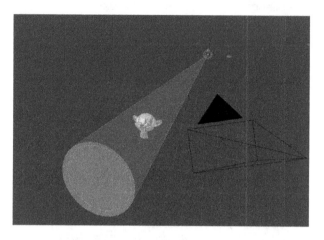

fig. 148 una *Lamp* di tipo *Spot*

Le caratteristiche di queste luci sono modificarli nel *tab Data*, la cui icona, per l'occasione, avrà preso la stessa forma del tipo di lampada selezionata.

fig. 149 le proprietà dei 5 diversi tipi di *Lamp*

In tali proprietà sono visualizzabili le *Preview* della lampada; il tipo (*Point, Sun, Spot, Hemi, Area*) e il colore e l'intensità (nel pannello *Nodes* di cui si trattare ampiamente in seguito).

158

Nelle tipologie di lampada *Sun* e *Spot* sono inoltre presenti altri due pannelli, rispettivamente:

- *Geographical Sun* (in cui la luce solare simulerà quella indicata nelle coordinate geografiche, nel giorno e nell'orario);

- *Spot Shape*, che definirà la forma e la definizione del cono di luce.

Infine è possibile definire il comportamento dell'ombra prodotta dalle *Lamp*, agendo nei parametri:

- *Size*, per il quale per valori bassi l'ombra sarà proiettata più netta, mentre per valori alti più morbida e diffusa;

figg. 150 e 151 ombre nette e morbide al variare del parametro *Size* (risp. 0 e 30 cm)

- *Max Bounces* il numero massimo di rimbalzi della luce;

- *Cast Shadow*, se spuntata l'opzione gli oggetti proietteranno le ombre, se non spuntata non proietteranno alcuna ombra;

- *Multiple Importance* riduce il disturbo della luce e rende le riflessioni più nette, con conseguente peso sul processo di *rendering*.

Nel caso di *Lamp* di tipo *Area*, infine è possibile definire se la superficie emettente sia un rettangolo o un quadrato, nonché le dimensioni.

3.2.9. Altri tipi di oggetti

Esistono altri tipi di oggetti, il cui utilizzo sarà oggetto di capitoli successivi.

Per ora ci limiteremo ad elencarli sommariamente.

- **Armature** inserisce un oggetto osso, necessario per l'animazione e il *rigging*;

- **Lattice**, verrà evidenziato nel capitolo dei modificatori. Crea una gabbia a bassa densità che serve a controllare con pochi punti delle *mesh* ad alta definizione poligonale;

- **Speaker** introduce nella scena una fonte sonora;

- **Force Field** inserisce nella scena oggetti che simulano le forze fisiche della natura come il vento, il vortice, il magnetismo, la corrente alternata, il moto armonico, la turbolenza e altri, che interagiranno con gli altri oggetti provocando animazioni ed effetti di sensazionale realismo;

Altri oggetti possono essere inseriti nella lista tra gli *Addons* o scaricandoli in rete e installandoli dal pannello delle preferenze di Blender.

4
LA MODELLAZIONE DI BASE

4.1. Ambienti e organizzazione del lavoro

Entriamo finalmente nel vivo della modellazione degli oggetti e dell'organizzazione del lavoro.

Per organizzazione del lavoro si intende avere ben chiaro che cosa si vuole rappresentare di uno o più oggetti in una scena, con quale livello di dettaglio (parametro questo fondamentale per la definizione della geometria), da che distanza e in che tipo di ambientazione.

Avere perfettamente chiaramente fissate nella mente queste scelte permetterà un controllo della modellazione appropriato degli oggetti 3D nel loro ambiente e un livello di dettaglio non inferiore e non superiore a quanto si riuscirà a percepire e apprezzare.

Inoltre, utilizzando più scene nello stesso progetto, consentirà, oltre che di gestire separatamente diverse inquadrature e specifiche illuminazioni, anche di giocare su differenti effetti, colori, varianti e livelli di dettaglio.

4.1.1. *Object Mode* e *Edit Mode*

Come abbiamo più volte accennato, senza entrare nel merito, in questa prima parte del volume, Blender ci mette a disposizione più modalità di lavoro su un oggetto.

In particolare in questa fase analizzeremo le modalità *Object Mode* e *Edit Mode*.

Queste rappresentano le due modalità (o due ambienti) principali e fondamentali della fase di modellazione.

Nella prima, *Object Mode*, l'oggetto 3D viene considerato nella sua interezza e non nella sua geometria intrinseca. Sarà possibile trasformarlo e modificarlo in modo globale, ma senza entrare nello specifico dei suo vertici, spigoli e facce, nel caso di una *mesh* o dei suoi punti chiave e maniglie nel caso di una curva.

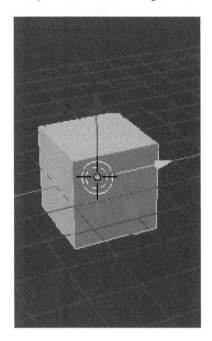 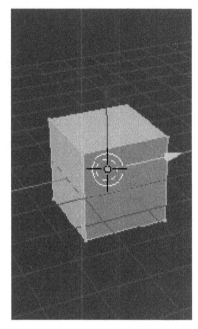

figg. 152 e 153 una *mesh* (cubo) in *Object Mode* (a sinistra) e in *Edit Mode* (a destra)

Per passare dalla modalità *Object* a *Edit* e viceversa occorre cliccare sul menu *Mode* dell'*header* della 3D view, oppure, più velocemente premendo il tasto TAB.

Passando da una modalità all'altra, avrete certamente notato che i menu e i comandi nelle finestre e nelle *sidebar* varieranno in parte. Questo perché alcune funzioni saranno attive e avranno significato in una modalità piuttosto che in un'altra.

4.1.2. *Pie Menu*

Esiste un *Addon, detto Pie Menu* (che deve essere attivato dalle preferenze digitando "*Pie Menu*" nella ricerca e attivandolo con la spunta), che permette di passare da una modalità all'altra, utilizzando una interfaccia grafica.

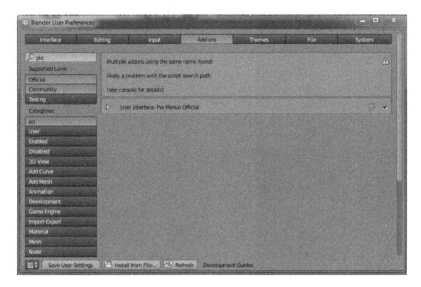

fig. 154 attivazione del *Pie Menu* dalle preferenze

Pie Menu permette di selezionare una qualsiasi delle modalità. Basterà premere il tasto TAB e cliccare con LMB (o digitare il numero corrispondente) sulla modalità desiderata che apparirà nel menu circolare in sovrimpressione.

Per annullare sarà sufficiente premere ESC.

Analogamente il *Pie Menu* consente, con lo stesso sistema e la stessa tipologia di menu circolare, di selezionare una delle modalità di visualizzazione (*Shade*), come, ad esempio *Wireframe, Solid, Texture...* etc., premendo il tasto Z.

L'utilizzo del *Pie Menu* è ovviamente personale.

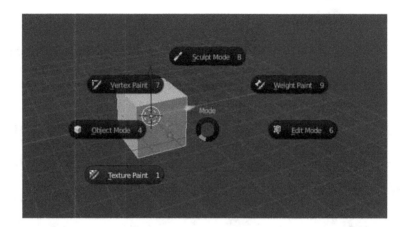

fig. 155 *Pie Menu: Mode*

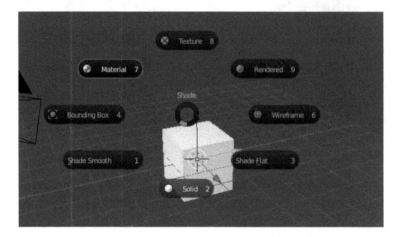

fig. 156 *Pie Menu: Shade*

4.1.3. Recupero dei comandi

Qualora ci si dovesse dimenticare della posizione o dello *shortcut* di un comando, si può premere SPACEBAR nella 3D view ed effettuare la ricerca per nome nella casella con la lente di ingrandimento posta sopra al menu che comparirà.

4.2. I Trasformatori (Grab, Rotate, Scale)

I trasformatori sono i comandi più basici della modellazione, ma non per questo meno performanti.

Essi consentono di trasformare l'oggetto rispetto alla propria posizione, alla rotazione e alle dimensioni (e di conseguenza la scala).

La trasformazione può essere applicata sia in modalità *Object Mode* (e quindi sull'interezza dell'oggetto), sia in *Edit Mode* (e propriamente sugli elementi della geometria dell'oggetto: vertici, spigoli e facce).

La trasformazione può avvenire in modo globale sull'oggetto o l'elemento, oppure specificatamente lungo un asse *x*, *y* o *z*, o infine secondo una direzione stabilita.

È possibile per esempio spostare il cubo liberamente nello spazio, piuttosto che in direzione *x*, lasciando inalterate le coordinate *y* e *z*.

I trasformatori sono quindi: **Spostamento (*Grab*)**, **Rotazione (*Rotate*)** e **Scalatura (*Scale*)**.

Vi sono differenti metodi per effettuare una di queste tre operazioni di trasformazione su un oggetto.

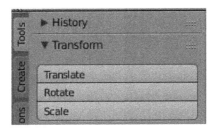

fig. 157 pulsanti di trasformazione nella *Tools Shelf*

167

Innanzi tutto la trasformazione può essere applicata solo sugli oggetti selezionati, attivi e non attivi, ad esempio una selezione multipla di oggetti, anche di differente natura.

Dopo aver selezionato l'oggetto (o gli oggetti) o l'elemento (o elementi) in *Edit Mode*, potremo:

1) cliccare su uno dei pulsanti *Translate, Rotate* o *Scale* nel pannello *Transform*, nel *tab Tools*, all'interno della *Tools Shelf*. Con questi pulsanti sarà possibile trasformare l'oggetto liberamente, senza la possibilità di inserire valori numerici o direzioni specifiche, a meno che, subito dopo la pressione del pulsante, non si specifichi con i tasti X, Y e Z la direzione ed eventualmente, successivamente, il valore numerico, anche negativo. Ad esempio, cliccando sul pulsante *Translate* e digitando successivamente X, quindi il valore – 2 (o 2 –), l'oggetto si sposterà in direzione *x* di 2 unità in senso negativo;

2) inserire numericamente i valori di spostamento (*Location*), rotazione (*Rotation*) o le dimensioni esatte *(Dimension)*, e/o di conseguenza la scalatura (*Scale*) secondo i tre assi. In questo modo si definiranno i valori assoluti delle trasformazioni.

3) eseguire le stesse operazioni di cui al punto 2) nel pannello *Transform*, posto all'interno del *tab Object* nella finestra *Properties*;

4) scegliere la trasformazione tra le opzioni *Transform* del menu *Object* dell'*header* della 3D view: *Grab/Move* per lo spostamento, *Rotate* per la rotazione, *Scale* per la scalatura, opportunamente seguiti, come negli altri casi, dalla direzione *x, y, z* e dal valore numerico;

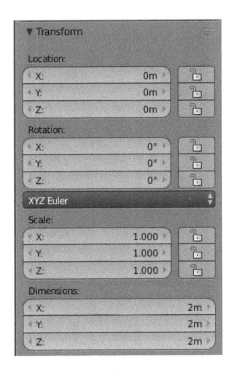

fig. 158 il pannello *Transform* della *Properties Bar*

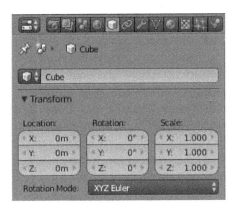

fig. 159 il pannello *Transform* all'interno del *tab Object* della finestra *Properties*

169

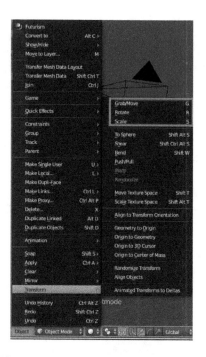

fig. 160 il menu *Object*/Transform dell'*header* della 3D view

5) utilizzare manualmente i manipolatori, attivabili dal menu posto nell'*header* della 3D view. Questi consentono, cliccando sull'apposito simbolo colorato (freccia, cerchio o quadratino rispettivamente per spostamento, rotazione e scalatura) di apportare una trasformazione nel verso o nel senso desiderato (rosso lungo o attorno l'asse *x*; verde lungo o attorno l'asse *y*; blu lungo o attorno l'asse *z*). Cliccando invece sul cerchietto bianco del manipolatore, la trasformazione non sarà legata ad alcun asse. Come negli altri casi, l'asse di spostamento, rotazione o scalatura, verrà evidenziato da Blender con il colore più acceso.

fig. 161 attivazione e scelta dei manipolatori

170

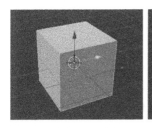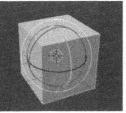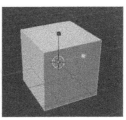

fig. 162 i tre manipolatori della geometria

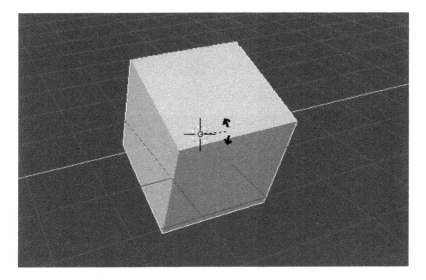

fig. 163 rotazione a mezzo di manipolatore attorno all'asse *y*

1) ultimo, ma non ultimo, metodo è quello a mezzo *shortcut*. È il metodo che consigliamo vivamente, perché più rapido e diretto. È sufficiente infatti digitare i tasti **G** (per *Grab*, per traslare); **R** (per *Rotate*, per ruotare); **S** (*per Scale*, per scalare), seguito eventualmente dalla lettera X, Y o Z (ad indicare l'asse) e dal valore numerico, anche negativo. Ad esempio, per dimezzare in altezza un oggetto sarà sufficiente digitare la sequenza di tasti: S, Z e .5.

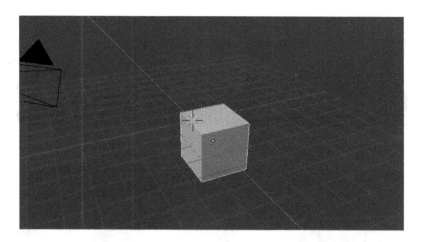

fig. 164 trasformazioni con l'uso delle *shortcut*, nell'esempio in figura lungo l'asse *x*

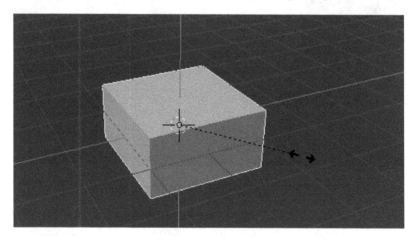

fig. 165 scalatura in verticale del cubo

NOTA: La scalatura viene utilizzata anche per specchiare rapidamente un oggetto o degli elementi digitando il valore negativo −1 alla direzione di specchiatura. Ad esempio per specchiare un oggetto rispetto all'asse *y* sarà sufficiente selezionarlo e digitare la combinazione di tasti S, Y, −1.

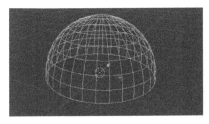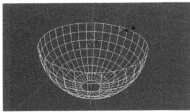

fig. 166 specchiatura utilizzando la scalatura lungo un asse di –1

   NOTA: La scalatura viene inoltre utilizzata per allineare elementi (di solito vertici) sullo stesso piano. Ad esempio, volendo pareggiare la coordinata *z* di un gruppo di vertici, occorrerà selezionarli in *Edit Mode* e digitare la combinazione di tasti S, Z, 0. I vertici si allineeranno sulla stessa coordinata *z*, al valore medio fra le coordinate di tutti i vertici stessi.

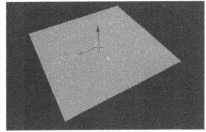

fig. 167 allineamento vertici di una *mesh*: scalatura di 0 su *z*

4.2.1. Applicazione (azzeramento) delle trasformazioni

Vale la pena di soffermarsi su un concetto fondamentale che, se tralasciato, potrebbe influire sul buon esito di modifiche successive: l'azzeramento della trasformazione.

Dopo una trasformazione, Blender lascia sempre una porta aperta al fine di poter ripristinare la forma e la posizione dell'oggetto trasformato. Dopo essere stato modificato, infatti, nel pannello *Transform* della *sidebar Properties Bar*, i valori della trasformazione rimarranno evidenziati (rispetto ai valori di partenza 0 per posizione e rotazione e 1 per la scalatura).

Tuttavia, una volta che si è certi degli effetti della trasformazione, è bene renderli definitivi, applicando le trasformazioni stesse e azzerando i valori, come se l'oggetto modificato fosse stato inserito con quei valori di *default*.

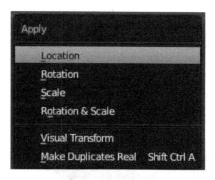

fig. 168 l'operazione di applicazione (o azzeramento) delle trasformazioni (CTRL + A)

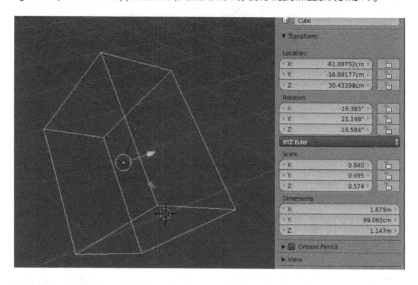

fig. 169 il cubo trasformato (notare i valori del pannello *Transform*)

174

In questo modo i valori relativi a *Location* e *Rotation* saranno azzerati, mentre quelli relativi a *Scale* saranno pari a 1, con le dimensioni (*Dimension*) effetto delle trasformazioni definitive.

Per applicare le trasformazioni sarà sufficiente digitare CTRL + A e scegliere una o più opzioni tra *Location*, *Rotation*, *Scale*, *Rotation + Scale*.

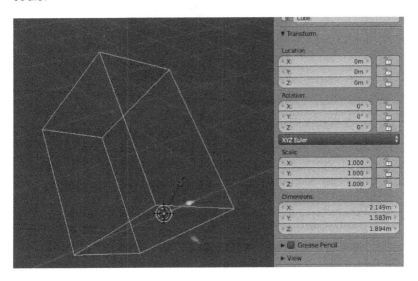

fig. 170 l'effetto di applicazione delle trasformazioni

4.2.2. Uso dei trasformatori con il *Proportional Editing*

L'*Editing* proporzionale (o *Proportional Editing*) è uno strumento utile e potente che consente di applicare delle trasformazioni su oggetti e soprattutto elementi della geometria (vertici, spigoli e facce) in modo da influenzare nella trasformazione anche quelli attigui, entro un determinato *range* (o area di influenza).

175

fig. 171 il menu *Proportional Editing*

Per attivare il *Proportional Editing* è sufficiente attivare il pulsante nell'*header* della 3D view. All'attivazione (il pallino si colorerà di azzurro), comparirà un menu a tendina in cui sarà possibile scegliere il tipo di effetto proporzionale, ossia:

- *Random*: l'influenza sugli elementi prossimi a quello o quelli selezionati sarà casuale. Questa funzione è utile per creare superfici non piane, catene montuose, acqua increspata;

- *Constant*: l'influenza sugli elementi prossimi a quello o quelli selezionati sarà costante;

- *Linear*: l'influenza sugli elementi prossimi a quello o quelli selezionati sarà lineare;

- *Sharp*: l'influenza sugli elementi prossimi a quello o quelli selezionati seguirà un andamento parabolico, creando una sorta di cuspide;

- *Inverse Square*: l'influenza sugli elementi prossimi a quello o quelli selezionati avrà un andamento simile a quello di una parabola, ma con una cuspide sugli elementi selezionati;

176

- *Root*: l'influenza sugli elementi prossimi a quello o quelli selezionati avrà un andamento parabilico puro;

- *Sphere*: l'influenza sugli elementi prossimi a quello o quelli selezionati sarà sferico;

- *Smooth*: l'influenza sugli elementi prossimi a quello o quelli selezionati sarà smussato, in modo da creare un andamento *Gaussiano*.

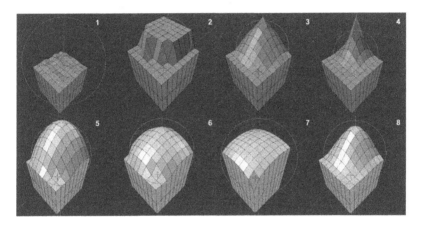

fig. 172 gli effetti dei differenti *Falloff* del *Proportional Editing*

4.2.3. Uso dei trasformatori con lo *Snap*

Lo *Snap*, solitamente utilizzato con il *3D Cursor* e il *Pivot* è uno strumento fondamentale per modellare e posizionare gli oggetti nello spazio in modo preciso, agganciandoli in vertici prestabiliti, spigoli, facce o in altre posizioni.

L'accomunarsi dei comandi *Snap* (SHIFT + S), che consente di posizionare il cursore in funzione di un oggetto (e viceversa) e *Set Origin* (SHIFT + CTRL + ALT + C), che consente di determinare la posizione dell'origine (*Pivot*) di un oggetto selezionato, gestiti insieme ai tre comandi *Snap during Transform* (pulsante con la calamita),

177

Snap Element e *Snap Target*, permette di agganciare qualsiasi oggetto o elemento su qualsiasi altro.

fig. 173 i comandi relativi allo *Snap* su un elemento

Il menu *Snap Element* consente di determinare su cosa si aggancerà l'oggetto o l'elemento selezionato: metodo incrementale, al vertice più vicino, allo spigolo più vicino, alla faccia più vicina, al volume, ossia l'interno oggetto, più vicino.

Il menu *Snap Target*, invece, determinerà in che modo agirà la calamita sull'elemento più vicino di cui allo *Snap Element*, ossia: sul più vicino (*Closet*); al centro (o baricentro) dell'oggetto o elemento o su un gruppo (*Center*); sul punto medio (*Median*) o sull'oggetto o l'elemento attivo di una selezione (*Active*).

Per chiarire il concetto faremo un esempio.

ESERCIZIO n. 3: AGGANCIARE IL VERTICE DI UN CUBO SU UN PUNTO DI UNA SFERA

Inseriamo nella scena un cubo e una sfera con SHIFT + A e distanziamoli tra loro liberamente nello spazio con G.

Di *default* entrambi gli oggetti avranno la loro origine (*Pivot*) nel loro baricentro di massa.

Selezioniamo il cubo e, con TAB, entriamo in *Edit Mode*. Selezioniamo quindi un vertice come in figura.

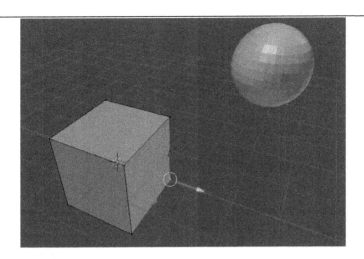

fig. 174 i due oggetti nella scena con il cubo in *Edit Mode*

Digitiamo ora SHIFT + S e scegliamo l'opzione *Cursor to Selected*. Il *3D Cursor* si posizionerà sul vertice selezionato.

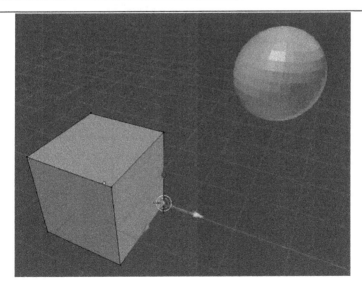

fig. 175 posizionamento del *3D Cursor* sul vertice selezionato

Torniamo in *Object Mode* e digitiamo SHIFT + CTRL + ALT + C e scegliamo l'opzione *Origin to 3D Cursor*. L'origine sarà adesso posizionata sul vertice.

Se proviamo ad effettuare con R una rotazione, possiamo osservare che il cubo ruoterà non più attorno al suo baricentro, ma attorno al vertice selezionato.

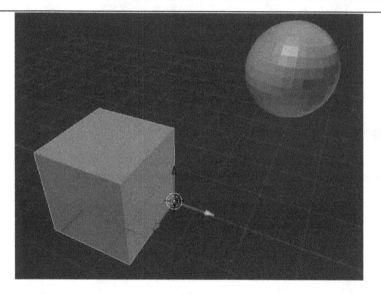

fig. 176 posizionamento dell'origine sul vertice

A questo punto, dobbiamo attivare il pulsante con la calamita (che verrà visualizzato a colori) e imposteremo lo *Snap Element* su *Vertex* e lo *Snap Target* come *Closet*, in modo che si aggancino tra loro gli elementi più vicini.

Col cubo selezionato, digitiamo G e avviciniamoci alla sfera. Il cubo si aggancerà istantaneamente sul vertice più vicino (che apparirà cerchiato). Fino a che non confermeremo con LMB potremmo scegliere il vertice desiderato.

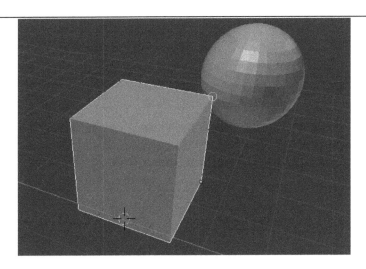

fig. 177 *snap* del vertice del cubo sul vertice della sfera

NOTA: Invece di attivare il pulsante calamita è consigliabile, dopo aver scelto il tipo di trasformazione (ad esempio digitando il tasto G = *grab*), tenere premuto CTRL fino al momento dell'aggancio. Questo metodo è preferibile perché durante la trasformazione possiamo scegliere di usare lo *snap* o meno in tempo reale, tenendo premuto o rilasciando CTRL.

181

4.3. Strumenti e modifica degli oggetti in Object Mode

In questo capitolo verranno dettagliatamente analizzati tutti gli strumenti applicati ad un oggetto in modalità *Object Mode*. Iniziamo analizzando i pannelli del *tab Tools* della *Tools Shelf*.

4.3.1. il pannello *Transform*

Nel pannello *Transform* della *Tools Shelf*, sono disponibili tre voci per altrettanti pulsanti.

fig. 178 i pulsanti *Transform*

I primi tre (*Translate*, *Rotate* e *Scale*) sono stati ampiamente trattati in precedenza.

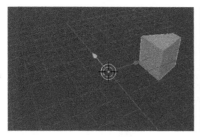 

fig. 179 effetto del ribaltamento lungo l'asse x e rispetto all'origine

Il quarto pulsante (*Mirror*) ribalta l'oggetto selezionato rispetto alla propria origine e rispetto ad un asse.

Per applicare la trasformazione *Mirror* è sufficiente selezionare l'oggetto, cliccare sul pulsante *Mirror* (oppure la combinazione di tasti CTRL + M), seguito dalla lettera X, Y o Z (a seconda della direzione di ribaltamento specificato).

4.3.2. il pannello *Edit*

Nello stesso *tab*, subito al di sotto del pannello *Transform*, troviamo il pannello *Edit*.

fig. 180 il pannello Edit

In questo pannello si trovano alcuni strumenti molto importanti:

- *Duplicate* (SHIFT + D) duplica l'oggetto o gli oggetti selezionati in copie identiche nei parametri, le dimensioni, i materiali, ma totalmente slegate tra loro e con gli originali;

- *Duplicate Linked* (ALT + D) crea delle *istanze* (o copie collegate) degli originali. La differenza sostanziale sta nel fatto che qualsiasi modifica nella geometria (*Edit Mode*) eseguita sull'originale, questa verrà automaticamente applicata anche alle *istanze;*

183

- *Delete* (X o CANC), seguito dalla conferma, elimina quanto selezionato;

- *Join* (CTRL + J) unisce due o più *mesh* in una sola *mesh*.

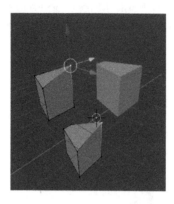

fig. 181 copia e istanza della *mesh*: l'istanza si modifica automaticamente insieme all'originale. Il menu *Set Origin* richiama i comandi sul *Pivot* richiamabili, come già visto dalla combinazione di tasti SHIFT + CTRL + ALT + C.

. Il menu *Set Origin* richiama i comandi sul *Pivot* richiamabili, come già visto dalla combinazione di tasti SHIFT + CTRL + ALT + C.

Gli interruttori *Smooth / Flat* alternano un effetto di ombreggiatura smussata nella *mesh* selezionata.

Tale effetto di smusso delle facce può risultare gradevole in caso di superfici curve, ma non sulle facce piane.

Tale effetto normalmente viene applicato di solito per arrotondare ulteriormente una superficie, unitamente ai modificatori *Subdivision Surface* e *Edge Split* che analizzeremo in seguito.

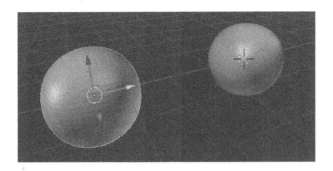

fig. 182 due *mesh* in effetto *Flat* (a sinistra) e *Smooth* (a destra)

Ii interruttori *Data Transfer* (SHIFT + CTRL + T) e *Data Layout* trasferiscono dalla *mesh* attiva a quelle selezionate i dati dei *layer* e dei *layout*.

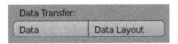

fig. 183 Data Transfer

I pulsanti aprono una tendina da cui è possibile scegliere la tipologia di dati da trasferire.

Transfer Mesh Data							
Vertex Data		Edge Data		Face Corner Data		Face Data	
Vertex Group(s)	Shift Ctrl T	Sharp	Shift Ctrl T	Custom Normals	Shift Ctrl T	Smooth	Shift Ctrl T
Bevel Weight	Shift Ctrl T	UV Seam	Shift Ctrl T	VCol	Shift Ctrl T	Freestyle Mark	Shift Ctrl T
		Subsurf Crease	Shift Ctrl T	UVs	Shift Ctrl T		
		Bevel Weight	Shift Ctrl T				
		Freestyle Mark	Shift Ctrl T				

fig. 184 menu a tendina Transfer Mesh Data

4.3.3. il pannello *History*

Segnaliamo infine il pannello **History** che consente di saltare a precedenti o successive operazioni o *Undo*.

185

4.4. Strumenti e modifica degli oggetti in Edit Mode

In **Edit Mode** alcuni comandi restano invariati, altri se ne aggiungono, relativamente alla modifica della geometria.

Consigliamo di aggiungere dalle proprietà l'*Addon* **Loop Tools**.

fig. 185 il menu *Loop Tools*

Analizzeremo di seguito i comandi e gli strumenti in *Edit Mode* per le *mesh*, le *curve*, le *superfici*, le *metaball* e i *testi*.

MESH

a.   TRANSFORM

fig. 186 *il menu Transform in Edit Mode*

Nel pannello *Transform* sono presenti i tre trasformatori principali (*Translate, Rotate e Scale* che hanno in *Edit Mode* esattamente lo stesso comportamento e le stesse funzionalità che in *Object Mode*.

È possibile spostare, ruotare e scalare vertici, spigoli e facce, modificando sensibilmente la struttura geometrica della *mesh*.

Oltre a questi trasformatori, sono presenti altri due strumenti di modifica: *Shrink/Fatten* e *Push/Pull*

- **Shrink/Fatten**: questo *tool* permette di traslare tutti i vertici di una mesh lungo la propria normale, in modo da *dimagrire* (por valori positivi) o *ingrassare* (per valori negativi) letteralmente la figura. E' necessario fare attenzione a non esagerare nei valori negativi per non ottenere compenetrazione tra le facce;

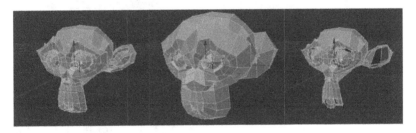

fig. 187 *Shrink/Fatten*. Da sinistra verso destra: *mesh* originale, effetto *Fatten*; effetto *Shrink*

- **Push/Pull** è simile al precedente, ma ingrossa o stringe la *mesh* nella direzione rispetto all'origine. Per valori positivi la *mesh* si *gonfia*, per valori negativi tende a *implodere* su se stessa.

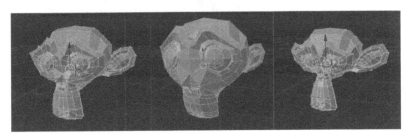

fig. 188 *Push/Pull*. Da sinistra verso destra: *mesh* originale, effetto *Pull*; effetto *Push*

187

4.4.1. I Loop

Prima di descrivere i *tool* successivi, introduciamo un nuovo concetto, quello dei *loop*.

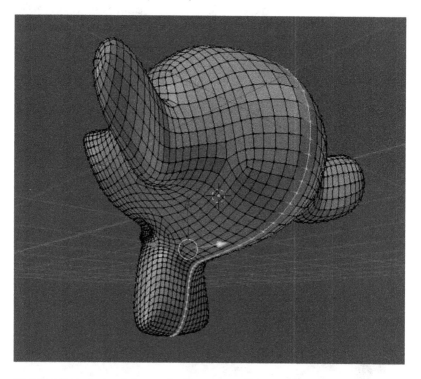 Un *loop* è un susseguirsi di vertici, spigoli o facce, facilmente individuabili, indici di una geometria, per quanto complessa, chiara e gestibile.

Il controllo dei *loop*, grazie agli strumenti ad essi dedicati (vedi, ad esempio, *Loop Tools*) e ai comandi di selezione, consente di modellare in modo semplice e pulito.

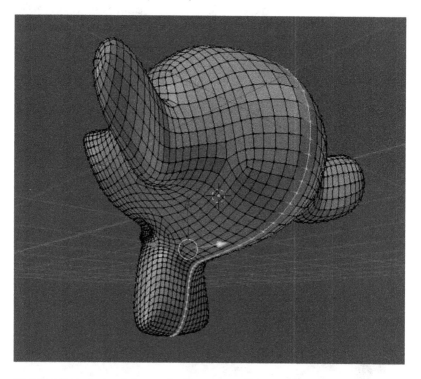

fig. 189 un *loop* selezionato in arancio chiaro

Vediamo quali sono i metodi di selezione di un *loop*.

- selezionare un *loop* da un vertice, uno spigolo o una faccia selezionati: selezionati uno dei tre elementi, tenendo premuti ALT, si clicchi sull'elemento superiore attiguo che fa parte del *loop*. Ad esempio, selezionando un vertice, si dovrà selezionare lo spigolo che parte da quel vertice e che fa parte del *loop*;

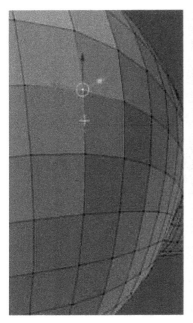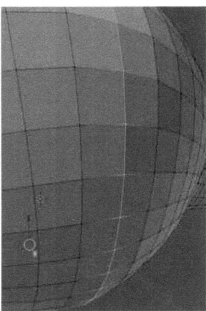

fig. 190 selezione di un *Loop* con ALT + LMB

- selezione punto per punto o con la selezione rettangolare (B) o circolare (C): analogamente che in *Object Mode*, anche gli elementi, e quindi i *loop* di una *mesh* possono essere selezionati vertice per vertice, spigolo per spigolo, o faccia per faccia) con SHIFT premuto;

- selezione di un *loop* successivo: mantenendo premuti sia ALT sia CTRL e cliccando con LMB sullo spigolo perpendicolare al *loop*, si può selezionare il *loop* attiguo e parallelo a quello selezionato;

- selezione multipla di *loop*: si può continuare la selezione di *loop* mantenendo premuti SHIFT + CTRL + ALT e cliccando con LMB su uno spigolo perpendicolare ai *loop*;

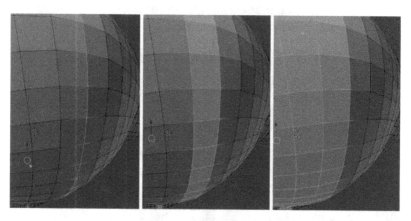

fig. 191 selezione di un *loop*, di un *loop* successivo, di una serie di *loop*

- selezione di un *loop* perpendicolare a quello selezionato: è sufficiente cliccare con LMB su uno spigolo perpendicolare al *loop* selezionato tenendo premuto SHIFT + ALT.

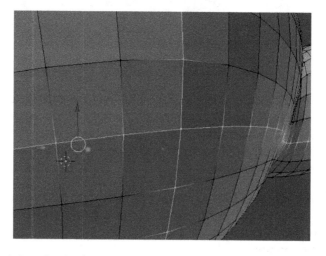

fig. 192 selezione di un *loop* perpendicolare

Per inserire uno o più *loop* che dividano le superfici e gli spigoli di una *mesh* è sufficiente digitare la combinazione di tasti CTRL + R (o il pulsante **Loop Cut and Slide** nella *Tools Shelf* e posizionare il puntatore del mouse in corrispondenza dello spigolo perpendicolare al *loop*, quindi, con la rotella del mouse incrementare e decrementare il numero dei *loop* (e quindi delle suddivisioni), confermare con LMB, quindi eventualmente posizionare il/i *loop* lungo lo spigolo perpendicolare. Infine confermare ancora con LMB.

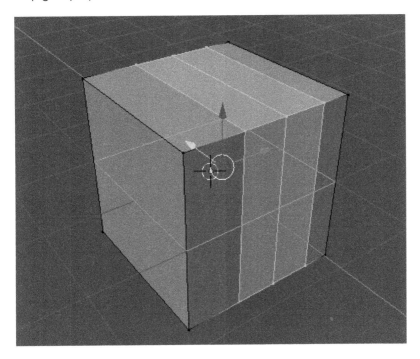

fig. 192 inserimento di *loop*

b.   *MESH TOOLS*

Il pannello *Mesh Tools* racchiude una grande quantità di strumenti, raggruppati in 4 pannelli.

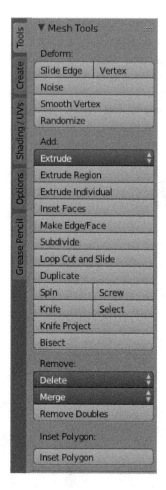

fig. 194 il pannello *Mesh Tools*

1) La prima sezione (**Deform**) racchiude *tools* che tendono a deformare gli oggetti selezionati.

- **Slide Edge** fa scorrere un *loop* selezionato perpendicolarmente lungo la *mesh*. La funzione è attivabile anche digitando due volte il tasto G;

192

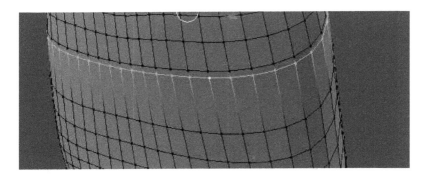

fig. 195 *Slide Edge* (G + G)

- **Vertex** (SHIFT + V) fa scorrere nella direzione selezionata in giallo un *loop* o un gruppo di vertici lungo la *mesh*;

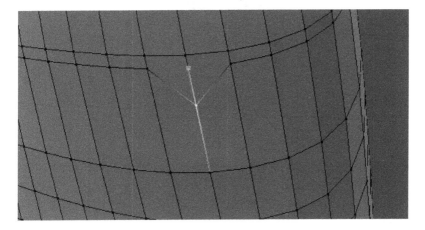

fig. 196 *Vertex*

- **Noise** aggiunge ad un gruppo di vertici selezionati del rumore, gestito da una texture assegnata (vedi in seguito) di un parametro definito nel cursore posto nella regione sottostante (da 0 a 1);

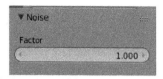

fig. 197 il cursore *Noise*

- **Smooth Vertex** arrotonda e smussa i vertici selezionati della *mesh*, secondo i parametri *Smooth Vertex* nella regione sottostante. Tali parametri definiscono la quantità (cursore *Smooth* da 0 a 1), il numero degli interventi di arrotondamento (*Repeat*) e la direzione (spunte degli assi *x*, *y* e *z*);

fig. 198 Il pannello *Smooth Vertex*

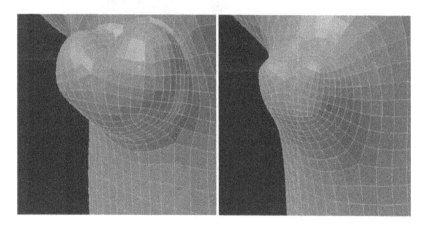

fig. 199 l'effetto dello *Smooth Vertex* (a destra)

- **Randomize** genera un rumore nella posizione dei vertici selezionati, ottenendo un effetto molto simile a quello del *Proportional Edit* impostato su *Random*. I parametri si trovano nella regione sottostante e regolano: l'offset dei punti dalla posizione originale (*Amount*); l'uniformità della deformazione (*Uniform* da 0 a 1); l'allineamento dell'offset rispetto alle normali (*Normal* da 0 a 1); diverse configurazioni casuali (*Random Seed*);

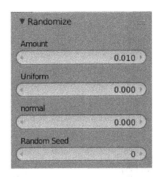

fig. 200 il pannello *Randomize*

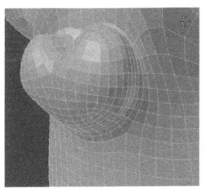 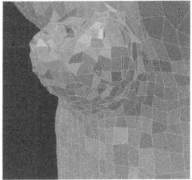

fig. 201 l'effetto del *tool Randomize* (a destra)

Il secondo gruppo (**Add**) contiene degli strumenti che aggiungono geometria alla *mesh*.

195

2) Add

Tra gli strumenti presenti nella sezione *Add*, quello forse più utilizzato in modellazione e senz'altro uno dei più importanti è l'**estrusione**.

- L'estrusione (***Extrude***) consente di aggiungere nuovi elementi partendo da quelli selezionati.

 Nello specifico:

a) dall'estrusione di un vertice si ottiene uno spigolo;

b) dall'estrusione di uno spigolo si ottiene una faccia;

c) dall'estrusione di una faccia si ottiene un solido.

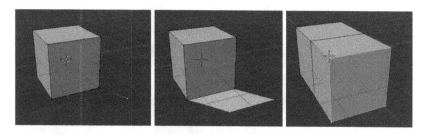

fig. 202 estrusione di un vertice, di uno spigolo e di una faccia

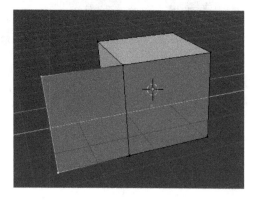

fig. 203 estrusione di uno spigolo in direzione *y* (si evidenzia in verde l'asse *y*)

196

L'estrusione può avvenire in modo libero nello spazio oppure secondo una direzione specifica x, y o z. Blender evidenzierà la direzione specificata colorando l'asse relativo (in rosso la x, in verde la y o in blu la z).

Per estrudere uno o più elementi, è sufficiente selezionarli e digitare il tasto E, eventualmente seguito dall'asse di estrusione (tasto X, Y o Z) e del valore, positivo o negativo di estrusione.

Ad esempio si può estrudere una faccia di una *mesh* di 2 centimetri verso l'interno, selezionandola e digitando E, X, .2 -.

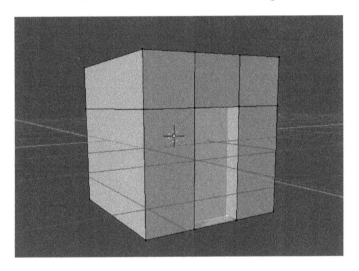

fig. 204 estrusione di una faccia verso l'interno della mesh

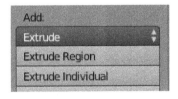

fig. 205 Comandi di estrusione nella *Tools Shelf*

Nella *Tools Shelf* è presente il comando di estrusione, insieme a comandi più specifici come:

a) *Extrude Region* (estrusione normale di una selezione descritta in precedenza;

b) *Extrude Individual* (estrusione di elementi diversi secondo la propria specifica normale). Ciò vale per vertici, spigoli o facce a seconda di quanto evidenziato nell'*Edge Select*.

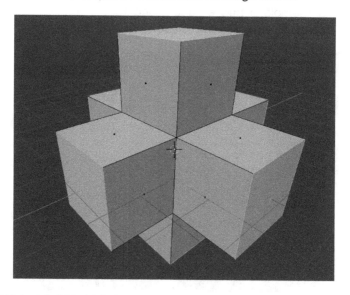

fig. 206 Extrude Individual delle facce di un cubo

Nel menu a tendina *Extrude*, inoltre, è possibile scegliere estrusioni specifiche quali:

1) *Region* (E), ossia estrusione normale di un oggetto (vista in precedenza);

2) *Region (Vertex Normals)*: estrusione secondo le normali dei vertici selezionati;

3) *Individual Faces*: estrusione di facce secondo le rispettive normali individuali (vista in precedenza);

4) *Edges Only*: estrusione dei soli spigoli selezionati;

5) *Vertices Only*: estrusione dei soli vertici selezionati.

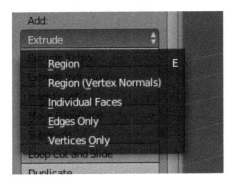

fig. 207 menu a tendina *Extrude*

A questo punto siamo già in grado di iniziare a modellare un oggetto mediamente complesso, grazie all'uso degli strumenti più noti: trasformazione, estrusione e *loop*.

 ESERCIZIO n. 4: MODELLARE UNA CASETTA

Per modellare una casetta partiremo da un quadrato.

Selezioniamo tutti gli oggetti presenti in scena con A, quindi cancelliamoli con X o CANC e confermiamo. Inseriamo infine un piano con SHIF + A, MESH, PLANE.

Non curiamoci delle dimensioni. E' solo un esempio. Col piano selezionato, entriamo con TAB in *Edit Mode*, assicuriamoci di aver selezionato ogni elemento che lo compone ed estrudiamolo di 2 unità in direzione *z*, digitando E, Z, 2.

Il piano si è trasformato in un cubo. Naturalmente sarebbe stato possibile inserire un cubo già in partenza.

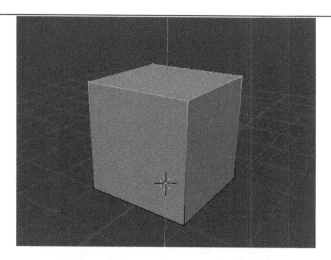

fig. 208 estrusione del piano

Inseriamo ora un *loop* con CTRL + R al centro della faccia *xz* avvicinando il puntatore del mouse su uno dei due spigoli orizzontali.

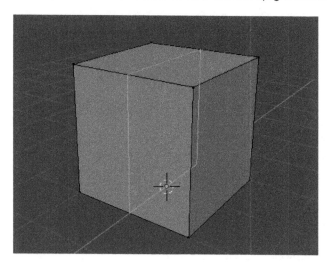

fig. 209 inserimento del *loop*

Confermiamo, quindi selezionato lo spigolo della faccia superiore della *mesh* solleviamolo di 1 unità digitando G, Z, 1.

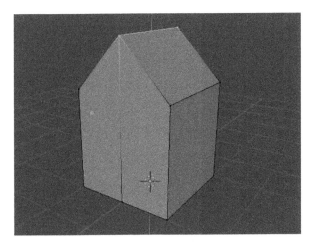

fig. 210 sollevamento dello spigolo superiore e creazione delle falde del tetto

Abbiamo creato delle falde.

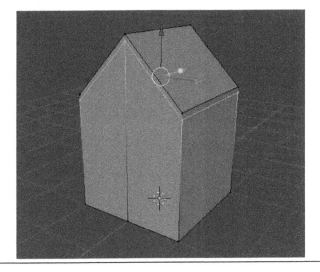

fig. 211 spessore delle falde con un *loop*

Creiamo ora un *loop* orizzontale e posizioniamolo in modo che sia coincidente con gli spigoli che compongono le falde del tetto. Quindi, senza deselezionare il nuovo *loop*, abbassiamolo di 0,1 unità digitando G, Z, .1-.

Abbiamo appena dato spessore alle falde del tetto.

Dobbiamo ora creare l'aggetto delle falde stesse.

Selezioniamo le facce opposte che rappresentano lo spessore delle falde e con *Extrude Individual* estrudiamole verso l'esterno di 0.2.

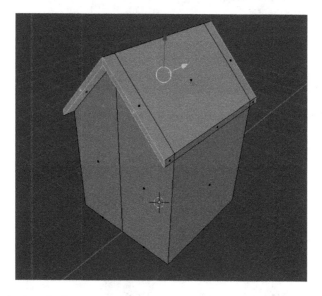

fig. 212 estrusione degli spessori delle falde e creazione degli aggetti

Eseguiamo la stessa operazione con le 6 facce opposte che compongono gli spessori negli altri due lati della falda. Le facce si estruderanno tuttavia in orizzontale. Dovremo abbassarle a mano, posizionandoci dapprima in vista frontale (1 PAD) e poi digitando G, Z fino ad allineare la pendenza delle falde.

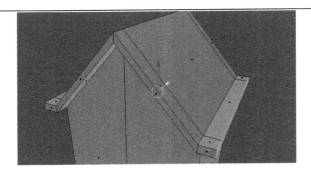

fig. 213 estrusione degli spessori opposti

fig. 214 allineamento manuale della pendenza delle falde

Possiamo quindi creare porta e finestre, generando dei *loop* ed estrudendo le facce che ne deriveranno verso l'interno, ottenendo infine un modello simile a questo.

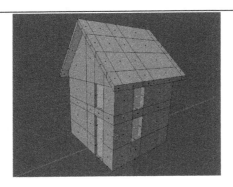

fig. 215 realizzazione di porte e finestre con l'uso dei *loop* e delle estrusioni verso l'interno della *mesh*

Provate a migliorare il vostro modello, aggiungendo il camino, balconi, parapetti e altri fornici.

Ricordiamo che per allineare i vertici di una selezione (ad esempio dovendo appiattire la sommità del camino) sarà sufficiente scalare su z di 0, digitando S, Z, 0 e confermando l'operazione.

Procediamo con gli altri strumenti di tipo *Add*.

- Il comando **Inset Faces** (tasto I) è utile per suddividere una faccia, estrudendone i vertici e gli spigoli perimetrali verso l'interno di una misura definita e in modo costante.

fig. 216 il pulsante *Inset Faces*

Selezionando una faccia e digitando I, questa si suddividerà in altre facce che potranno a loro volta essere deformate o estruse.

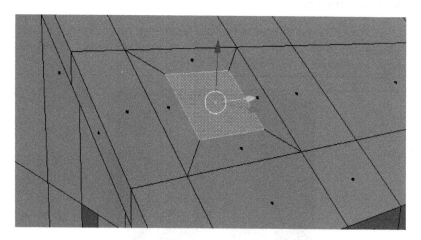

fig. 217 *Inset* di una faccia

- **Make Edge/Face** (*shortcut* F), che sta anche per *fill*, riempi) è una funzione che crea uno spigolo fra due o più vertici

204

selezionati oppure una faccia fra due o più vertici/spigoli selezionati. Si tratta di uno strumento molto utile per riempire delle superfici.

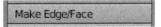

fig. 218 il pulsante *Make Edge/Face*

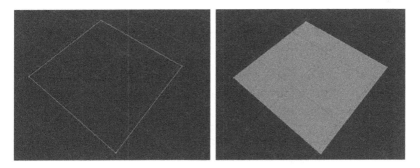

fig. 219 la funzione *fill* (F) applicata ad un quadrangolo assegna allo stesso una faccia

- **Subdivide** è uno strumento utilissimo per suddividere proporzionalmente le facce selezionate di una *mesh*. Si può richiamare anche con il tasto W, scegliendo *Subdivide* dal menu a tendina.

fig. 220 il pulsante *Subdivide*

Dal pannello specifico ad esso legato nella *Tools Shelf* è possibile definire:

- *Number of Cuts*: il numero delle suddivisioni;

- *Smoothness*: il fattore di smussatura nelle divisioni in ambito tridimensionale;

- *Quad/Tri Mode*: se spuntato, riduce le possibilità di suddivisioni ennagonali, preferendo quelle quadrangolari;

- *Quad Corner Type:* apre un menu a tendina in cui scegliere in che modo dovrà essere eseguita la suddivisione della *mesh*;

- *Fractal*: determina un parametro di suddivisione di tipo frattale. In pratica sposta casualmente (*random*) i vertici della superficie;

- *Along Normal*: applica alla suddivisione frattale un rilievo dei vertici lungo le normali. In pratica costringe il parametro *random* lungo le normali;

- *Random Seed*: permette di ottenere divisioni *random* numerate da 0 a infinito.

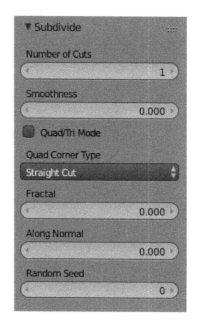

fig. 221 il pannello *Subdivide*

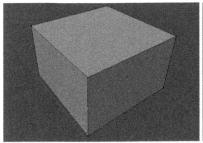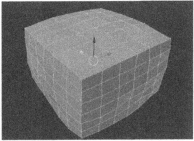

fig. 222 suddivisione quintupla di un parallelepipedo con lo *Smoothing* e il sistema frattale attivati

Analogamente è possibile suddividere anche un segmento. E' sufficiente selezionarlo e applicare la suddivisione.

fig. 223 suddivisione di un segmento. Viene introdotto un vertice fra i due che può essere spostato lungo il segmento stesso premendo due volte il tasto G

- *Loop Cut and Slide* è, come visto in precedenza, lo strumento che permette di inserire, come visto in precedenza un *loop*. La combinazione dei tasti, come visto, è CTRL + R.

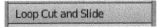

fig. 224 il pulsante *Loop Cut and Slide*

- *Duplicate* è lo strumento (analogamente allo stesso in modalità *Object Mode*) che permette di duplicare elementi selezionati, siano essi, vertici, spigoli o facce. Una volta selezionati gli elementi, premendo il pulsante *Duplicate* o la combinazione di tasti SHIFT + D, si otterrà una copia esatta degli elementi che potranno essere posizionati nello spazio a piacimento.

207

fig. 225 il pulsante *Duplicate*

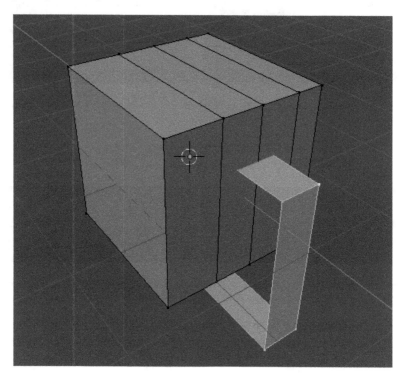

fig. 226 con la duplicazione di due *loop si ottiene una copia esatta di 4 facce*

- **Spin** consente di creare un solido di rotazione attorno ad uno o più assi partendo da una *mesh* selezionata.

fig. 227 il pulsante *Spin*

Alla pressione del tasto *Spin* o della combinazione di tasti (shortcut) ALT + R si apre un pannello specifico nella *Tools Shelf* in cui è possibile definire:

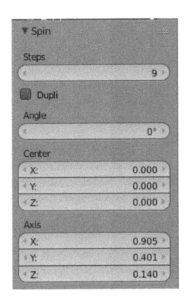

fig. 228 il pannello *Spin*

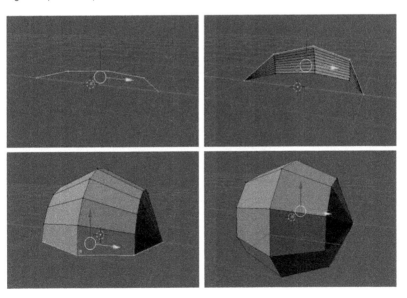

fig. 229 rotazione di una mezza sfera a 4 segmenti, attorno all'asse y di 0°, 30°, 180° e 360° a 9 divisioni

209

- *Steps*: il numero delle ripetizioni connesse alla *mesh* originale;

- *Dupli*: se spuntato crea un duplicato;

- *Angle*: il numero dei gradi di rotazione della *mesh*;

- *Center*: permette di spostare il centro di rotazione rispetto al *pivot* della *mesh* rispetto ad *x*, *y* e/o *z*;

- *Axis*: permette di determinare attorno a quale asse si verificherà la rotazione della *mesh*.

- Lo strumento **Screw** avvita una mesh attorno ad uno o più assi di rotazione. È molto utile per ottenere degli effetti a spirale o conchiglie, volute, viti e oggetti attorcigliati in genere.

fig. 230 il pulsante *Screw*

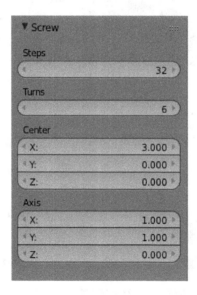

fig. 231 il pannello *Screw*

Una volta selezionata la *mesh* in *Edit Mode* cliccando sul pulsante *Screw* e ottimizzando i parametri è possibile ottenere l'effetto desiderato.

Una volta applicata la trasformazione che, come detto, fa parte dei gli strumenti di tipo *Add*, che aggiungono quindi ulteriore geometria alla *mesh* originale, si attiverà nella *Tools Shelf* il pannello *Screw* in cui sarà possibile regolare i seguenti parametri:

- Steps: il numero delle ripetizioni connesse alla *mesh* originale;

- *Turns*: il numero delle rivoluzioni;

- *Center*: permette di spostare il centro di rotazione rispetto al *pivot* della *mesh* rispetto ad *x, y* e/o *z*;

- *Axis*: permette di determinare attorno a quale asse si verificherà la rotazione della *mesh*.

Ad esempio proviamo a creare una sorta di conchiglia partendo da un semicerchio.

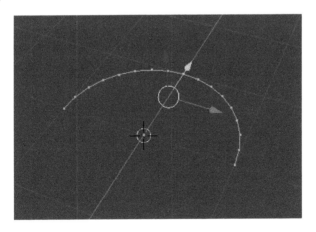

fig. 232 la *mesh* di partenza

Operando sui parametri *X* e *X* degli assi (inserendo il valore 1), scegliendo il numero di rivoluzioni (6), impostando 32 *step* e spostando il centro di 3 in direzione *x*, otterremo un effetto come questo.

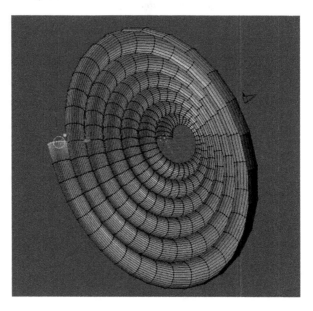

fig. 233 la *mesh* modificata con 32 ripetizioni e 6 rivoluzioni attorno all'asse *x* e all'asse *y*

- **Knife** (coltello), anche richiamabile con il tasto K, consente di tagliare una *mesh* ottenendo nuove facce e nuova geometria.

fig. 234 il pulsante *Knife*

In edit mode cliccando su *Knife*, avvicinandosi ad uno spigolo si evidenzierà il primo vertice di taglio. Muovendosi fino ad un secondo spigolo, una linea viola evidenzierà la linea di taglio fino al vertice successivo e così via fino alla conferma dell'operazione con RMB.

212

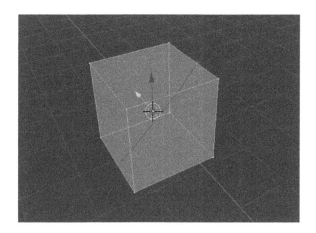

fig. 235 l'effetto del taglio di una *mesh* con *Knife*

- **Select** (combinazione di tasti SHIFT + K) effettua l'operazione precedente di taglio soltanto sulle facce selezionate di una *mesh*, creando ulteriore geometria, e tralasciando le altre.

fig. 236 il pulsante *Select*

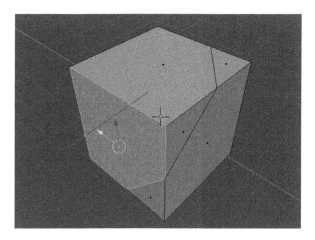

fig. 237 l'effetto del taglio della faccia di una *mesh* con *Select*

213

Una volta effettuato il taglio, confermare con ENTER.

- **Knife Project** permette di proiettare una *mesh* su parti di una seconda *mesh*.

fig. 238 Il pulsante *Knife Project*

Per ottenere una proiezione di una *mesh* su un'altra, occorre, in *Object Mode*, selezionare dapprima la *mesh* da proiettare, quindi, tenendo premuto SHIFT, la *mesh* su cui avverrà la proiezione.

Selezionate le due *mesh*, la seconda sarà quella attiva (evidenziata con il contorno in arancio chiaro).

fig. 239 proiezione del numero 8 sulla sfera

214

Dopo aver <u>posizionato la vista nella direzione della proiezione</u>, sarà necessario entrare in *Edit Mode* con TAB e premere il pulsante *Knife Project*.

Automaticamente la *mesh* sarà proiettata su quella attiva suddividendone la geometria, come se fosse l'ombra.

Nell'esempio di seguito il numero 8 sarà proiettato su una sfera ottenendo la palla da biliardo n. 8.

La vista in figura è il risultato finale.

I testi, così come le curve, non sono *mesh* e non possono essere considerate una nuvola di punti. È possibile trasformare una curva (o un testo) in *mesh* e viceversa selezionandola in *Object* Mode e digitando la combinazione di tasti ALT + C e scegliendo *Mesh from Curve* per trasformare una curva in *mesh* o *Curve from Mesh* per eseguire l'operazione opposta.

fig. 240 ALT + C: trasformare una curva in *mesh* e viceversa

- **Bisect** effettua un taglio manuale sulle facce selezionate in *Edit Mode*.

fig. 241 il pulsante *Bisect*

È sufficiente, selezionate le facce e cliccato sul pulsante *Bisect*, tracciare un segmento secante, inserendo il punto iniziale e quello finale del segmento stesso con LMB e poi confermando.

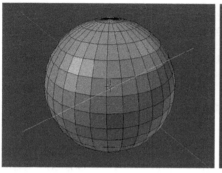 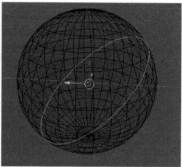

fig. 242 l'effetto dell'operazione *Bisect* su una sfera

3) Remove

Il gruppo degli strumenti *Remove* permette di eliminare parti della *mesh*, secondo determinate metodologie.

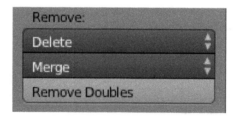

fig. 243 gli strumenti del gruppo *Remove*

- **Delete** (X o CANC) è un menu a tendina che permette di scegliere di eliminare di una selezione vertici (*Vertex*), spigoli (*Edges*), facce (*Faces*), solo spigoli e facce (*Only Edges & Faces*), solo facce, tralasciando spigoli e vertici (*Only Faces*).

216

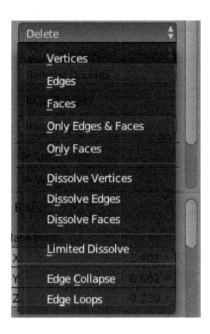

fig. 244 il menu *Delete*

Inoltre è possibile dissolvere vertici selezionati, senza eliminare le facce o gli spigoli ad essi connessi (*Dissolve Vertices*), dissolvere spigoli (*Dissolve Edges*), dissolvere facce (*Dissolve Faces*), dissolvere vertici e spigoli limitatamente agli angoli limite della geometria (*Limited Dissolve*), far collassare vertici o interi *loop* unendo tra loro gli elementi più prossimi (*Edge Collapse* e *Edge Loops*).

- **Merge** (ALT + M) attiva un menu che permette di fondere insieme elementi selezionati secondo la logica scelta tra:

  - *At First* (in corrispondenza del primo elemento selezionato);

  - *At Last* (in corrispondenza dell'ultimo elemento selezionato);

  - *At Center* (nel punto medio o baricentro di una selezione);

  - *At Cursor* (in corrispondenza della posizione del *3D Cursor*);

217

- *Collapse* (facendoli collassare su se stessi).

fig. 245 il menu *Merge*

- *Remove Doubles* è una funzione essenziale, da utilizzare ogni qual volta si eseguono trasformazioni o modifiche particolari sulle *mesh*.

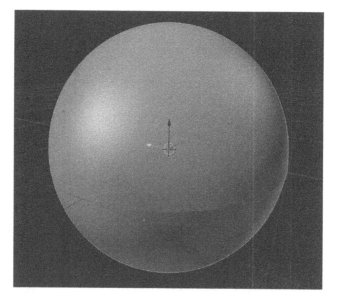

fig. 246 l'equatore della sfera è composto da vertici sovrapposti che creano un evidente artefatto grafico

Nulla è più deleterio nella modellazione e per il *rendering* finale della presenza di vertici, facce o spigoli coincidenti o sovrapposti.

L'effetto è quello di artefatti grafici poco gradevoli e fastidiosi.

Ricordiamo che una geometria corretta, semplice e ben comprensibile è essenziale perché la risposta del motore di *rendering* sia accettabile se non ottimale.

Per risolvere il problema è sufficiente selezionare con A tutti gli elementi di una *mesh* in *Edit Mode* e cliccare sul pulsante *Remove Doubles*.

Nell'*header* della finestra Info verrà visualizzata una notifica con il numero dei vertici doppi eliminati.

fig. 247 la notifica dei vertici doppi rimossi

4) Inset Polygon

Questo pulsante crea un poligono all'interno di una selezione.

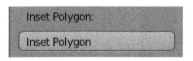

fig. 248 il pulsante *Inset Polygon*

c.   **LOOP TOOLS**

Questo pannello, da aggiungere dagli *Addons* in quanto non presente nella *user interface* di *default*, è utilissimo per gestire i *loop* ottenendo nuove geometrie e connessioni.

fig. 249 il pannello *Loop Tools*

Il pannello è a sua volta suddiviso in 8 menu a tendina, ognuno con una specifica funzione relativa ai *loop*.

Nel dettaglio:

- **Bridge** consente di creare una nuova geometria di connessione (un ponte, appunto) tra due loop separati. La condizione ottimale sarebbe quella che i due *loop* abbiano lo stesso numero di vertici per poter essere uniti da facce e spigoli.

fig. 250 il menu *Bridge*

Tra i parametri è possibile determinare il numero dei segmenti di connessione (*Segm*), la percentuale di segmenti con spigoli inferiori in un *loop* che dovranno essere mixati in uno solo; la modalità di interpolazione fra vertici (*Linear* o *Cubic*); la possibilità di rimuovere le facce di connessione lasciando solo gli spigoli (*Remove Faces*); la rotazione (*Twist*) dei vertici connessi; la possibilità di girare manualmente la direzione di spigoli e facce nel *Bridge* (*Reverse*).

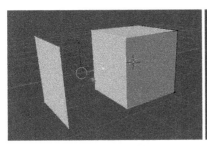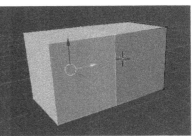

fig. 251 effetto del *Bridge*

- **Circle** dispone i vertici di un *loop* attorno ad una circonferenza il cui raggio è calcolato sull'ingombro massimo del *loop*.

fig. 252 il menu *Circle*

I parametri permettono di scegliere il metodo di intervento (*Method*); la possibilità di allineare sullo stesso piano i vertici

221

trasformati (*Flatten*); di forzare il raggio (*Radius*); di posizionare i vertici su un cerchio regolare e in modo equidistante tra loro (*Regular*) e di bloccare uno o più assi per lo spostamento.

fig. 253 l'effetto del *Circle* con il parametro *Flatten* spuntato (seconda immagine) o deselezionato (terza immagine)

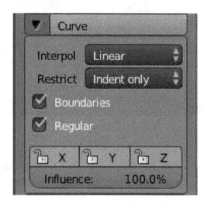

fig. 254 il menu *Curve*

- **Curves** trasforma un *loop* in una curva smussata, lavorando sui parametri di interpolazione, eventuali restrizioni, confini, possibilità di rendere la curva regolare e bloccando eventualmente uno o più assi.

- **Flatten** posiziona tutti i vertici di un *loop* complanari rispetto ad un piano. La scelta del piano è determinata dal parametro del menu a tendina *Plane* in cui è possibile scegliere se i vertici dovranno essere allineati nel miglior modo possibile in automatico (*Best it*); secondo la vista corrente (*View*) o secondo le normali (*Normal*). È possibile forzare e bloccare uno o più assi.

222

fig. 255 il menu *Flatten*

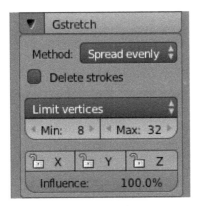

fig. 256 il menu *Gstretch*

- **Gstretch** stira i vertici di un *loop* in modo da seguire
  l'andamento del tratto del *Grease Pencil* (vedi in seguito). è
  possibile definire il metodo di distribuzione dei vertici rispetto al
  tratto del *Grease Pencil* (*method*) scegliendo tra le opzioni
  Spread Evenly, Spread e *Project*; scegliere se eliminare il tratto
  (*Delete Strokes*); scegliere se convertire lo stesso tratto in una
  spezzata determinando il numero minimo e massimo di vertici
  creati e naturalmente bloccando uno o più assi.

- **Loft** fa in modo che due *loop* (anche di forma e numero di
  vertici nettamente differenti) siano connessi, raccordati tra loro.
  Il sistema di funzionamento è del tutto simile a *Bridge.*

223

fig. 257 il menu *Loft*

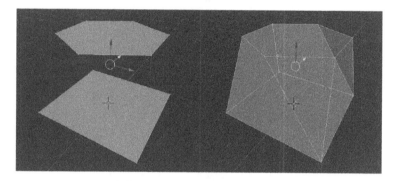

fig. 258 il risultato del comando *Loft* tra un quadrato e un esagono (*Circle*)

fig. 259 il menu *Relax*

- **Relax** arrotonda e smussa un *loop* secondo i parametri di interpolazione scelti (*Interpol*), i vertici selezionati (*Select*, ossia se quelli selezionati o se quelli paralleli), il numero di volte in cui il *loop* è soggetto a *rilassamento* (*Iteratio*) e la possibilità di rendere regolare la nuova distribuzione dei vertici (*Regular*).

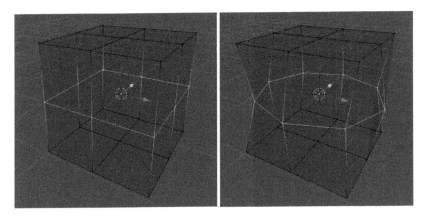

fig. 260 Il risultato del comando *Relax* sul *loop*

- **Space** posiziona nello spazio i vertici selezionati secondo una distribuzione regolare. I parametri sono il metodo di interpolazione (*Interpol*), i vertici selezionati ed eventualmente la possibilità di bloccare o inibire alla trasformazione uno o più assi.

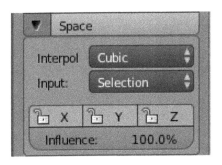

fig. 261 Il menu *Space*

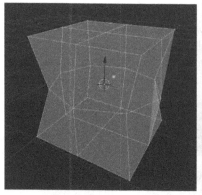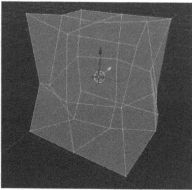

fig. 262 il risultato del comando *Space* sui *loop* selezionati

4.4.2. Normali

Le normali rappresentano un concetto fondamentale da tenere costantemente sotto controllo.

Esse rappresentano il vettore positivo, ossia la direzione positiva di una faccia, di uno spigolo e anche di un semplice vertice.

Determinare quale sia la direzione positiva di un elemento equivale assegnare alla *mesh* un **dentro** e un **fuori**.

Questo è fondamentale soprattutto nell'assegnazione di un materiale, soprattutto in presenza di una *texture*, nonché nella stampa 3D di un oggetto, o anche, e soprattutto, per evitare effetti indesiderati di ombreggiatura e illuminazione.

Spesso, durante le trasformazioni, le estrusioni, i *bridge*, i solidi di rotazione e altri comandi che aggiungono e trasformano la geometria di una *mesh*, è possibile che le normali delle facce si invertano o che vengano create nuove facce dalle normali invertite.

Consigliamo, così come per i vertici doppi e sovrapposti, di effettuare un *check* anche sulle normali.

Vi sono tre metodi principali:

a)   metodo visivo: le normali rovesciate (negative) rendono una faccia più scura rispetto alle facce con normali positive;

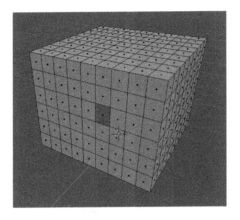

fig. 263 una faccia ha la normale invertita

fig. 264 *Normals*

b)   utilizzo dei comandi *Normals* nel pannello *Mesh Display* della *Properties Bar*. Selezionando il pulsante desiderato (vertice, spigolo, faccia o più di uno) e le dimensioni della freccia dimensionale (*Size*) verranno visualizzati al centro degli elementi dei segmenti azzurri che indicano la direzione delle normali. Su elementi con le normali invertite verrà visualizzato il segmento direzionato in senso opposto.

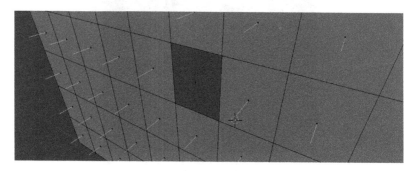

fig. 265 i segmenti azzurri che indicano il verso delle normali

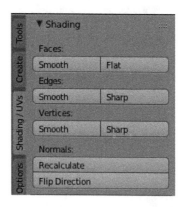

fig. 266 i pulsanti *Recalculate* e *Flip Normals*

c)   utilizzo del *tab Shading/UV* nella *Tools Shelf* (terza linguetta) in cui nel pannello *Shading* vi sono le voci *Normals*. In particolare è possibile scegliere se tentare

228

di ricalcolare automaticamente le normali con il pulsante *Recalculate* o se girare manualmente le normali invertite con il pulsante *Flip Directions*.

4.4.3. *Tab Data*: proprietà dell'oggetto e *Vertex Group*

Il *tab Data* nella finestra *Properties* riassume e permette di manipolare la geometria degli oggetti selezionati, in questo caso delle *mesh*.

L'icona corrispondente a questo *tab* muta di simbolo a seconda del tipo di oggetto selezionato. Ne riassumiamo i principali.

fig. 267 le icone *Data* degli oggetti. Da sinistra verso destra: *Mesh, Curve, Surface, Metaball, Text, Armature, Lattice, Empty, Speaker, Camera, Lamp, Force Field*

Analizziamo ora il *tab Data* riferito alle *mesh*. Il simbolo è quello che rappresenta tre vertici posti a triangolo uniti da altrettanti spigoli.

In alto troviamo il nome della *mesh*.

a) Il primo pannello (**Normals**) consente di gestire ulteriormente le normali degli elementi di una *mesh*. *Auto Smooth* assegna una smussatura agli elementi adattando le normali secondo l'angolo indicato (*Angle*). *Double Sided*, invece, se spuntato, fa sì che una faccia singola, senza spessore, sia considerata bifacciale.

b) il pannello **Texture Space** raccoglie i dati e le informazioni relativi alla texturizzazione, impostando ad esempio come indice di texturizzazione quello di un'altra *mesh*, scelta nel menu a tendina *Texture Mesh*, la possibilità di adattare automaticamente una *texture* assegnata in caso di modifica della *mesh* (*Auto Texture Space*) o modificare la posizione e la scalatura di una *texture* assegnata.

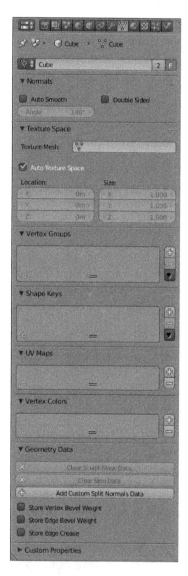

fig. 268 i pannelli del *tab Data* relativi alle *mesh*

c) il pannello **Vertex Groups** è molto importante e molto usato. Esso raggruppa semplicemente i vertici selezionati in un gruppo,

230

rinominabile a piacimento. Per raggruppare un gruppo di vertici, una volta selezionati questi ultimi, è sufficiente cliccare sul + (mentre il - elimina un gruppo esistente) per creare il gruppo, quindi cliccare sul pulsante *Assign*. Il pulsante *Remove* rimuove, invece, i vertici dal gruppo, mentre *Select* e *Deselect* attivano o disattivano la selezione dei vertici di quel gruppo nella 3D view.

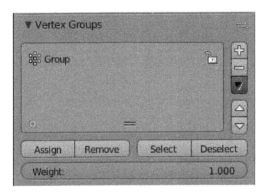

fig. 269 assegnazione dei vertici al gruppo

d) **Shape Keys** è un pannello in cui è possibile gestire la trasformazione della forma di un qualsiasi oggetto in un'altra forma. Vi sono due tipi di *Shape Keys*: *Absolute* (utilizzato per deformare oggetti nel tempo) e *Relative* (utilizzato di solito per muscolatura e animazione facciale e che si basano sulla forma originale).

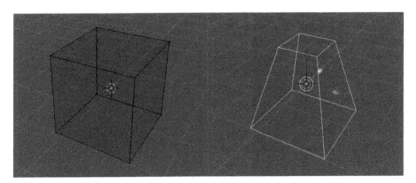

fig. 270 modifica della forma della *mesh* originale

231

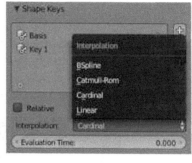

fig. 271 il pannello *Shape Keys* in modalità *Relative* (a sinistra) o *Absolute* (a destra)

 ESERCIZIO n. 5: UNA FACCIA CHE CAMBIA ESPRESSIONE

Per chiarire il concetto, procediamo con un esempio.

Inseriamo una sfera, entriamo in *Edit Mode* e selezioniamo le facce come in figura.

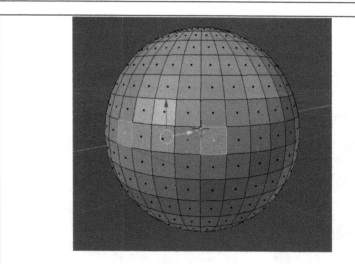

fig. 272 selezione delle facce in *Edit Mode*

Impostiamo il parametro *Individual Origins* nell'*header* della 3D view ed estrudiamo con E verso l'interno.

fig. 273 *Individual Origins*

Selezioniamo quindi alcune facce orizzontali e, in vista laterale (1 PAD) trasciniamo verso l'interno con G in direzione Y.

Abbiamo creato una faccina con occhi e bocca.

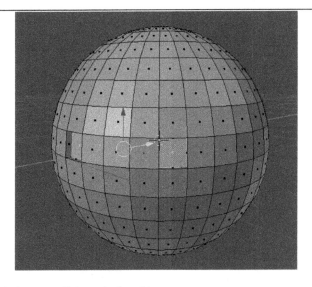

fig. 274 estrusione verso l'interno degli occhi

A questo punto anticipiamo un po' i tempi e applichiamo un modificatore. Per ora non fatevi troppe domande. Approfondiremo il discorso a breve.

233

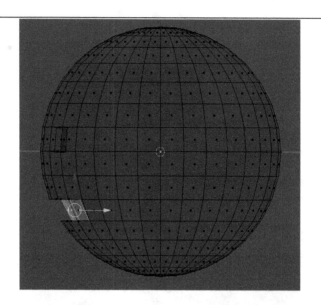

fig. 275 spostamento delle facce in direzione *y* verso l'interno della *mesh*

fig. 276 applicazione del modificatore alla *mesh*

Nella finestra *Properties* nel *tab Modifiers* assegniamo alla *mesh* il modificatore *Subdivision Surface* che aumenterà la geometria della *mesh* e contemporaneamente la arrotonderà. Impostiamo 3 suddivisioni nelle caselle *View* e *Render*. Applichiamo infine lo *Smooth*.

fig. 277 *Subdivision Surface*

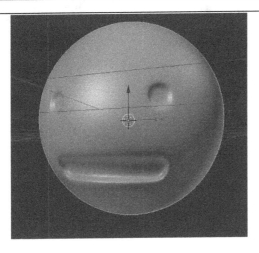

fig. 278 la faccia con maggior dettaglio

235

La *mesh* si presenterà ora arrotondata, smussata, molto più definita, rispetto alla versione originale.

Anche gli occhi e la bocca sono meno netti.

Se volete potete, aggiungendo dei *loop* definire meglio le rotondità o le asperità della *mesh*. Due *loop* vicini infatti, tendono a ridurre l'arrotondamento in funzione di una spigolosità più accentuata.

Selezioniamo ora le facce che compongono l'interno della bocca e con I, facciamo un *Inset*.

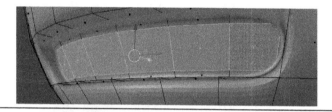

fig. 279 *Inset* delle facce della bocca

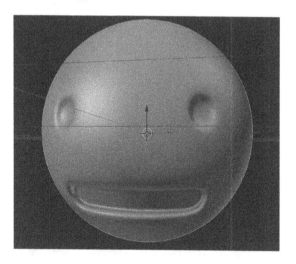

fig. 280 la bocca con maggiore spigolosità nel bordo

236

A questo punto andiamo nel pannello *Shape Keys* e clicchiamo sul +, definendo una chiave della forma della *mesh* automaticamente nominata *Basis*.

Clicchiamo nuovamente sul + e creiamo una nuova chiave che si chiamerà in automatico *key1*. Possiamo rinominarla *sorriso* se vogliamo.

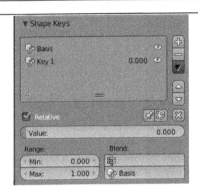

fig. 281 inserimento di due *keys*

Entriamo nuovamente in *Edit Mode*, spegniamo momentaneamente il modificatore, cliccando sull'occhio e modifichiamo la posizione di alcuni vertici degli occhi e della bocca, in modo da rendere la faccia sorridente.

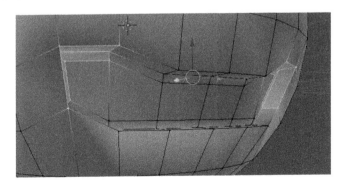

fig. 282 traslazione verso l'alto dei vertici periferici della bocca

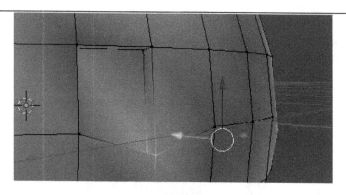

fig. 283 traslazione verso il basso dei margini interni degli occhi

Riattiviamo ora la *Subdivision Surface*, cliccando nuovamente sull'occhio ed osserviamo il risultato; la faccia ha cambiato espressione.

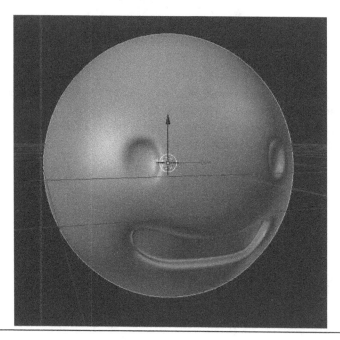

fig. 284 la faccia con espressione sorridente

Muovendo il cursore *Value* (con valore da 0 a 1), l'espressione della faccia varierà da neutra (valore 0) a sorridente (valore 1).

fig. 285 il cursore *Value*

Naturalmente sarà possibile automatizzare questa trasformazione facciale creando una animazione, ma questo sarà un concetto che verrà trattato in seguito.

e) **UV Maps** permette di aggiungere ai vertici (e alle facce) selezionati una *UV Map*. Sarà un concetto che verrà analizzato in seguito.

f) **Vertex Colors** permette invece di aggiungere ai vertici un *peso*, determinato da una scala cromatica dal rosso al blu, utile per alcune funzioni di assegnazione come il *rigging* e il P*article System*, di cui ci occuperemo in seguito.

g) **Geometry Data** contiene alcuni comandi utili per aggiungere, modificare e cancellare i dati specifici assegnati ai vertici (gruppi, maschere in ambito *Sculpt*, etc.

CURVE

Anche le curve e le superfici, esattamente come le *mesh*, hanno la possibilità di essere manipolate nella loro geometria in modalità *Edit Mode*.

La differenza sostanziale tra curve/superfici e *mesh* sta nel fatto che le prime sono funzioni matematiche e non sono rappresentabili con una nuvola di punti che approssimi la forma e l'andamento curvo.

Strutturalmente curve e superfici sono composte da vertici, normali (direzione positiva dell'elemento) e maniglie (punti di controllo) o linee di tangenza.

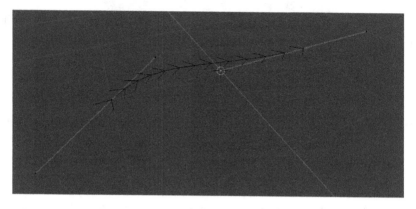

fig. 286 una curva di *Bézier* in *Edit Mode*

Come visto in precedenza per le *mesh* anche curve e superfici possono essere manipolate e trasformate a mezzo dei comandi posti nel *tab Tools*. Vediamoli uno per uno.

a.   TRANSFORM

Il pannello *Transform* contiene sostanzialmente gli stessi trasformatori visti in precedenza (*Grab, Rotate, Scale e Shrink/Fatten*) a cui si aggiunge *Tilt*, che consente di torcere un vertice attorno all'asse di tangenza.

fig. 287 il pannello *Transform*

240

b.   CURVE TOOLS

Gli strumenti più specifici sulle curve sono contenuti invece in questo pannello specifico.

fig. 288 il pannello *Curve Tools*

Esso è diviso in tre gruppi di strumenti.

Nel primo gruppo (**Curve**) sono presenti i seguenti strumenti:

- **Duplicate** (SHIFT + D) che duplica gli elementi selezionati della curva;

- **Delete** (X o CANC) che eliminano gli elementi selezionati;

- *Toggle Cyclic* che raccorda e chiude in una figura chiusa gli elementi selezionati;

- *Switch Direction* che inverte le normali della curva;

- *Set Spline Type* che permette di trasformare la curva (o i suoi elementi selezionati) in una polilinea (*Poly*) in una *Curva di Bézier* o in una *NURBS*;

- *Set Curve Radius* che consente di impostare il raggio che verrà utilizzato per l'ispessimento della curva *Bevel*).

Il secondo gruppo di oggetti (*Handles*) contiene i controlli sulle maniglie (*handles*) di ogni vertice. Ogni vertice è vincolato da due maniglie (i segmenti rosa con un vertice estremo di controllo). Le maniglie sono i veri controlli della curvatura di una curva o una superficie. Quanto più si avvicinano al vertice cui fanno riferimento, tanto più la curvatura sarà stretta.

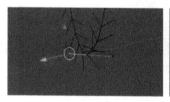 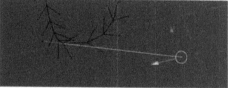

fig. 289 le maniglie regolano la curvatura

Blender mette a disposizione 4 tipi di maniglia, selezionabili dal pannello.

Selezionato il punto estremo di una maniglia (e quindi la maniglia stessa) sarà possibile impostarla come:

- *Auto* (automatico di *default*);

- *Vector*, in modo da creare delle cuspidi in corrispondenza del vertice;

242

- **Allign**, in modo che le due maniglie che controllano il vertice rimangano costantemente allineate fra loro;

- **Free**, in modo che le due maniglie risultino indipendenti tra loro.

fig. 290 impostazione delle *handles: Auto, Vector, Free, Allign*

- Il pulsante **Recalc Normals**, permette di ricalcolare automaticamente il verso delle normali.

L'ultima sezione **Modeling**, infine, racchiude 4 strumenti fondamentali, utili per modellare e costruire delle forme con le curve.

- **Extrude** (richiamabile più semplicemente con E, dopo aver selezionato un vertice) permette di estrudere un vertice, consentendo l'allungarsi della curva grazie a nuovi vertici;

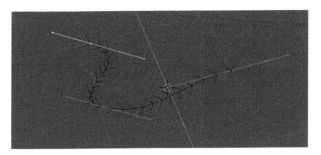

fig. 291 estrusione di un vertice di una curva

- **Subdivide** (richiamabile con W dopo aver selezionato due o più vertici) permette di suddividere i tronconi selezionati dai vertici in *n* segmenti, definibili dal pannello *Subdivide* che si attiverà alla pressione del pulsante, nella *Tools Shelf*;

fig. 292 suddivisione di una porzione di curva

- **Smooth** addolcirà, dopo aver selezionato la curva o parte di essa, pressione dopo pressione del pulsante, la curvatura della curva, rendendola meno spigolosa;

- **Randomize**, infine, posizionerà, pressione dopo pressione del pulsante, i vertici in modo casuale.

d. CURVE DISPLAY

Il pannello **Curve Display**, posto nella *Properties Bar*, al pari del corrispondente *Mesh Display* permette di definire lo stile di visualizzazione della curva in *Edit Mode*, ad esempio mostrando o meno (attraverso le spunte) le maniglie (*Handles*), le normali (*Normals*) o definendo le dimensioni grafiche delle normali stesse.

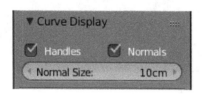

fig. 293 il pannello *Curve Display* nella *Properties Bar*

4.4.4. Tab Data

Come spiegato in precedenza, selezionando un oggetto nella 3D *view*, si attiverà il *tab* **Data** corrispondente nella finestra *Properties*.

244

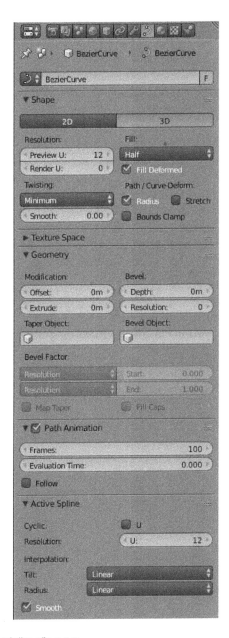

fig. 294 il *tab Data* relativo alle curve

Nella parte alta è indicato il nome della curva.

a) Nel pannello **Shape** è possibile impostare le condizioni di ispessimento della curva al fine di creare un solido, impostandolo come 2D o 3D. I valori **Resolution** (in *Preview* e in *Render*) indicano il numero degli *step*, ossia la risoluzione della curva nello spazio. A valori maggiori la risoluzione sarà più alta. Nel menu **Fill** è possibile scegliere il tipo di ispessimento, dipendente dai valori *Bevel* e *Resolution* posto nel pannello *Geometry*, tra *Half* (metà sezione), *Front* (avanti), Back (*dietro*) e Full (*sezione completa*). La spunta **Fill Deformed** permette di chiudere la sezione dopo l'applicazione definitiva dei modificatori. Il menu **Twisting** definisce la modalità e la forza di torsione dei vari vertici, in modo da controllare eventuali errori di geometria. Il valore di **Smooth** controlla la smussatura tra vertice e vertice in prossimità delle tangenti. Le spunte **Radius, Stretch** e **Bounds Clamp** controllano rispettivamente il comportamento della curva e delle sezioni in deformazione in funzione del raggio di curvatura, dello stiramento e dei limiti della maglia per regolare la deformazione.

b) il pannello **Geometry** contiene le informazioni e i parametri relativi alla geometria della curva. In particolare **Bevel** ha due opzioni: **Depth** (le dimensioni dell'ispessimento volumetrico della curva definito in *Fill*) e *Resolution* (la precisione e la rotondità della sezione). **Offset** trasla l'ispessimento rispetto alla curva originaria mentre **Extrude** ovalizza la sezione.

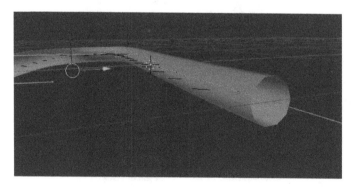

fig. 295 una curva inspessita con il *Bevel*

246

E' possibile definire come sezione di una curva 3D una seconda forma (sempre di tipo *Curve*), impostando quest'ultima come **Bevel Object**, ossia come oggetto di ispessimento della curva principale detta percorso. I valori **Start** e **End** (del percorso) definiscono il punto di inizio e di fine della trasformazione della curva in curva 3D secondo. In questo modo, automatizzando, come vedremo in seguito, questi parametri sarà possibile anche ottenere animazioni di oggetti che prendono forma, si allungano e si ritirano.

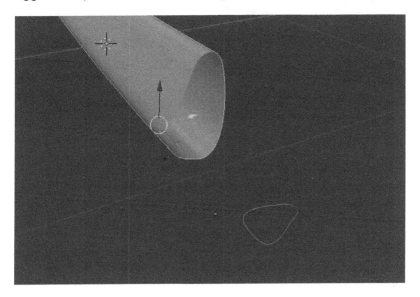

fig. 296 *Bevel Object*

Associando al *Bevel Object* anche lo strumento di deformazione **Taper Object** è possibile creare un oggetto a sezione variabile secondo l'andamento di un'ulteriore curva. Per fare questo, è necessario inserire la curva percorso, la curva sezione (ad esempio un cerchio di *Bézier*) e una curva di deformazione che indichi alla curva percorso in che quantità (secondo la distanza dall'asse *x*) la curva sezione dovrà intervenire nell'ispessimento. E' un efficace metodo, ad esempio, per creare delle code di rettili sinuose e affusolate.

247

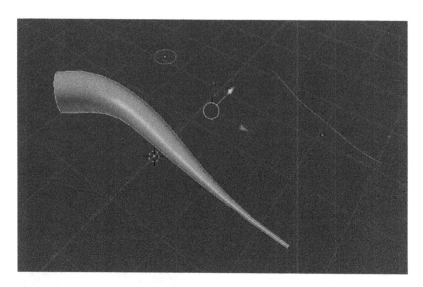

fig. 297 *Taper Object*

La spunta su **Map Taper** controlla la mappatura sul *Taper* in relazione alla forma attuale, mentre **Fill Caps** chiude le sezioni iniziale e finale con una faccia.

c) il pannello **Path Animation** controlla i valori relativi all'animazione, quando la curva è impostata come percorso di una animazione (ad esempio il percorso della camera o di un oggetto in movimento). Il numero dei fotogrammi (*Frames*), impostati di *default* a 100 vanno impostati in funzione del numero dei fotogrammi della *Timeline* a seconda della durata e della velocità di esecuzione dell'animazione, mentre **Evaluation Time** è un valore parametrico che determina la posizione dell'oggetto associato alla curva lungo il percorso. Spuntando **Follow** gli oggetti associati alla curva seguiranno la stessa nei movimenti.

d) **Active Spline** riassume il comportamento della curva attiva. La spunta **Cyclic U** la rende chiusa, ciclica appunto; **Resolution** determina il dettaglio da spezzata a morbida; **Tilt**, **Radius** e **Smooth** controllano la torsione, il raggio di curvatura e l'arrotondamento.

248

fig. 298 un testo in *Edit Mode* con il cursore di scrittura

I testi possono essere trattati come oggetti 2D o 3D, modificati, editati ed infine trasformati in *mesh*, eventualmente distorti, estrusi, colorati, ruotati etc.

Inserito un testo (scritta *Text* di *default*), entrando in *Edit Mode* apparirà alla fine un cursore di testo. Cancellando il testo con BACKSPACE è possibile inserire, digitandolo, un nuovo testo.

A) IL PANNELLO TEXT TOOLS

Mentre in *Object* Mode, nella *Tools Shelf* sono presenti gli stessi trasformatori base delle curve (*Location, Rotation, Scale* e *Mirror*), in *Edit Mode i parametri sono davvero limitati:* è possibile incrementare e decrementare le dimensioni del testo con i pulsanti **Upper To** e **Lower To** e di scegliere lo stile di visualizzazione **Bold, Italic** e **Underline**.

fig. 299 Il pannello *Text Tools*

4.4.5. Tab Data

Analizziamo ora i parametri presenti nel *tab* **Data** della finestra *Properties*.

In questi pannelli sarà possibile, come vedremo, modificare la *font*, lo stile, la giustificazione e l'inspessimento del testo inserito.

Come sempre in alto troviamo il nome dell'oggetto testo inserito.

Subito di seguito, nel pannello **Shape**, nella sezione *Resolution*, troviamo gli stessi parametri e le stesse funzioni per le curve necessari per dare spessore al testo e creando un testo tridimensionale, smussato e più o meno definito in termini di risoluzione. Tali parametri sono strettamente legati a quelli contenuti nel pannello **Geometry** che definiscono le dimensioni e la qualità di inspessimento.

Nel pannello **Font**, invece, si trovano tutti i dati relativi al carattere da utilizzare e visualizzare. Tale carattere può essere differente a seconda degli stili *Bold*, *Italic* e naturalmente *Regular* e possono essere richiamati nella tipica cartella delle *fonts* del sistema operativo cliccando nell'icona della cartellina alla destra dell'area di testo del carattere definito.

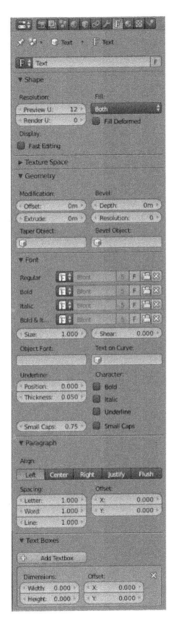

fig. 300 il *tab Data* relativo ai testi

Size determina la larghezza del carattere, mentre *Shear* (valore da -1 a 1) l'angolazione della scritta.

E' possibile utilizzare oggetti come *fonts* e far seguire alla scritta un andamento deformato dettato da una curva, inserendo quest'ultima come parametro all'interno di *Text on Curve*.

I due parametri legati alla sezione *Underline*, determinano la distanza dal testo della sottolineatura (*Position*) e lo spessore della linea (*Thickness*).

Small Caps rende i caratteri maiuscoli della scritta alti quanto i caratteri minuscoli (il tipico *maiuscoletto*), mentre le spunte *Bold, Italic, Underline* e *Small Caps*, attivate prima dell'inserimento del testo in *Edit Mode* ne definisce lo stile.

fig. 301 testo in 3D

Il pannello **Paragraph** definisce la giustificazione del testo e del parametro. E' possibile scegliere un testo giustificato a destra, a sinistra, centrato o allargato ai margini così come la spaziatura (*Spacing*) fra lettere, parole, linee e l'*offset*, ossia il distanziamento, dal *pivot* del testo stesso, spostabile in *Object Mode* con la combinazione usuale di tasti SHIFT + CTRL + ALT + C.

252

L'ultimo pannello, infine, **Text Boxes**, aggiunge una casella di testo in cui è inserito il testo selezionato. Tale casella può essere dimensionata a piacimento grazie a i parametri di larghezza (*Width*) e altezza (*Height*). Il testo vi si adatterà al suo interno.

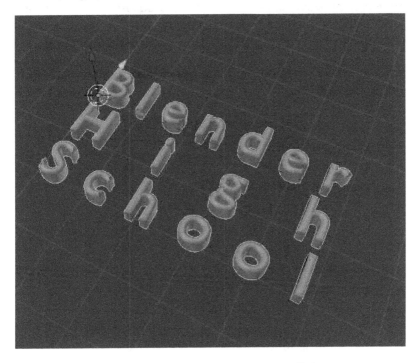

fig. 302 il testo inserito in una casella e allargato sino ai bordi con *Flush*

SUPERFICI

Nella *Tools Shelf* gli strumenti sono esattamente gli stessi.

Anche i parametri in *tab Data* della finestra *Properties* relativi alle superfici sono sostanzialmente gli stessi utilizzati per le curve.

L'unica differenza sta nel fatto che i punti che costituiscono le superfici si susseguono in modo uniforme nei tre assi.

Per questo motivo, ad esempio, la smussatura può essere definita indipendentemente nel verso *U* e nel verso *V*.

NOTA: *U* e *V* sono le variabili vettoriali corrispondenti a *x* e *y*, ma non necessariamente legate al sistema cartesiano di riferimento. Di solito *UV* rappresenta il piano cartesiano relativo di mappatura di una *texture*.

In modo analogo possono essere parametrizzati in modo indipendente in direzione *U* e *V* la ciclicità e la risoluzione.

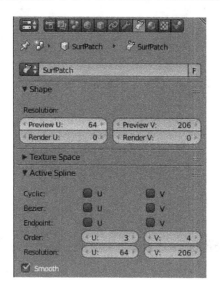

fig. 303 il pannello *tab Data* relativo alle superfici

METABALL

Sulle *Metaball* non c'è molto altro da aggiungere se non quando già analizzato in precedenza.

In *Edit Mode*, nella *Tools Shelf*, gli unici strumenti di trasformazione sono *Translate*, *Rotate*, *Scale* e *Randomize*, mentre, nel *tab Data* della finestra *Properties*, troviamo alcuni parametri relativi alla risoluzione a al comportamento di *update* dovuto all'attrazione fra *metaball* differenti.

fig. 304 il pannello *tab Data* relativo alle *Metaball*

NOTA: Nei capitoli successivi, man mano che tratteremo gli altri oggetti e gli argomenti sempre più complessi e specifici, analizzeremo i *tab Data* ad essi legati.

255

4.5. Uso delle immagini di riferimento in background o blueprint

Il foglio bianco è sempre stato un problema per tutti.

Spesso, partire da zero nel disegnare qualcosa (o, nel nostro caso, modellare) può essere controproducente.

Copiare, avere un riferimento di partenza, un lucido da ricalcare, può aiutare infinitamente a ottenere un risultato soddisfacente e credibile.

E' per questo motivo che, quando si deve costruire un modello, consigliamo di ricercare e individuare fra disegni, foto, schede tecniche o riferimenti su internet, l'immagine giusta di riferimento da cui partire. Faremo sempre in tempo a modificare a piacimento e personalizzare quanto creato.

Il segreto è quindi *ricalcare*.

Il modo migliore è quello di inserire come sfondo (**background**) del nostro *foglio di lavoro* il riferimento, detto **blueprint**.

Per inserire un'immagine di sfondo, occorre spuntare **Background Image**, nella *Properties Bar*.

Cliccando sul pulsante **Add Image** e poi su **Open Image** si aprirà un *browser* dal quale sarà possibile importare un file grafico.

Una volta aperto sarà possibile determinare il tipo di *file*, il colore e la gamma cromatica, la possibilità di renderizzare l'immagine (**View As Render**), rendere più o meno opaca l'immagine (**Opacity**), portare avanti o dietro al progetto (**Back** o **Front**) e soprattutto ridimensionare in *x* e *y* l'immagine (**Scale**), in modo da riportarla in scala di progetto, ruotarla (*Rotate*), specchiarla secondo gli assi *x* e *y* (*Flip*) e traslarla rispetto al cento degli assi cartesiani (*X* e *Y*).

fig. 305 il pannello *Background Image* nella *Properties Bar*

Inoltre è possibile, nonché estremamente utile, determinare in quale vista si vuole visualizzare l'immagine di sfondo, scegliendola tra le opzioni proposte nel menu in alto *Axis*.

Ad esempio, è possibile inserire più immagini di sottofondo, come la pianta e il prospetto di una casa e impostare la vista di ognuno di essi rispettivamente come *Top* e *Front*.

257

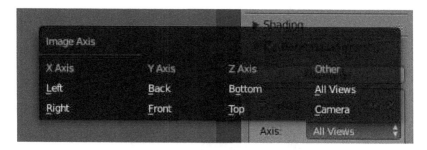

fig. 306 il menu *Image Axis* in cui impostare dove visualizzare l'immagine di sfondo

Inoltre è possibile spegnere tutti gli sfondi togliendo la spunta iniziale dal *Background Images* oppure spegnere separatamente i vari sfondi disattivando l'icona con l'occhio.

ESERCIZIO n. 6: INSERIRE IN BACKGROUND LA PIANTA DI UNA CASA E RICALCARLA

In questo esercizio sarà mostrato come disegnare un ambiente data la sua pianta.

Per inserire l'immagine di riferimento in *background*, occorre innanzi tutto attivare la spunta del pannello *Background Images*, impostare la vista come *Top* e caricare il file di riferimento.

Posizionati in vista *Top* (tasto 7 PAD), inserire un piano con SHIF + A. Sappiamo che di *default* il piano misura 2 x 2 metri. Lo useremo a sua volta come misura di riferimento per scalare l'immagine in *background*.

Prima, però, è necessario forzare il piano in vista *Wireframe*, anche se l'intero progetto è impostato su *Texture*, questo per renderò trasparente e avere l'immagine in *background* sempre visibile, almeno fino alla fine della modellazione.

Selezionato il piano, nel *tab Object* (icona a forma di cubo giallo) della finestra *Properties*, nel pannello *Display* impostare *Wire* l'opzione *Maximum Draw Type*.

258

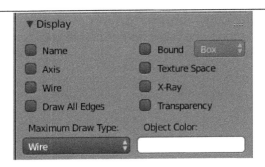

fig. 307 modalità forzata *Wire* di una mesh

In questo modo il piano sarà visualizzato comunque in modalità *Wire*.

Selezionare il e posizionarlo in modo che un vertice coincida con un vertice della pianta, fermo restante che almeno un lato della pianta sia noto. Ridimensionare il piano, in modo che il lato orizzontale sia della stessa lunghezza reale del lato di riferimento noto. Azzeriamo quindi la scala con CTRL + A (in *Object Mode*).

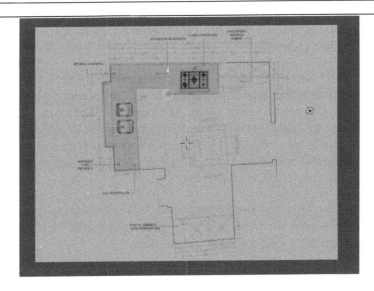

fig. 308 ridimensionamento del piano secondo una misura nota

A questo punto bisogna scalare e traslare l'immagine in *background* in modo che la misura nota di riferimento coincida con il lato ridimensionato del piano.

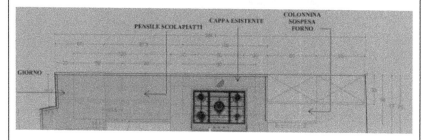

fig. 309 ridimensionamento e riposizionamento dell'immagine rispetto al piano

Possiamo adesso operare in due modi.

Col primo metodo, entriamo in *Edit Mode* ed eliminiamo i due vertici non coincidenti con il muro di riferimento. Estrudiamo quindi uno dei due vertici, in modo libero seguendo il perimetro della pianta di riferimento. Alla fine sarà sufficiente unire l'ultimo segmento con il secondo vertice digitando F. Infine, selezionando tutti i vertici della *mesh*, sarà necessario digitare nuovamente F per riempire con una faccia l'intero perimetro.

Con il secondo metodo, invece, sempre in *Edit Mode*, trasliamo i vertici inferiori del piano e li portiamo a coincidere con il muro opposto, ottenendo una sorta di massimo ingombro. Quindi divideremo in *loop* la superficie in corrispondenza delle riseghe e dei cambi di direzione, aggiungendo geometria con l'estrusione (E) e aggiustando eventualmente i fuori squadra ed eliminando i vertici di troppo.

Ricordiamo che per traslare un vertice lungo uno spigolo (non necessariamente secondo gli assi *x*, *y* e *z*, è sufficiente digitare due volte il tasto G (G + G) e scegliere la direzione.

A seconda della forma della pianta si scelga il metodo migliore e più veloce.

Con la pianta utilizzata in questo esempio, piuttosto complessa e poco regolare, probabilmente il primo metodo risulterà il migliore.

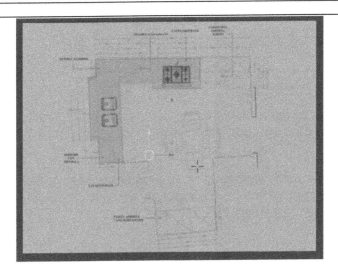

fig. 310 ricalcare una pianta per estrusione di un vertice

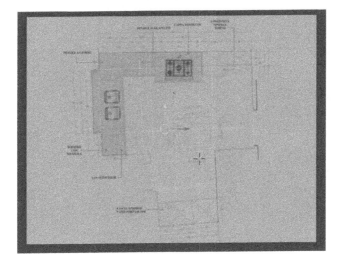

fig. 311 ricalcare una pianta con l'uso dei *loop*

Selezioniamo adesso tutti vi vertice della *mesh* in *Edit Mode* ed estrudiamoli di 3 metri verso l'alto, digitando E (+ Z) + 3.

Invertiamo le normali verso l'interno in modo che siano le facce interne quelle impostate per la mappatura e per la vista.

Creiamo ora i *loop* verticali necessari e posizioniamoli in corrispondenza delle aperture (porte e finestre).

Quindi creiamo 3 *loop* orizzontali, uno posto a 2,1 metri da terra per la porta e due posti rispettivamente a 0,95 metri e 2,4 metri da terra per le finestre.

Estrudiamo verso l'esterno (creando gli spessori della muratura) le facce create dai *loop* che rappresentano i fornici nel muro. Infine eliminiamo le facce estruse.

Infine reimpostiamo nel *tab Object* la visualizzazione *Solid* della *mesh* e spegniamo il *background*.

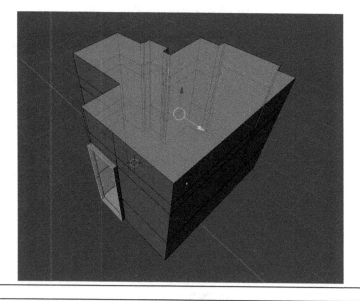

fig. 312 l'ambiente terminato

4.5.1. Un utile *Addon: Image as Plane*

Un secondo metodo che permette di ricalcare un'immagine, ma non solo, è quella di inserire un piano già mappato e proporzionato secondo un'immagine.

Per sfruttare questa potenzialità, è necessario attivare l'*Addon* **Image As Plane**. Questo *Addon* consentirà l'inserimento di un piano una volta scelta l'immagine dal *browser*.

Per inserire un piano già mappato, basterà digitare SHIFT + A.

Nel menu a tendina *Image As Plane* si trova nel sottomenu *Mesh*.

Una volta inserito si posizionerà con il baricentro corrispondente al *3D Cursor*.

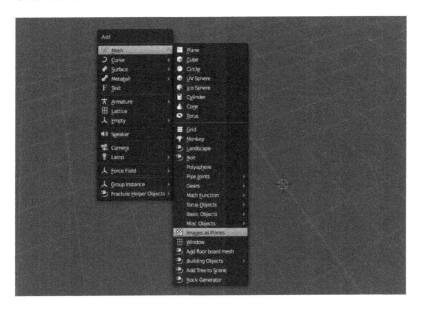

fig. 313 inserimento del piano con l'immagine mappata

Noterete che sarà stato inserito un piano ma non sarà visibile alcuna immagine.

Questo perché un'immagine applicata a una *mesh* è di fatto una *texture* e non può essere visualizzata nella 3D view in modalità *Wireframe* o *Solid*. Occorrerà quindi impostare lo stile di visualizzazione *Texture*.

fig. 314 impostazione dello stile di visualizzazione in *Texture*

L'immagine sarà finalmente visibile anche in vista prospettica. Essa sarà renderizzabile e proietterà ombra, se lo si desidera, come una normale *mesh* a cui si è applicato un materiale.

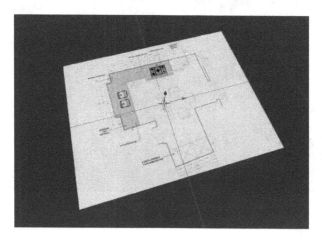

fig. 315 *Image As Plane*

Provate a caricare la pianta della casa dell'esercizio precedente, utilizzando *Image As Plane*.

La versatilità di Blender è un valore aggiunto. Nei prossimi tre esercizi di esempio mostreremo come realizzare un bicchiere in 3 modi distinti ottenendo risultati analoghi.

In tutti e tre gli esempi, noterete che la risoluzione del bicchiere non è alta. Si possono apprezzare nettamente le facce che compongono l'oggetto e notare che questo non è arrotondato e liscio come nella realtà. Ma non preoccupatevi: al momento le vostre nozioni vi permettono di arrivare solo fino a questo livello di dettaglio. Nel capitolo successivo, entreremo nel merito dei modificatori ed in particolare del *Subdivision Surface*, che aumenterà la definizione della geometria (aumentando vertici, spigoli e facce) e contemporaneamente arrotonderà le spigolosità.

Per tutti e tre i metodi sarà necessario inserire come *background* (in vista front, 1 NUM) l'immagine di riferimento e scalarla, utilizzando il metodo precedentemente spiegato, fino al raggiungimento di dimensioni ragionevolmente credibili (ad esempio un'altezza di circa 28 cm).

fig. 316 l'immagine del bicchiere in *background* (vista *Front*) già scalato grazie al piano guida

265

ESERCIZIO n. 7: MODELLARE UN BICCHIERE PER ESTRUSIONE DELLE FACCE

Il primo metodo consiste nell'estrusione e nella scalatura graduale di una sezione del bicchiere (un cerchio nella fattispecie), seguendo il profilo del bicchiere.

Creare un cerchio a 12 segmenti e riempire la faccia con F in *Edit Mode* o direttamente impostando *Fill Type* su *Ngon* nel pannello della *Tools Shelf*.

Ruotarlo di 90° attorno all'asse *x* (R, X, 90) e posizionarlo alla base del bicchiere, scalandolo in modo che coincida con la circonferenza del riferimento.

fig. 317 posizionamento del cerchio di base

Entrare in *Edit Mode* ed estrudere il cerchio dello spessore del basamento, quindi estrudere ancora, sollevare la faccia estrusa fino al gambo e scalare.

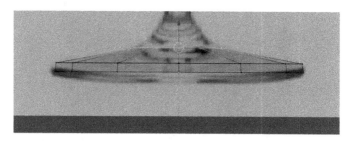

fig. 318 estrusione delle facce lungo il profilo

Procedere nello stesso modo fino alla sommità. Ricordiamo che non sarà necessario eseguire eccessive estrusioni. I punti chiave saranno sufficienti, in vista della futura applicazione del modificatore *Subdivision Surface*.

fig. 319 estrusione fino alla sommità

Giunti alla sommità, sarà necessario estrudere ulteriormente verso l'interno del bicchiere per creare lo spessore e la convessità della coppa.

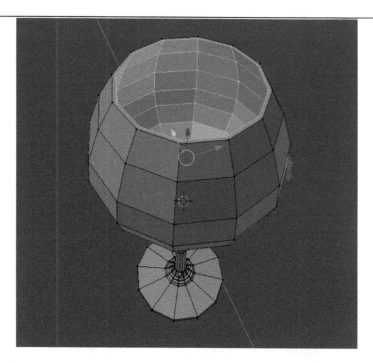

fig. 320 il bicchiere completato

Potremo ulteriormente concentrarci su un aspetto importante. Come ricorderete, (bene che la geometria delle *mesh* sia basata quanto più possibile su una suddivisione quadrangolare.

Il fondo del basamento e il fondo della coppa sono invece dodecagonali e questo, in funzione dell'applicazione di ombreggiature, riflessioni e materiali creerà certamente artefatti grafici.

Dovremo trasformare le figure non quadrangolari in quadrilateri.

Selezioniamo ad esempio il cerchio di base.

Operiamo con successivi *Inset* (I) verso l'interno fino a che l'unica figura non quadrangolare rimasta sia piuttosto piccola. Questo ci consentirà anche di ottenere ulteriore geometria, utile, ad esempio, per sollevare la parte centrale interna del fondo.

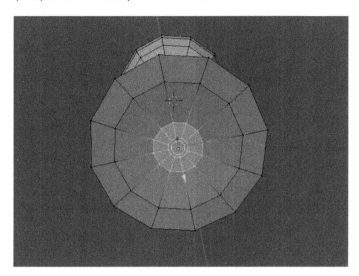

fig. 321 *Inset*

A voler essere precisi possiamo ancora suddividere il dodecaedro con lo strumento *Knife* facendo attenzione a tagliare lungo i vertici giusti e dividendolo in 6 quadrangoli.

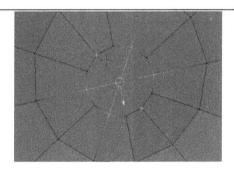

fig. 322 *Knife*

Utilizziamo infine *Knife* anche per il fondo della coppa.

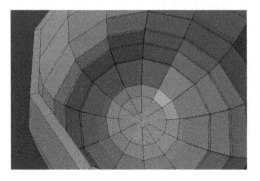

fig. 323 *Knife* sul fondo della coppa

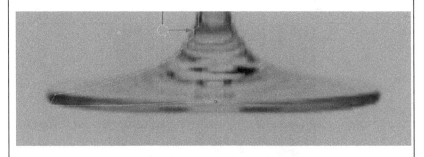

ESERCIZIO n. 8: MODELLARE UN BICCHIERE PER ESTRUSIONE DEI VERTICI E CON IL COMANDO SPIN

In questo esercizio modelleremo lo stesso bicchiere, utilizzando però un metodo completamente differente.

Ricalcheremo mezzo contorno dell'immagine in *background* e utilizzeremo il comando *Spin* per ruotare il profilo di 360é attorno all'asse *z*.

fig. 324 estrusione dei vertici lungo il profilo del bicchiere

Inserito un piano sull'immagine di sfondo e ruotatolo di 90° attorno all'asse *x*, entreremo in *Edit Mode* e elimineremo 3 dei 4 vertici del piano. Posizioneremo infine il vertice rimasto in corrispondenza del centro della base del bicchiere, procedendo per estrusioni successive.

Alla fine dovreste ottenere un contorno simile a questo.

fig. 325 profilo completo del bicchiere

Selezioniamo tutti i vertici e applichiamo il comando *Spin*, impostando i parametri nello specifico pannello della *Tools Shelf* come sotto.

L'effetto ottenuto è un solido di rotazione completa (360°) attorno all'asse *z* in 12 step.

L'unico accorgimento è che sarà necessario eliminare i vertici sovrapposti dovuti alla chiusura della sezione. Sarà sufficiente selezionare tutti i vertici con A e nella *Tools Shelf* cliccando su *Remove Double*.

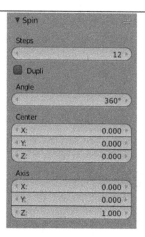

fig. 326 impostazione dei parametri del comando *Spin*.

fig. 327 il risultato della rimozione dei vertici sovrapposti

fig. 328 il bicchiere completo

ESERCIZIO n. 9: MODELLARE UN BICCHIERE PER ESTRUSIONE DEI PUNTI DI UNA CURVA, LA TRASFORMAZIONE IN MESH E CON IL COMANDO SPIN

Un terzo metodo, molto simile al precedente, è quello di creare il profilo partendo non da una *mesh* ma da una cura ed estrudere i vertici, opportunamente regolando le maniglie per dare la giusta angolazione e curvatura.

fig. 329 estrusione dei vertici della curva lungo il profilo del bicchiere

fig. 330 estrusione completa con le curve

273

Terminato il lavoro di curvatura del mezzo perimetro, in *Object Mode* occorrerà trasformare la curva in *mesh* con la combinazione di tasti ALT + C e scegliendo l'opzione *Mesh From Curve*.

La curva si trasformerà in un susseguirsi di punti.

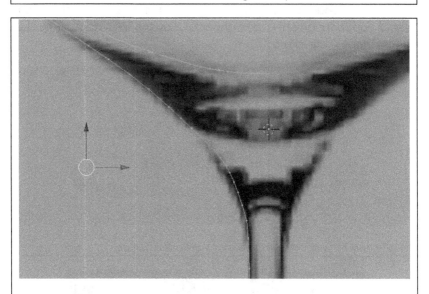

fig. 331 curva trasformata in *mesh*

A questo punto, selezionati in *Edit Mode* tutti i punti, si assegnerà il comando *Spin* nello stesso modo dell'esercizio precedente, ottenendo il solido di rotazione.

Non bisogna dimenticare, anche in questo caso, di eliminare i vertici sovrapposti.

Capita, inoltre, al termine di operazioni come l'estrusione, e la rotazione che alcune facce invertano il verso positivo. Si riconoscono perché sono più scure e sarà necessario ricalcolarne le normali con il pulsante *Recalculate*.

fig. 332 il bicchiere ottenuto con la rotazione di una curva trasformata in *mesh*

Nel prossimo capitolo analizzeremo un ulteriore metodo per realizzare un solido di rotazione, utilizzando il modificatore *Screw*.

4.5.2. Il menu *Specials* (W)

Uno speciale menu a tendina richiamabile nella 3D view in *Edit Mode* con il tasto W riassume gran parte delle funzioni sin ora esposte, oltre al alcune altre in ambito di modifica degli oggetti.

Questo menu è attivabile sia per *mesh* sia per le curve e le superfici, sia per i testi, con le differenze del caso. Analizziamo vi vari casi.

fig. 333 il menu *Specials* per le *mesh*

Per le *mesh*, in *Edit Mode*, digitando W in un punto qualsiasi della 3D view, si apre un menu da cui è possibile lanciare le seguenti funzioni e i seguenti comandi:

- **Loop Tools** contiene gli stessi comandi descritti in precedenza;

- **Subdivide** suddivide gli elementi selezionati;

- **Subdivide Smooth** suddivide gli elementi selezionati e ne smussa l'andamento;

- **Merge** (ALT + M) unisce due o più elementi in uno solo, secondo quanto già analizzato in precedenza;

- **Remove Doubles** rimuove i vertici sovrapposti;

- **Hide** (H) nasconde gli elementi selezionati che possono essere nuovamente resi visibili con ALT + H (**Reveal**);

- **Select Inverse** (CTRL + I) inverte la selezione rispetto agli elementi selezionati;

- **Flip Normals** inverte le normali degli elementi selezionati;

- **Smooth** smussa l'andamento degli elementi selezionati;

- **Laplacian Smooth** esegue la smussatura coinvolgendo in modo proporzionale anche gli elementi adiacenti;

- **Inset Faces** (I) crea un *Inset* della faccia o delle facce selezionate;

- **Bevel** (CTRL + B) esegue un *Bevel* su tutti i vertici e gli spigoli selezionati. Il numero delle molature può essere definito nel pannello *Bevel* nella *Tools Bar*, una volta lanciato il comando;

- **Bridge Edge Loops** esegue un collegamento tra due spigoli selezionati;

277

- **Shade Smooth** mostra le facce selezionate con ombreggiatura arrotondata (pulsante *Smooth*);

- **Shade Flat** inverte il comando precedente rendendo piatta l'ombreggiatura delle facce.

A questi si aggiungono:

- **Blend from Shape** e **Shape Propagate** sono strumenti utili per i *keying* delle forme che verranno analizzati in seguito;

- **Select Shortest Path** individua il percorso più breve tra due vertici selezionati;

- **Sort Mesh Elements** modifica l'ordine degli elementi selezionati (vertici, spigoli o facce) secondo il metodo selezionato dal sottomenu;

- **Symmetrize** genera automaticamente un asse di simmetria secondo l'asse definito nel pannello *Symmetrize* nella *Tools Shelf*;

- **Snap To Symmetry** inverte la posizione dei vertici rispetto alla corrispondente posizione specchiata: *x* su *–x*; *y* su *–y z* su *–z*;

MENU *SPECIALS* RELATIVO ALLE CURVE E ALLE SUPERFICI

In *Edit Mode* di una curva o una superficie, il menu *Special* (W) consente di selezionare le seguenti funzioni:

- **Subdivide** divide l'oggetto in un numero definito dal pannello omonimo nella *Tools Shelf*;

- **Switch Direction** inverte la direzione delle normali;

- **Set Goal Weight** imposta un peso, un valore di importanza agli elementi selezionati per la funzione di *Soft Soft Body*;

- **Set Curve Radius** imposta un valore numerico al raggio di curvatura tra gli elementi selezionati;

- **Smooth** addolcisce la curvatura degli elementi selezionati;

- **Smooth Curve Weight** addolcisce l'interpolazione tra gli elementi selezionati;

- **Smooth Curve Radius** addolcisce la curvatura in base al raggio;

- **Smooth Curve Tilt** addolcisce la torsione di un punto torto con *Tilt*.

fig. 334 il menu *Specials* per le curve e per le superfici

MENU *SPECIALS* RELATIVO AI TESTI

Il menu *Special* applicato (in *Object Mode* ai testi attiva il seguente menu e le seguenti funzioni:

- **Extrude Size** estrude ilo testo creando un testo 3D. E' possibile impostare un valore numerico di estrusione dopo aver attivato il comando;

279

- **Width Size** definisce la larghezza delle singole lettere del testo. Inserendo un valore numerico dopo l'attivazione del comando si definisce l'entità dello spessore;

- **Restrict Render Unselected** e **Clear All Restrict Render** sono due parametri relativi alla renderizzazione che verrà trattata in seguito.

fig. 335 il menu *Specials* per i testi

4.6. I menu dell'*header* della 3D view in *Edit Mode*

I menu posti nell'*header* della 3D view cambiano sensibilmente le voci in ambiente *Edit Mode* e si adattano al tipo di oggetto selezionato (*mesh*, curva, testo...).

Molti strumenti presenti in tali menu vi saranno ormai già noti, come spesso accade in Blender, in quanto già esaminati.

L'interfaccia di Blender è impostata in modo che strumenti e funzioni siano raggruppati in ambiti tematici differenti in modo da poter essere richiamati indistintamente da differenti pannelli, menu e *shortcut* ben distinti.

Analizziamo anche in questo caso tutte le funzioni divise per tipologia di oggetto.

MESH

A) View

Contiene gli stessi strumenti già analizzati in *Object mode*.

B) Select

In questo menu troviamo i comandi e le opzioni relativi alla selezione degli elementi della *mesh*.

- **Select Boundary Loop** seleziona i bordi esterni delle facce selezionate;

- **Select Loop Inner-Region** seleziona le facce all'interno di un *loop* selezionato;

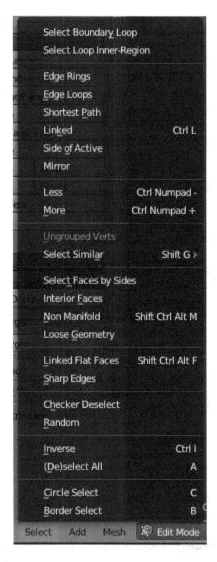

fig. 336 il menu Select

- **Edge Rings** seleziona un o più *loop* specifico di tipo circolare (se possibile) in cui sono contenuti due o più elementi selezionati:

fig. 337 *Select Boundary Loop*

- **Edge Loops** seleziona un *loop* tra due o più elementi selezionati;

- **Shortest Path** (vedi menu **Special, W** precedentemente descritto)

- **Linked** (CTRL + L) seleziona tutti i vertici direttamente connessi all'elemento o gli elementi selezionati presenti nella *mesh*;

- **Side Of Active** seleziona tutti gli elementi di una *mesh* lungo uno specifico asse;

- **Mirror** aggiunge una copia specchiata secondo un asse di simmetria definito degli elementi selezionati;

- **Less** (CTRL, -NUM) rimuove vertici, spigoli o facce, pressione dopo pressione, connessi a quelli già selezionati;

283

- **More** (CTRL, +NUM) aggiunge vertici, spigoli o facce, pressione dopo pressione, connessi a quelli già selezionati;

- **Ungrouped Verts** seleziona vertici non raggruppati o sconnessi ad altri;

fig. 338 il menu *Select Similar*

- **Select Similar** (SHIFT + G) apre un sottomenu che contiene strumenti utilissimi per individuare elementi e parti della *mesh* simili a quello o quelli selezionati secondo criteri ben definiti, vale a dire:

    - quelli aventi la stessa lunghezza (*Length*);

    - quelli aventi la stessa direzione (*Directions*);

    - quelli aventi lo stesso numero di facce intorno a uno spigolo (*Amount of Faces Around an Edge*);

    - quelli aventi facce con gli stessi angoli;

    - quelli aventi lo stesso valore *Crease* che, come vedremo in seguito riduce l'effetto sugli spigoli e sui vertici del modificatore *Subdivision Surface*;

    - quelli aventi la stessa smussatura (*Bevel*);

284

- quelli scuciti per la mappatura (*Seam*);

- quelli con la stessa spigolosità (*Sharpness*);

- quelli derivati da una modellazione a mano libera;

- le stesse facce (*Face Regions*);

- **Select Faces by Sides** seleziona il numero dei vertici o delle facce secondo i parametri stabiliti nel pannello *Select faces by Sides* nella *Tools Shelf* e, nello specifico:

  - il numero di vertici (*Number of Vertices*);

  - la metodologia di selezione (menu a tendina *Type*), scegliendo tra uguale a..., diverso da..., minore di... o maggiore di...;

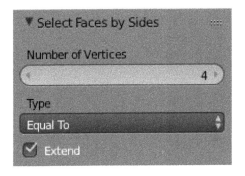

fig. 339 il pannello *Select faces by Sides*

- **Interior Faces** seleziona le facce delle quali gli spigoli siano connessi ad almeno due facce;

- **Non Manifold** (SHIFT + CTRL + ALT + M) seleziona gli elementi non conformi ad una geometria ottimale per la stampa 3D;

- **Loose Geometry** seleziona gli elementi della geometria che non risultano connessi alla geometria di base;

285

- **Linked Flat faces** (SHIFT + CTRL + ALT + F) seleziona le facce connesse tra loro secondo l'angolo specificato nel pannello *Linked Flat faces* nella *Tools Shelf*;

- **Sharp Edges** seleziona tutti gli spigoli sufficientemente acuti, secondo l'angol definito nel pannello *Sharp Edges* nella *Tools Shelf*;

- **Checker Deselect** deseleziona tutti gli *n* elementi di una selezione (definiti nel contatore *Nth Selection* del pannello *Checker Deselect* posto nella *Tools Shelf*) a partire dall'elemento attivo (vertice, spigolo o faccia). Si tratta di uno strumento utile per selezionare automaticamente elementi sfalsati tra loro;

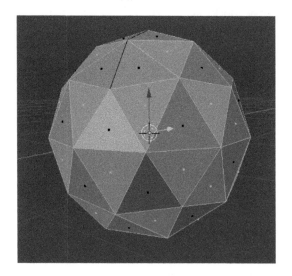

fig. 340 *Checker deselect* impostato a 2 *Nth* di una *Icosphere*

- **Random** seleziona o deseleziona elementi (vertici, facce o spigoli, a seconda di quanto stabilito nella selezione nell'*header* della 3D view) in modo casuale, in base ad una percentuale stabilita nel pannello *Random* della *Tools Shelf*;

286

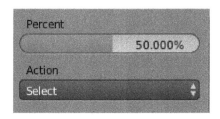

fig. 341 il pannello *Random*

- **Inverse** (CTRL + I) inverte la selezione;

- **(De)Select All** (A) seleziona o deseleziona tutti gli elementi;

- **Circle Select** (C) effettua la selezione con il brush circolare;

- **Border Select** (B) effettua la selezione rettangolare.

C) Add

In questo menu è possibile inserire altre *mesh* all'interno della *mesh* selezionata in ambiente *Edit Mode*.

D) Mesh

Gli strumenti specifici per la modifica delle mesh si trovano nel menu *Mesh*.

- **Show/Hide** mostra (H) o nasconde (ALT + H) parti della *mesh* selezionate;

- **Proportional Editing Falloff**, **Proportional Editing** e la spunta **AtutoMerge Editing** richiamano gli stessi comandi già analizzati e richiamabili dalle icone nell'*header*;

- **Sort Elements** attiva un sottomenu in cui è possibile scegliere se ordinare la vista in base alla vista dell'asse *z* o *x*, alla distanza

287

dal cursore, al materiale, agli elementi selezionati, in modo
casuale o in modo opposto alla selezione;

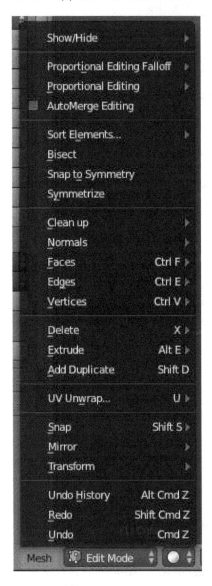

fig. 342 il menu *Mesh*

288

- **Bisect** effettua un taglio manuale di una *mesh* creando nuovi vertici, nuovi spigoli e nuove facce;

- **Snap To Symmetry** inverte la posizione dei vertici rispetto alla corrispondente posizione specchiata: *x* su –*x*; *y* su –*y z* su –*z*;

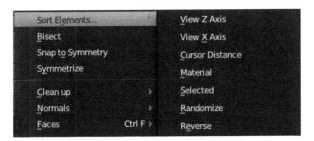

fig. 343 il sottomenu *Sort Elements*

- **Symmetrize** genera automaticamente un asse di simmetria secondo l'asse definito nel pannello *Symmetrize* nella *Tools Shelf*;

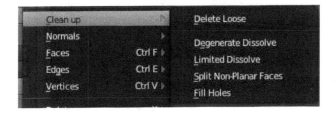

fig. 344 il sottomenu *Clean Up*

- **Clean Up** raccoglie dei comandi in un sottomenu che consentono la pulizia automatica della mesh secondo parametri stabiliti;

- **Normals** apre un sottomenu in cui è possibile ricalcolare le normali verso l'interno della *mesh* (CTRL + N), verso l'esterno (SHIF + CTRL + N), o ribaltarle automaticamente (*Flip Normals*);

289

fig. 345 il sottomenu *Normals*

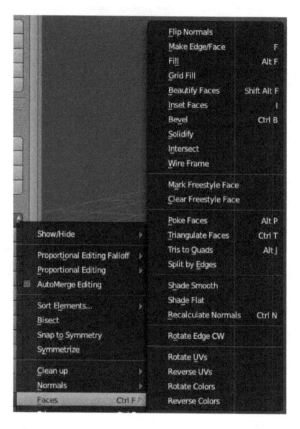

fig. 346 il sottomenu *Faces*

- ***Faces*** (CTRL + F) è un menu che raccoglie tutti gli strumenti atti alla modifica delle facce di una *mesh*.

  - ***Flip Normals*** inverte le normali delle facce selezionate;

290

- **Make Edge/Face** (F) unisce due vertici con uno spigolo o rie,pie con una faccia una selezione chiusa di vertici o spigoli;

- **Fill** (ALT + F) unisce quanti più vertici possibili per creare il numero massimo di facce in una selezione;

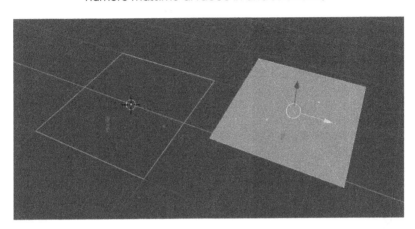

fig. 347 *Fill*

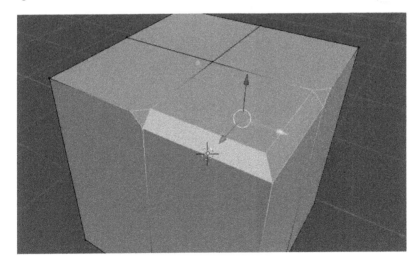

fig. 348 *Bevel* degli spigoli selezionati

291

- **Grid Fill** unisce *loop* selezionati con facce;

- **Beautify faces** (SHIFT + ALT + F) tenta di riarrangiare la forma di alcune facce ripristinando al meglio la geometria della *mesh*;

- **Inset Faces** (I) crea un *inset* delle facce selezionate, aggiungendo nuove facce quadrangolari;

- **Bevel** (CTRL + B) aggiunge una molatura a vertici o spigoli selezionati. E' possibile parametrizzare le dimensioni della molatura aggiungendo il valore numerico, ad esempio digitando CTRL + B, 3;

- **Solidify** estrude le facce selezionate dando uno spessore alla *mesh* e creando nuova geometria, il cui valore è definito nel contatore *Thickness* del pannello Solidify *della* Tools Shelf;

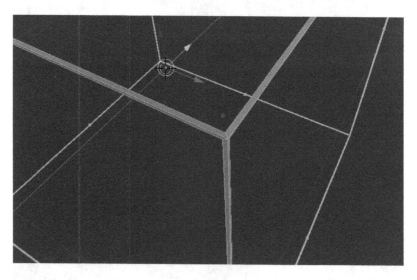

fig. 349 *Wire Frame* su un cubo

- **Intersect** crea un taglio fra facce che si intersecano;

- **Wire Frame** elimina le facce di una *mesh* e inspessisce aggiungendo nuova geometria gli spigoli, secondo i valori nel pannello *Wire Frame* nella *Tools Shelf*;

- **Mark Freestyle Face** seleziona o deseleziona le facce costruite a mano libera;

- **Clear Freestyle Face** elimina le facce costruite a mano libera;

- **Poke Faces** (ALT + P) divide una faccia eseguendo contemporaneamente un *Inset* dei vertici e un *Merge* (fusione)al centro della faccia. Nel pannello *Poke Faces* nella *Tools Shelf* è possibile definire un *Offset* (da -1 a 1) nel punto di fusione dei nuovi vertici;

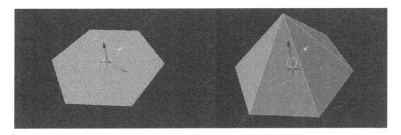

fig. 350 effetto del *Poke Faces* su un poligono esagonale che si trasforma in una piramide grazie all'*Offset*

- **Triangulate Faces** (CTRL + T) tenta di trasformare tutte le facce di una *mesh* in triangoli. Questa funzione può essere utile per la stampa 3D;

- **Tris of Quads** (ALT + J) esegue, tra l'altro, l'operazione opposta del precedente *Triangulate Faces*: tenta di migliorare la geometria della mesh imponendo quanto più possibile facce quadrangolari;

- **Split by Edges** stacca le facce dai vertici ad esse non connessi;

293

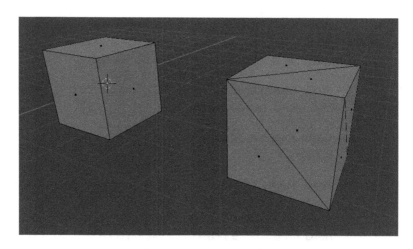

fig. 351 le facce di un cubo triangolate con *Triangulate Faces*

- **Shade Smooth** visualizza l'effetto smussato e tondeggiante delle facce;

- **Shade Flat** visualizza l'effetto liscio delle facce;

- **Recalculate Normals** (CTRL + N) esegue un ricalcolo automatico delle normali delle facce selezionate;

- **Rotate Edge CW** distorce e ruota gli spigoli selezionati o le facce adiacenti;

- **Rotate UVs** ruota le coordinate *UV* delle facce;

- **Rotate Colors** ruota i *Vertex Color* all'interno delle facce;

- **Reverse Colors** inverte la direzione dei *Vertex Color* all'interno delle facce;

- **Edges** (CTRL + E) è un menu che raccoglie tutti gli strumenti atti alla modifica degli spigoli di una *mesh*.

- **Make Edge/Face** (F) unisce due vertici con uno spigolo o rie,pie con una faccia una selezione chiusa di vertici o spigoli;

- **Subdivide** suddivide gli spigoli selezionati in più parti, aggiungendo nuovi vertici, tanti quanti indicati nel pannello *Subdivide* della *Tools Shelf*;

- **Unsubdivide** riduce la suddivisione degli spigoli selezionati;

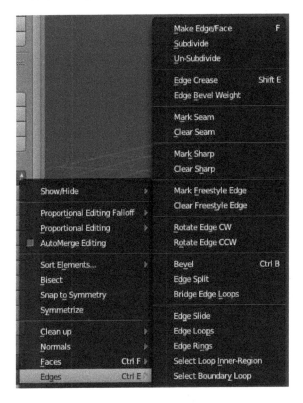

fig. 352 il sottomenu *Vertices*

- **Edge Crease** (SHIFT + E) assegna agli spigoli selezionati una resistenza all'effetto di arrotondamento del

295

modificatore *Subdivision Surface* parametrizzando tale valore da 0 (nessuna resistenza) a 1 (massima resistenza). Gli spigoli soggetti a tale resistenza vengono colorati di viola e si ispessiranno in base al valore;

- **Edge Bevel Weight** assegna agli spigoli selezionati una resistenza all'effetto di smussatura. Questo strumento funziona in modo del tutto analogo a *Edge Crease*: selezionando gli spigoli desiderati e assegnando un valore da 0 a 1, questi si coloreranno di arancio chiaro, ispessendosi a seconda del valore e resisteranno all'effetto;

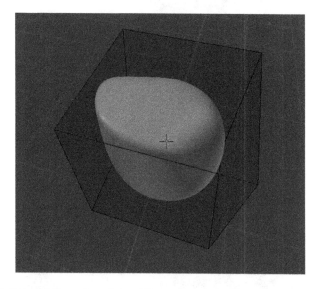

fig. 353 l'effetto del *Crease* impostato a 0,7

- **Mark Seam** demarca in rosso gli spigoli selezionati per poter eseguire la scucitura lungo gli spigoli stessi della *mesh* per il mapping della *texture*;

- **Clear Seam** rimuove la demarcazione del *Mark Seam* precedentemente applicata agli spigoli selezionati;

296

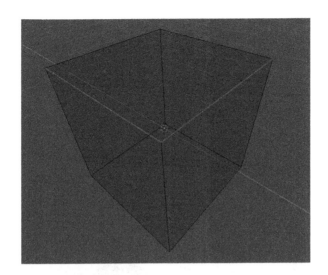

fig. 354 *Bevel Weight* sugli spigoli

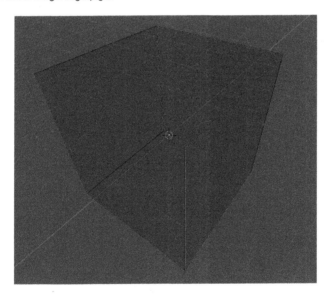

fig. 355 *Mark Seam* sui vertici selezionati

- **Mark Sharp** demarca gli spigoli selezionati come non arrotondati. Essi si coloreranno in celeste;

297

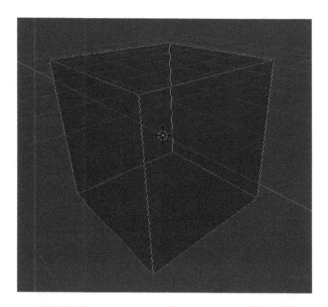

fig. 356 *Mark Sharp*

- **Clear Sharp** elimina il comando precedente dagli spigoli selezionati;

- **Mark Freestyle Edge** marca tutti i vertici di una selezione derivati da una modellazione a mano libera;

- **Clear Freestyle Edge** elimina tutti i vertici di una selezione derivati da una modellazione a mano libera;

- **Rotate Edge CW (CCW)** distorcono e ruotano gli spigoli selezionati o le facce adiacenti;

- **Bevel** (CTRL + B) aggiunge una molatura a vertici o spigoli selezionati. E' possibile parametrizzare le dimensioni della molatura aggiungendo il valore numerico, ad esempio digitando CTRL + B, 3;

- **Edge Split** crea una copia degli spigoli selezionati coincidenti con gli originali;

298

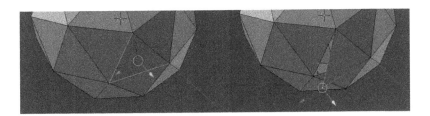

fig. 357 *Edge Split* su alcuni vertici dell'Icosfera

- ***Bridge Edge Loops*** esegue un collegamento fra due *loop* (vedi quanto descritto in merito a Loop Tools);

- ***Edge Slide*** trasla un *loop* selezionato lungo uno spigolo;

- ***Edge Loops*** seleziona l'intero *loop* legato a due o più vertici o spigoli selezionati;

- ***Edge Rings*** seleziona, se esistenti, *loop* chiusi in cui due o più vertici o spigoli selezionati siano contenuti;

- ***Select Loop Inner Region*** seleziona i *loop* all'interno di una selezionata;

- ***Select Boundary Loppo*** seleziona i *loop* periferici 8di contorno) di una selezione.

- ***Vertices*** (CTRL + V) è un menu che raccoglie tutti gli strumenti atti alla modifica dei vertici di una *mesh*.

   - ***Merge***, strumento ampiamente trattato, fonde i vertici selezionati in un unico vertice secondo una scelta precisa (sul primo vertice, sull'ultimo, al centro, collassando);

   - ***Rip*** (V) strappa i vertici selezionati creandone una copia dissociata dall'originale e dal *loop* correlato;

299

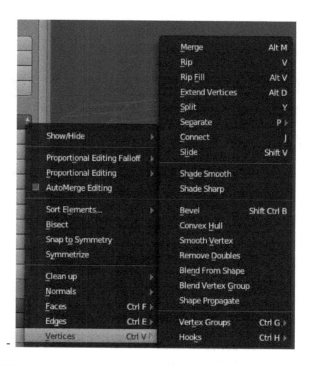

Merge	Alt M
Rip	V
Rip Fill	Alt V
Extend Vertices	Alt D
Split	Y
Separate	P ▶
Connect	J
Slide	Shift V
Shade Smooth	
Shade Sharp	
Bevel	Shift Ctrl B
Convex Hull	
Smooth Vertex	
Remove Doubles	
Blend From Shape	
Blend Vertex Group	
Shape Propagate	
Vertex Groups	Ctrl G ▶
Hooks	Ctrl H ▶

Show/Hide	▶
Proportional Editing Falloff	▶
Proportional Editing	▶
AutoMerge Editing	
Sort Elements...	▶
Bisect	
Snap to Symmetry	
Symmetrize	
Clean up	▶
Normals	▶
Faces	Ctrl F ▶
Edges	Ctrl E ▶
Vertices	Ctrl V ▶

- fig. 358 il sottomenu *Vertices*

- **Rip Fill** sdoppia gli elementi selezionati (vertici o spigoli) mantenendo una connessione con gli originali e creando un nuovo *loop*;

- **Extended Vertices** (ALT D) estende i vertici selezionati creando una nuova geometria;

- **Split** (Y) crea una copia e stacca fisicamente dalla *mesh* gli elementi selezionati;

- **Separate** (P) stacca dalla *mesh* gli elementi selezionati e crea una nuova *mesh*. E' possibile scegliere di applicare lo strumento per selezione, materiale o per elementi sconnessi alla *mesh* (*By Loose Part*);

300

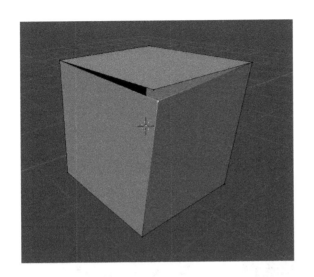

fig. 359 effetto dello strumento *Rip*

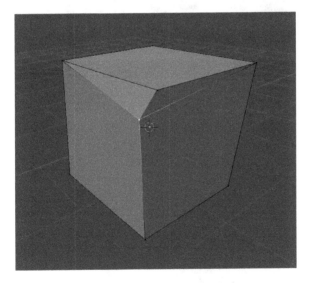

fig. 360 effetto dello strumento *Rip Fill*

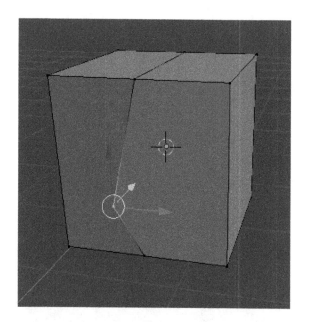

fig. 361 effetto dello strumento *Exteded Vertices*

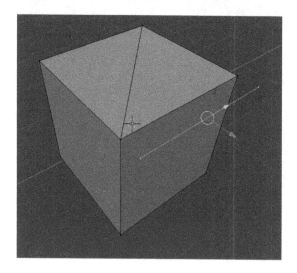

fig. 362 *Separate*

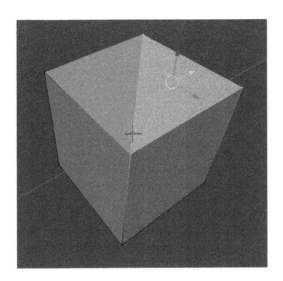

fig. 363 effetto del *Connect* tra due punti

- **Connect** (J) connette due vertici selezionati e separa le facce a cui appartengono, in un effetto simile a *Knife*;

- **Slide** (SHIFT + V) trasla un vertice lungo gli spigoli adiacenti. Il bordo su cui far scivolare il vertice si evidenzierà in giallo avvicinandosi con il puntatore del mouse. Confermare con LMB;

- **Shade Smooth** arrotonda la *mesh* nella zona prossima ai vertici selezionati. A pressioni successive la *mesh* si smusserà sempre di più;

- **Shade Sharp** seleziona i vertici selezionati facendo in modo che gli spigoli ad essi connessi siano demarcati come *Sharp* (si colorano in azzurro);

- **Bevel** (CTRL + B) aggiunge una molatura a vertici o spigoli selezionati. E' possibile parametrizzare le dimensioni della molatura aggiungendo il valore numerico, ad esempio digitando CTRL + B, 3;

-**Convex Hull** tenta di modificare le parti selezionate di una *mesh* concava in modo da renderla convessa;

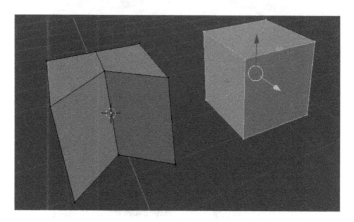

fig. 364 effetto del *Convex Hull*

- **Smooth Vertex** riposiziona i vertici selezionati in modo da smussare la *mesh* secondo un parametro (da 0 a 1, dove 1 è il massimo risultato) del contatore *Smoothing*, il numero delle ripetizioni del comando (*Repeat*) e secondo gli assi selezionati (*Axis*) posti all'interno del pannello *Smoothing Vertex* della *Tools Shelf*;

fig. 365 il pannello *Smooth Vertex*

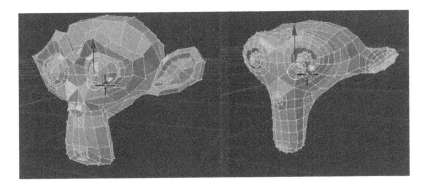

fig. 366 *Suzanne* sottoposta all'effetto dello *Smooth Vertex* con *Smoothing* a 1 e con 4 ripetizioni del comando

- ***Remove Double*** rimuove tutti i vertici sovrapposti della selezione;

- ***Blend From Shape***, ***Blend Vertex Group*** e ***Shape Propagate*** sono strumenti utili per i *keying* delle forme che verranno analizzati in seguito;

- ***Vertex Group*** assegna i vertici selezionati ad un nuovo *Vertex Group* rinominato in automatico *Group.00x* che può essere visualizzato nell'apposito pannello *Vertex Group* nel *tab Data* della finestra *Properties*;

- ***Hooks*** (CTRL + H) aggiunge ud un vertice o un gruppo di vertici selezionati un modificatore *Hook*, un gancio su cui associare una specifica funzione. *Hook* verrà trattato in seguito;

- ***Delete*** (X) elimina un elemento selezionato;

- ***Extrude*** (E) raccoglie i *tool* relativi all'estrusione degli elementi;

- ***Add Duplicate*** (SHIFT + D) crea un duplicato degli elementi selezionati all'interno della *mesh*;

- **UV Unvrap** (U) apre un menu che analizzeremo nel dettaglio in seguito che raccoglie tutti i metodi per scucire gli elementi una *mesh* in funzione della mappatura di una *texture*;

- **Snap** (SHIFT + S) aggancia gli elementi selezionati secondo un criterio stabilito nel sottomenu. Queste funzioni sono le stesse già analizzate in precedenza nell'*header* della 3D view;

fig. 367 Il sottomenu *Snap*

- **Mirror** (CTRL + M) aggiunge un'immagine specchiata degli elementi selezionati relativamente a uno degli assi di simmetria indicati;

- **Transform** raccoglie tutti i trasformatori (*Grab, Rotate* e *Scale*);

- **Undo History** (CTRL + ALT + Z) cancella la cronologia delle operazioni effettuate;

- **Redo** (SHIF + CTRL + Z) ripristina l'ultima operazione annullata;

- **Undo** (CTRL +Z) annulla l'ultima operazione. Ripetendo più volte il comando si torna indietro nella cronologia delle operazioni annullando le ultime effettuate.

CURVE

Analogamente alle *mesh* anche con le curve in *Edit Mode*, i menu nell'*header* della 3D view offrono la completa e vasta gamma di comandi e strumenti.

A) *View*

Contiene gli stessi strumenti già analizzati in *Object mode*.

B) *Select*

In questo menu troviamo i comandi e le opzioni relativi alla selezione degli elementi della curva selezionata. Alcuni di questi sono gli stessi già analizzati e previsti per le *mesh* e pertanto non verranno ribaditi i significati, ma verrà indicato il rimando alle precedenti descrizioni.

- ***Select Less*** e ***Select More*** (vedi i corrispondenti in *Mesh/Select*);

- ***Select Previous***

- ***Select Next***

- ***(De)Select Last***

- ***(De)Select First***

- ***Selected Linked*** (CTRL + L) (vedi le voci corrispondenti in *Mesh/Select*);

- ***Checker Deselect*** (vedi i corrispondenti in *Mesh/Select*);

- ***Select Random*** (vedi i corrispondenti in *Mesh/Select*);

- ***Inverse*** (CTRL + I) (vedi i corrispondenti in *Mesh/Select*);

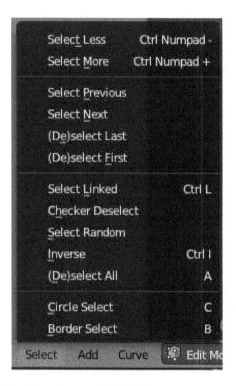

Select Less	Ctrl Numpad -
Select More	Ctrl Numpad +
Select Previous	
Select Next	
(De)select Last	
(De)select First	
Select Linked	Ctrl L
Checker Deselect	
Select Random	
Inverse	Ctrl I
(De)select All	A
Circle Select	C
Border Select	B
Select   Add   Curve   Edit M

fig. 368 il menu *Select* relativo alle curve in *Edit Mode*

- **(De)Select All** (A) (vedi i corrispondenti in *Mesh/Select*);

- **Circle Select** (C)(vedi i corrispondenti in *Mesh/Select*);

- **Border Select** (B) (vedi i corrispondenti in *Mesh/Select*).

C) *Add*

In questo menu è possibile inserire altre curve all'interno della *Curve* selezionata in ambiente *Edit Mode*.

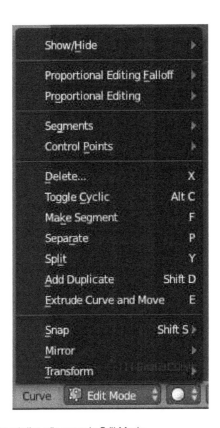

fig. 369 il menu *Curve* relativo alle curve in *Edit Mode*

D) *Curve*

In questo menu, infine, troviamo tutti gli strumenti di modifica delle curve, molti dei quali già analizzati in precedenza. Alcuni di questi strumenti sono analoghi a quelli applicati alle *mesh* e pertanto, anche in questo caso, non verranno ulteriormente ribaditi.

- **Show/Hide** (H e ALT + H) (vedi i corrispondenti in *Mesh/Select*);

- **Proportional Editing Falloff** e **Proportional Editing** (vedi i corrispondenti in *Mesh/Select* e nell'*header* della 3D view);

- **Segments**

- **Control Points**

- **Delete** (X o CANC) elimina gli elementi selezionati;

- **Toggle Cyclic** (ALT + C) chiude la curva congiungendo i due estremi;

- **Make Segments** (F) è il corrispondente di *Fill*: unisce due punti della curva creando un segmento di curva;

- **Separate** (P) stacca dalla curva le parti selezionate, creando una nuova curva;

- **Split** (Y)

- **Add Duplicate** (SHIFT + D) crea una copia degli elementi selezionati della curva;

- **Extrude Curve and Move** (E) estrude i vertici selezionati della curva creando nuovi segmenti continui e allungando la stessa;

- **Snap** (SHIF + S) (vedi i corrispondenti in *Mesh/Select*);

- **Mirror** aggiunge una copia specchiata degli elementi della curva selezionati secondo l'asse di ribaltamento specificato;

- **Translate** racchiude come in *Mesh* tutti i trasformatori base per spostare, ruotare e scalare gli elementi di una curva.

SURFACE E METABALL

I comandi e gli strumenti contenuti nei menu dell'header nella 3D view, specifici delle superfici e delle *Metaball* in *Edit Mode* sono gli stessi di quelli relativi alle curve.

I comandi contenuti nei menu dell'header nella 3D view, specifici per i *Text* in *Edit Mode* sono pochi.

A) *View*

Contiene gli stessi strumenti già analizzati in *Object mode.*

B) *Edit*

Analizziamo i comandi inseriti nel menu *Edit.*

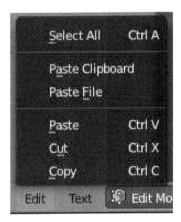

fig. 370 il menu *Edit* dei *text* in *Edit Mode*

- **Select All** (A) seleziona o deseleziona tutto il testo;

- **Paste Cliboard** copia nel testo i caratteri di una selezione esterna, anche tratta da un altro software da cui il testo selezionato è stato copiato con la combinazione standard di tasti CTRL + C;

- **Paste File** copia il contenuto di un file di testo esterno scelto nel *browser* di Blender;

- **Paste** (CTRL + V), **Cut** (CTRL + X) e **Copy** (CTRL + C) rispettivamente: incolla un testo precedentemente copiato sul *Text* in *Edit Mode* e taglia e copia il testo selezionato.

C) *Text*

Analizziamo infine i comandi inseriti nel menu *Text*.

fig. 371 il menu *Text* dei *text* in *Edit Mode*

- **Insert Lorem** inserisce il testo *Lorem Ipsum Dolor...* nel testo selezionato;

- **Toggle Small Caps** (CTRL + P) inserisce i caratteri in modalità *maiuscoletto*;

- **Toggle Underline** (CTRL + U) inserisce caratteri sottolineati;

- **Toggle Italic** (CTRL + I) inserisce caratteri in corsivo;

- **Toggle Bold** (CTRL + B) inserisce caratteri in grassetto;

312

- **Special Characters** apre un menu a tendina in cui è possibile scegliere quale tipologia di caratteri speciali inserire, scelti tra quelli nella lista.

		Copyright	Any Text Input
		Registered Trademark	Any Text Input
		Degree Sign	Any Text Input
		Multiplication Sign	Any Text Input
		Circle	Any Text Input
		Superscript 1	Any Text Input
		Superscript 2	Any Text Input
		Superscript 3	Any Text Input
		Double >>	Any Text Input
		Double <<	Any Text Input
		Promillage	Any Text Input
Insert Lorem		Dutch Florin	Any Text Input
Toggle Small Caps	Ctrl P	British Pound	Any Text Input
Toggle Underline	Ctrl U	Japanese Yen	Any Text Input
Toggle Italic	Ctrl I	German S	Any Text Input
Toggle Bold	Ctrl B		
Special Characters	▶	Spanish Question Mark	Any Text Input
		Spanish Exclamation Mark	Any Text Input

fig. 372 il sottomenu *Special Characters*

Nel prossimo capitolo entreremo meglio nel dettaglio della modellazione 3D, analizzando uno per uno, con esempi esplicativi, i modificatori, strumenti che agiscono in tempo reale sulla geometria di base delle *mesh* e delle curve e che aprono a un largo raggio di possibilità.

5

LA MODELLAZIONE
AVANZATA
I MODIFICATORI

5.1. Cosa sono i modificatori

In questo capitolo entriamo finalmente nel vivo della modellazione più avanzata. Ora che abbiamo acquisito i concetti basilari, possiamo cominciare a utilizzare dei nuovi ed importantissimi strumenti per rendere la modellazione molto più organica, complessa e malleabile.

Alcuni di questi sono di uso molto comune e frequente, altri meno. Fatto sta che la potenza dei modificatori non ha limiti nella modellazione.

Ma cosa sono i modificatori?

Si tratta di strumenti di trasformazione dinamici, vale a dire che agiscono sull'oggetto in tempo reale. Essi possono essere accesi o spenti, ridimensionati in qualsiasi momento nel dettaglio o applicati all'oggetto in modo definitivo.

Noterete, man mano che analizzeremo i vari modificatori, che molti di essi riproporranno, benché generalmente in maniera molto più completa e avanzata, alcuni dei comandi e degli strumenti già visti precedentemente.

Teniamo a precisare che i modificatori non sono strumenti alternativi a quelli già analizzati di modifica e trasformazione dell'oggetto. Essi agiscono differentemente sugli oggetti, possono essere posizionati liberamente in una cascata, cioè una sequenza, di altri modificatori e ottenere un risultato differente a seconda della posizione.

Alcuni modificatori riportano lo stesso nome degli strumenti di modifica e trasformazione (ad esempio *Mirror*, *Subdivision Surface*, *Bevel*). A volte permettono un risultato simile sull'oggetto a cui sono stati applicati, altre volte risultano più complessi e completi.

In definitiva, gli strumenti di modifica e trasformazione agiscono direttamente sull'oggetto, trasformandolo in modo definitivo, mentre i modificatori, intervengono sull'oggetto con parametri aperti, regolabili in qualsiasi momento, fino a che (e non è detto che sia necessario)non verranno applicati.

Ciò è inoltre utile per avere un controllo dell'oggetto, che apparrà complesso, con pochi punti, quelli originali.

Esistono due principali categorie di modificatori: quelli di tipo *Generate* e quelli di tipo *Deform*.

I primi intervengono sulla geometria dell'oggetto, aumentando o diminuendo di fatto vertici, spigoli e facce.

I secondi non aggiungono o rimuovono geometria, ma la deformano secondo determinati parametri.

5.1.1. Assegnare un modificatore

fig. 373 menu a tendina *Add Modifier*

Per assegnare un modificatore ad un oggetto, è sufficiente, selezionato l'oggetto, cliccare sul *tab* con la chiave inglese (*Modifiers*) posto nella finestra *Properties*. Si aprirà un pannello con un menu *Add Modifier*.

Cliccando sul menu si aprirà una tendina che raccoglierà tutti i modificatori assegnabili ad un oggetto, divisi in quattro categorie, delle quali, per ora ci limiteremo ad analizzare solo *Generate* e *Deform*.

Ogni modificatore assegnato creerà nella finestra *Properties* un pannello dedicato in cui, cosa comune, nella barra orizzontale in alto ci sono:

- la freccina di massimizzazione o riduzione del pannello;

- il simbolo del modificatore;

- il nome del modificatore;

- il pulsante con la fotocamera che gestisce, se attivato, l'applicazione del modificatore all'oggetto in ambiente di *rendering*;

- il pulsante con l'occhio che gestisce, se attivato, l'applicazione del modificatore all'oggetto in ambiente di modellazione nella 3D view;

- il pulsante con il cubetto e 4 vertici evidenziati che permette, se attivato, di visualizzare l'effetto del modificatore quando l'oggetto è in *Edit Mode*;

- il pulsante con i tre vertici uniti in un triangolo che, se attivato, permette di selezionare anche gli elementi (vertici, spigoli e facce) generati dalla geometria originale;

- i due pulsanti con le frecce su e giù spostano la posizione del modificatore nella cascata di altri modificatori;

- il pulsante X elimina il modificatore e ne annulla ogni effetto.

fig. 374 i pulsanti in testata del pannello di un modificatore

Ogni modificatore, inoltre, subito sotto alla testata ha due ulteriori pulsanti:

- *Apply* che assegna definitivamente all'oggetto il modificatore, trasformandone la geometria e la forma;

- *Copy* che copia tutti i parametri del modificatore per poter essere incollati e ripetuti in un modificatore dello stesso tipo nella cascata.

Nel menu a tendina che si apre alla scelta dei modificatori, è possibile assegnare anche altri modificatori di diversa natura raggruppati in due gruppi: **Modify** e **Simulate**. I primi assegnano sotto forma di modificatore, alcune funzioni legate alla proiezione di immagini sulla *mesh*, alla gestione della *cache*, dei Vertex Group etc. I secondo visualizzano in automatica come modificatori tutte quelle operazioni sulla fisica e sugli effetti speciali, effetti volumetrici e simulazioni che possono essere applicati su un oggetto dagli appositi *tab Phisics* e *Particle System*.

Questa tipologia verrà analizzata dettagliatamente più avanti.

5.2. I modificatori Generate

Come detto, i modificatori *Generate* intervengono attivamente nella geometria dell'oggetto a cui sono assegnati.

Il primo modificatore che incontriamo nel menu è **Array**.

Questo genera delle istanze in serie dell'oggetto selezionato, in modo simile al comando *Linked* Duplicate (ALT + D), ma molto più complesso. Infatti è possibile definire il numero delle istanze e in che modo queste verranno posizionate nello spazio 3D rispetto all'originale.

fig. 375 il pannello *Array*

321

Il menu **Fit Type** permette di scegliere il metodo di adattamento delle istanze.

- *Fit Count* adatta le istanze secondo la logica del numero indicato nelle ripetizioni (**Count**);

- *Fit Lenght* adatta le istanze secondo la lunghezza specificata nel contatore **Lenght** che compare al posto di *Count*;

- *Fit Curve* adatta la disposizione delle istanze secondo l'andamento di una curva specificata nel menu **Curve**, scegliendo la curva fra quelle disponibili nella scena 3D.

Array consente inoltre di disporre le istanze secondo tre metodologie differenti (eventualmente anche sovrapponibili tra loro nel risultato):

- Attivando **Constant Offset**, si fissa, secondo gli assi x, y e z, un offset costante, vale a dire la distanza fissa, tra le istanze. Ad esempio fissando 3 metri il valore di x per un cubo di metri di lato, le istanze disteranno tra loro un metro, ossia tre metri da punto a punto corrispondente;

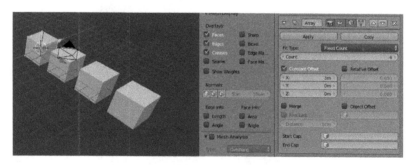

fig. 376 *Constant Offset*

- **Relative Offset** invece distanzia tra loro le istanze lungo i tre assi, secondo un valore (intero o decimale) pari a *n* volte la lunghezza lungo gli assi dell'oggetto stesso. Ad esempio, assegnando al cubo un *offset* relativo di 1 (una volta se stesso)

322

per tutte e tre le direzioni, le istanze verranno disposte traslate di una volta se stesso il cubo nella direzione x, nella direzione y e nella direzione z.

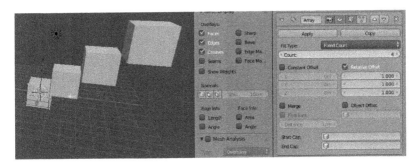

fig. 377 *Relative Offset*

- **Object Offset** invece determina il posizionamento delle istanze secondo il comportamento nello spazio 3D di un oggetto esterno, di solito un *Empty*. Le istanze si adatteranno al riposizionamento, alla rotazione e anche alla scalatura dell'oggetto a cui fanno riferimento come *target*, nonché alle eventuali deformazioni che esso possa subire.

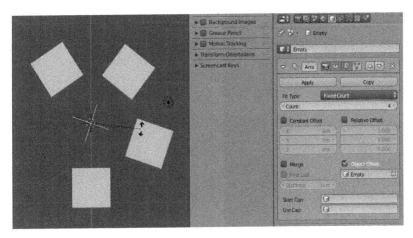

fig. 378 *Object Offset*: ruotando l'*Empty* i quadrati ruotano attorno ad esso

323

La spunta **Merge** consente di considerare fusi tra loro i vertici coincidenti dopo l'applicazione del modificatore *Array*, evitando di avere vertici doppi.

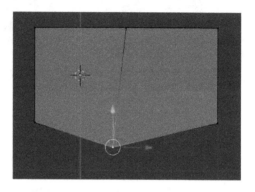

fig. 379 vertici fusi assieme con *Merge* dopo l'applicazione dell'*Array*

First Last unisce i vertici della prima e della ultima istanza.

Start Cap e **End Cap** assumono come capitesta iniziale e finale della sequenza delle istanze, due oggetti esterni all'oggetto su cui è applicato il modificatore *Array*. Nell'immagine, *Monkey* (*Suzanne*) e una icosfera sono utilizzati rispettivamente come capitesta iniziale e finale della serie di 4 istanze di un cubo.

fig. 380 capitesta

324

ESERCIZIO n. 10: REALIZZAZIONE DI UNA RAMPA DI SCALE

Una delle applicazioni più semplici dell'*Array* è la realizzazione di una rampa di scale, partendo da un solo gradino.

Per prima cosa modelliamo il gradino base. Esso, semplificato sarà un parallelepipedo di dimensioni:

$$x = 1 \text{ metro}; y = 30 \text{ cm}; z = 15 \text{ cm}.$$

Azzeriamo la scala con CTRL + A e applichiamo il modificatore *Array*.

Entriamo in *Edit Mode* e inseriamo un *Loop* orizzontale a 2 cm dal bordo superiore.

Selezioniamo la faccia orizzontale superiore del lato lungo del gradino ed estrudiamola verso l'esterno di 2 cm, a creare il salvagoccia.

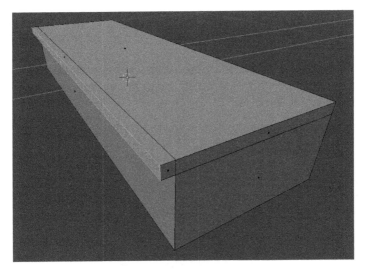

fig. 381 estrusione del salvagoccia

Selezioniamo ora le 4 facce laterali ed estrudiamole verso l'esterno di 2 cm con *Extrude Individual*.

In questo modo abbiamo realizzato anche il salvagoccia laterale.

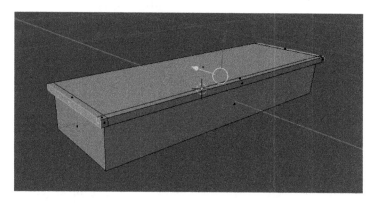

fig. 382 estrusione dei salvagoccia laterali

Applichiamo l'*Array* alla *mesh* e impostiamo 10 ripetizioni (*Count*).

Per gestire la traslazione delle istanze imposteremo un mix fra il *Relative Offset* per la z (1 volta se stessa in direzione z) e *Constant Offset* per la y di 30 cm fissi.

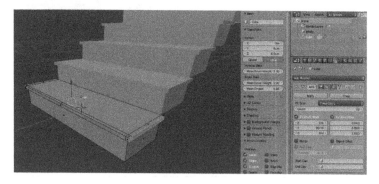

fig. 383 impostazione dell'*Array* al gradino

Rimane solo da dare spessore alla trave.

Entriamo in *Edit Mode* e selezioniamo le due facce posteriori, quindi estrudiamole di 30 cm.

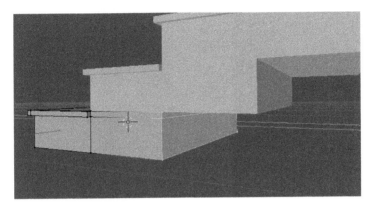

fig. 384 estrusione delle facce posteriori del gradino

Selezioniamo ora i tre vertici posteriori a sinistra delle facce estruse del gradino partendo da quello in basso.

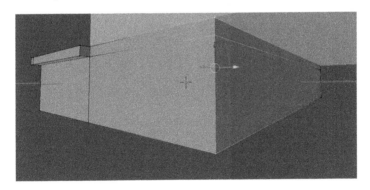

fig. 385 selezione dei vertici

Nella *Tools Shelf* scegliamo *At Last* dal menu *Merge* per fondere i tre punti nella posizione dell'ultimo selezionato (quello attivo).

Eseguiamo infine la stessa operazione per i tre vertici sul lato destro del gradino.

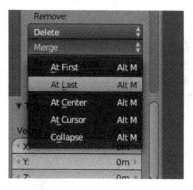

fig. 386 *Merge At Last*

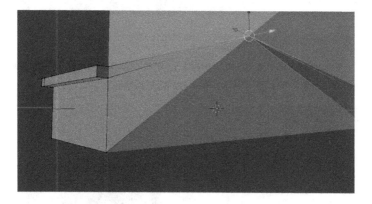

fig. 387 il risultato della fusione dei tre vertici sul lato sinistro

Verranno create delle facce triangolari. Tuttavia, essendo queste facenti parte di una superficie piana, non influenzeranno l'ombreggiatura e una corretta visualizzazione in fase di *rendering*.

In alternativa potrete eliminare con X + *Dissolve Edge* lo spigolo comune alle due facce triangolari, suddividere con W, *Subdivide* lo spigolo diagonale inferiore della trave e con *Knife* unire i vertici opposti, dando vita a due quadrangoli.

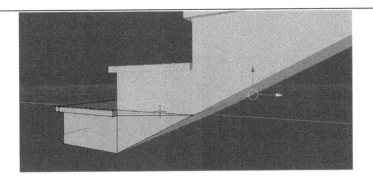

fig. 388 il risultato della fusione dei tre vertici sul lato destro

La scala è completa.

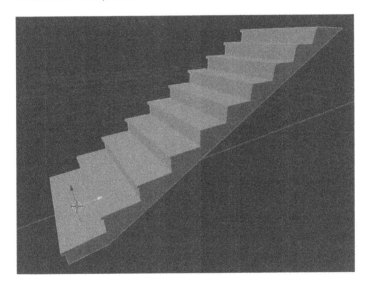

fig. 389 la scala completa di trave

BEVEL

Il secondo, usatissimo modificatore è **Bevel**.

Questo, applicato ad una *mesh* produce una smussatura, una molatura o un arrotondamento degli spigoli.

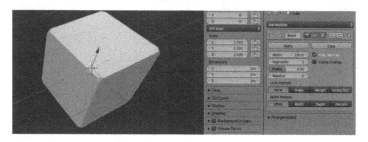

fig. 390 il modificatore *Bevel* assegnato ad un cubo

Questo modificatore produce un effetto molto simile all'omonimo strumento posto nella *Tools Shelf*, con la differenza che il modificatore agisce su tutti gli spigoli e i vertici della *mesh*.

Una volta assegnato ad una *mesh*, in automatico, *Bevel* smussa di un valore di 10 cm tutti gli spigoli della *mesh* stessa.

È possibile impostare alcuni parametri.

Width definisce la dimensione della smussatura.

Segments definisce il numero dei segmenti che producono un effetto arrotondato (valori maggiori) piuttosto che semplicemente molato, con taglio a 45° (valore 1).

Profile determina la forma del profilo smussato. Si può impostare un valore che va da 0.15 (per un profilo smussato verso l'interno) a 1 (profilo netto, non smussato).

fig. 391 *Bevel* assegnato ad un cubo con 6 segmenti di divisione e il *Profile* impostato (da sinistra verso destra) rispettivamente a 0.15, 0.25, 0.50, 1

Material determina il materiale di cui sono composte le facce create dal *Bevel*, a mezzo di un indice (*Index*). Tale indice può essere assegnato ad un materiale, come vedremo in seguito. Il valore - 1 (un valore fittizio, dal momento che l'*Index* si numera da 0 in avanti) assegna il materiale principale della *mesh* in automatico anche sulle facce di smussatura.

La spunta su **Only Vertices** genera la smussatura esclusivamente sui vertici escludendo gli spigoli.

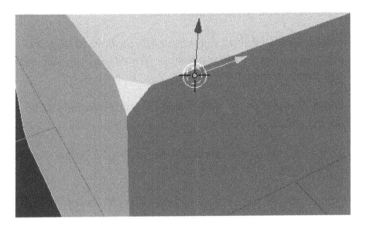

fig. 392 l'effetto dell'opzione *Only Vertices* assegna la smussatura solo sui vertici

Clamp Overlap impedisce al *Bevel* con valore *Width* elevato rispetto alle dimensioni della *mesh* di creare sovrapposizioni di spigoli e facce.

NOTA: Come la gran parte dei modificatori, anche *Bevel* necessita, per operare regolarmente, dell'azzeramento della scala della mesh su cui è assegnato. Scalature non uniformi della *mesh* creano effetti di smussatura proporzionali alla deformazione (a meno che l'effetto voluto non sia proprio questo).

Limit Method determina su quali spigoli e vertici deve essere applicato il modificatore *Bevel* secondo 4 possibilità:

- *None* effettua la smussatura in modo costante su tutti gli spigoli e i vertici;

- *Angle* effettua il *Bevel* solo sugli spigoli sufficientemente acuti tra le facce;

- *Weight* utilizza il parametro *Bevel Weights* posto nel pannello *Transform* della *Properties Bar* per determinare la forza di smussatura sui vari spigoli su cui è stato determinato un valore di *Bevel Weight* (peso di smussatura);

- *Vertex Group* effettua il *Bevel* esclusivamente su spigoli e vertici raggruppati da uno specifico *Vertex Group* da indicare nell'apposito menu.

Width Method determina il tipo di comportamento del *Bevel* secondo 4 possibilità:

- *Offset* impone che il *Bevel* debba essere il risultato di un *offset* dagli spigoli e dai vertici originali;

- *Width* impone che il valore di *Bevel* sia l'effettiva larghezza della nuova o delle nuove facce create;

- *Depth* impone che il valore di *Bevel* sia la distanza perpendicolare dallo spigolo;

- *Percent* fa sì che il valore di smussatura sia in percentuale sulla lunghezza degli spigoli adiacenti.

BOOLEAN

Il modificatore **Boolean** va usato con parsimonia e solo se strettamente necessario.

Ricordiamo che una delle prerogative per una corretta modellazione e un controllo della geometria è che questa dia formata quanto più possibile da quadrangoli.

Per il suo intrinseco funzionamento *Boolean* calcola matematicamente l'unione, la sottrazione o l'intersezione fra due *mesh*. Questo, nonostante un risultato apprezzabile, rende possibile, se non probabile, inevitabile creazione di facce triangolari o ennagonali (*ngon*).

Boolean, assegnata ad una *mesh*, consente di effettuare su essa operazioni dette appunto *booleane*.

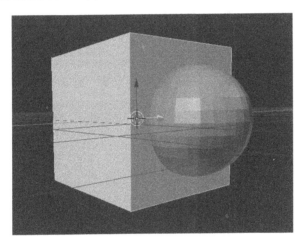

fig. 393 due *mesh* intersecate tra loro su cui è possibile effettuare un'operazione *booleana*

Per effettuare una operazione *booleana* su una *mesh* selezionata, è necessaria la presenza nella 3D view di un'altra *mesh*, oggetto dell'operazione scelta.

fig. 394 il pannello *Boolean*

Una volta applicata con *Apply* l'operazione assegnata, la mesh originale verrà trasformata nel risultato dell'operazione. Sarà quindi possibile eliminare la mesh oggetto dell'operazione.

Operation consente di scegliere il tipo di operazione *booleana* scelta tra:

- *Intersect*, che individua l'intersezione tra la mesh selezionata e la mesh oggetto dell'intersezione (**Object**).

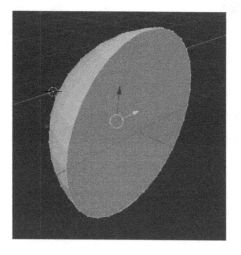

fig. 395 il risultato dell'operazione *Intersect*

- *Union* genera un solido dato dalla somma (unione) tra la mesh selezionata e quella oggetto dell'operazione.

fig. 396 il risultato dell'operazione *Union*

- *Difference* esegue una sottrazione tra la *mesh* selezionata e la *mesh* oggetto dell'operazione.

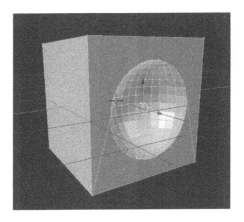

fig. 397 il risultato dell'operazione *Difference*

NOTA: Si notino gli spigoli che *Boolean* crea arbitrariamente sulle facce oggetto di sottrazione e unione. Si considerino inoltre le facce triangolari oggetto dell'operazione che impediranno un corretto controllo dei *loop*. A rigor di logica, l'ideale, dopo una operazione *booleana*, sarebbe di eliminare tali spigoli e ricreare una geometria più regolare, leggibile e controllabile.

335

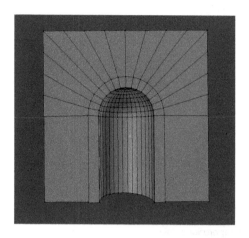

fig. 398 la geometria di questa nicchia oggetto di *booleana* è stata corretta a mano, ricreando *loop* e facce quadrangolari

BUILD

Build è un divertente modificatore di tipo *Generate* che permette, grazie all'uso di una animazione, di costruire o decostruire una *mesh* adeguatamente e precedentemente suddivisa (ad esempio con la shortcut W e l'opzione *Subdivide*).

fig. 399 il pannello relativo al modificatore *Build*

Start e **Lenght** si riferiscono ai fotogrammi della *Timeline*, ossia, rispettivamente il fotogramma di partenza e il numero di fotogrammi per la durata dell'animazione. Per visualizzare l'effetto del modificatore *Build*, sarà necessario, infatti, lanciare l'animazione con ALT + A.

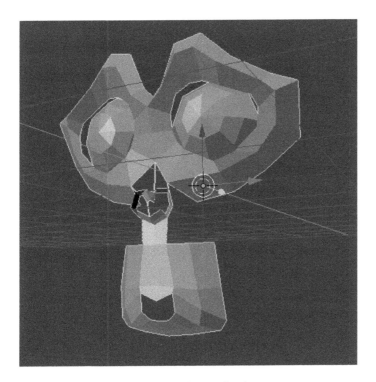

fig. 400 *Suzanne* mentre viene costruita, faccia dopo faccia

La spunta **Reversed** inverte il comando, vale a dire che decostruisce la *mesh*, faccia dopo faccia, fino a farla sparire nella durata dei fotogrammi indicata.

La spunta **Randomize** genera la costruzione o la decostruzione della *mesh* secondo una logica casuale, mentre nel contatore **Seed** è possibile numerare la configurazione casuale associata a *Randomize*.

DECIMATE

Decimate tende a semplificare la geometria di una *mesh* adeguatamente suddivisa e dalla geometria dettagliata.

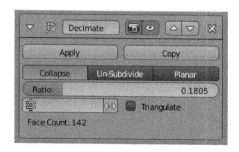

fig. 401 il pannello relativo al modificatore *Decimate* con il metodo *Collapse*

Il modificatore agisce sulla *mesh* secondo alcuni parametri e secondo il metodo prescelto tra:

- *Collapse* che semplifica la *mesh* facendo collassare alcuni vertici;

- *Un-subdivide* che genera un algoritmo inverso alla suddivisione delle facce. Di faccio non suddivide;

- *Planar* che semplifica la *mesh* tendendo ad appiattire le facce e rendendo il solido più squadrato.

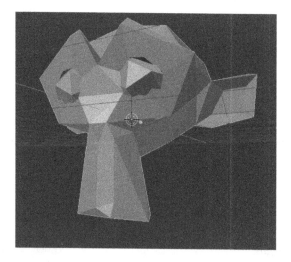

fig. 402 l'effetto su Suzanne del modificatore *Decimate*

Tutti e tre i metodi attivano differenti sottomenu e impostazioni specifiche. Analizziamoli nel dettaglio.

1) *Collapse*

Il cursore **Ratio**, attivo solo per il metodo *Collapse*, forza determina l'entità della semplificazione della *mesh*. In pratica, il valore è inversamente proporzionale all'intervento del modificatore (0 = semplificazione massima, 1 = nessuna semplificazione).

La spunta **Triangulate**, attivo solo per il metodo *Collapse*, forza l'algoritmo a generare facce triangolari durante il processo di semplificazione della geometria.

Il menu con l'icona dei **Vertex Group** assegna la semplificazione, valida solo con il metodo *Collapse* al *Vertex Group* selezionato.

fig. 403 il menu *Vertex Group*

In basso è indicato il numero attuale di facce (**Face Count**).

2) *Un-Subdivide*

Il cursore **Iterations** (valori da 0 a 100) si attiva col metodo *Un-Subdivide* e determina di quante iterazioni si dovrà tornare virtualmente indietro nelle suddivisioni.

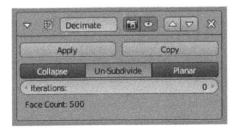

fig. 404 il pannello relativo al modificatore *Decimate* con il metodo *Un-Subdivide*

3) *Planar*

fig. 405 il pannello relativo al modificatore *Decimate* con il metodo *Planar*

Angle Limit dissolve soltanto gli spigoli al di sotto dell'angolo specificato (da 0° a 180°).

La spunta **All Boundaries** dissolve tutti i vertici posti al margine di facce complanari attigue.

Delimit determina il limite di fusione della geometria e offre tre possibilità:

- *Normal*, secondo le normali delle facce;

- *Material*, in base al materiale assegnato;

- *Seam*, preservando i margini delle scuciture (*unwrap*).

EDGE SPLIT

Questo utile modificatore serve a impedire al comando *Smooth* di operare su superfici piane ottenendo artefatti sull'ombreggiatura.

Di solito, questo modificatore, si assegna in presenza dello *Smooth* e del *Bevel*, quando si vuole preservare la linearità delle

340

facce piane, ottenendo nello stesso tempo un effetto arrotondato delle spezzate.

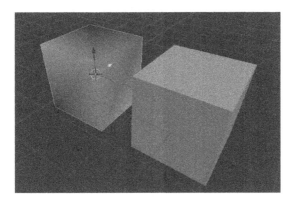

fig. 406 il comando *Smooth* (cubo a sinistra) genera artefatti di ombreggiatura su superfici piane. Applicando l'*Edge Split* vengono rispettate le ombreggiature

Ad esempio la smussatura di un pannello di legno laccato, sarà tondeggiante, mentre la superficie piana non restituirà lo stesso tipo di ombreggiatura.

È stato applicato prima un *Bevel* a 4 divisioni, uno *Smooth* e poi un *Edge Split*, a correggere l'ombreggiatura sulle facce piane.

fig. 407 la corretta ombreggiatura delle smussature e delle superfici piane

341

Vediamo i parametri del modificatore *Edge Split*.

fig. 408 il pannello relativo al modificatore *Edge Split*

Edge Angle determina l'angolo fra due facce al di sotto del quale il modificatore avrà effetto.

Sharp Edges divide nettamente l'ombreggiatura tra gli spigoli contrassegnati come *Mark Sharp* nel menu *Edges* (CTRL + E).

fig. 409 l'opzione *Mark Sharp*

MASK

Mask rende visibili, in una *mesh* sulla quale è assegnato questo modificatore, solo i vertici raggruppati in un **Vertex Group** specificato nel menu del modificatore o associati ad una armatura (**Armature**), utile per il *rigging* e la messa in posa di un *character*.

fig. 410 il pannello relativo al modificatore *Mask*

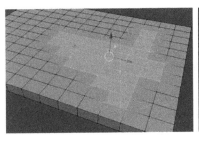 

fig. 411 un gruppo di vertici (immagine a sinistra) è associato ad un *Vertex Group* e reso visibile (nascondendo il resto della *mesh*) con il modificatore *Mask*

MIRROR

Mirror è un modificatore molto utile che serve per creare una copia specchiata di un oggetto selezionato, secondo uno o più assi di simmetria assegnati, un oggetto esterno come un *Empty*, o altri parametri specifici.

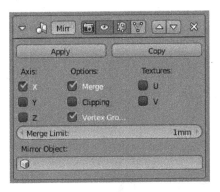

fig. 412 il pannello relativo al modificatore *Mirror*

NOTA: Anche nel caso di *Mirror* è estremamente importante, per un corretto funzionamento di specchiatura, azzerare la scala, la posizione e la rotazione dell'oggetto selezionato.

La specchiatura avviene secondo uno o contemporaneamente i tre assi (**Axis**) x, y e z, rispetto all'origine dell'oggetto. Ciò significa che se stiamo tentando una specchiatura di un oggetto dalla forma regolare rispetto al suo baricentro, la differenza di fatto non si noterà.

Ad esempio, inseriamo una Monkey, spostiamola e ruotiamola, quindi, con la combinazione di tasti SHIFT + CTRL + ALT + C spostiamo l'origine facendolo coincidere sul 3D Cursor (Origin To 3D Cursor).

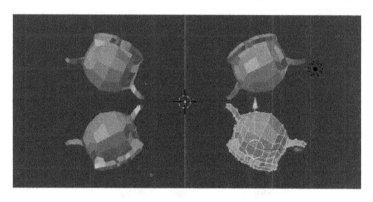

fig. 413 un doppio Mirror (x e y) su Monkey

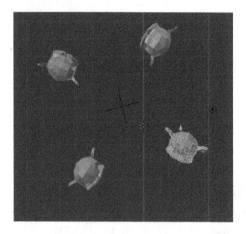

fig. 414 specchiatura in x e y rispetto ad un Empty a sua volta traslato e ruotato

Spuntiamo x e y nel pannello *Mirror* e notiamo come la scimmietta si specchierà rispetto all'asse x e all'asse y in contemporanea.

La specchiatura può avvenire anche rispetto ad un altro oggetto (di solito un *Empty*), inserendo il nome dell'oggetto nel menu **Mirror Object**.

Clipping, se spuntato, fa sì che in caso di compenetrazione dell'oggetto con il suo clone specchiato i vertici compenetrati non vadano oltre l'asse di simmetria, mentre **Merge** fonde i vertici coincidenti, evitando che all'applicazione del modificatore non rimangano vertici sovrapposti.

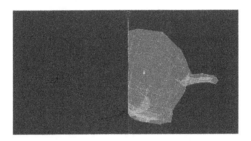

fig. 415 specchiatura con *Clipping*

Merge Limit determina la distanza massima entro la quale i vertici verranno fusi se attivata la spunta *Merge*.

La spunta su **Vertex Group** specchia i vertici appartenenti ad un gruppo, se presenti, mentre le spunte su **U** e su **V** specchiano anche la texture mappata sulla mesh secondo le sue coordinate relative u, v, rispetto al centro dell'immagine.

Mirror è uno strumento veramente versatile e utile. Sfruttando la specchiatura in ben tre direzioni, è possibile lavorare sull'elemento base, modificando automaticamente anche gli elementi specchiati. Un esempio tipico è la costruzione di un capitello di una colonna: sarà sufficiente lavorare solo sulla sua metà (o addirittura su un quarto) di questo elemento per ottenere l'intera figura.

In questo esercizio mostreremo com'è semplice e rapido costruire il fusto di una colonna classica.

Inseriamo una sfera di 24 segmenti e, in *Edit Mode*, in vista dall'alto (7 NUM), eliminiamo prima la metà inferiore dei vertici, quindi facciamo lo stesso in vista frontale (1 NUM), eliminando la metà dei vertici inferiori. Rimarrà uno spicchio di un quarto della sfera.

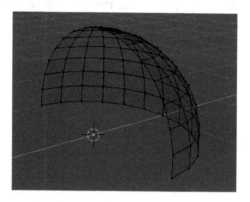

fig. 416 un quarto di sfera

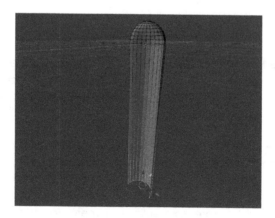

fig. 417 estrusione del *loop* di base

A questo punto selezioniamo il *loop* di vertici alla base ed estrudiamoli vero il basso. Invertiamo le normali delle facce con *Flip Direction*.

Selezioniamo ora, in vista frontale (1 NUM), la metà sinistra dell'elemento e applichiamo un modificatore *Mirror* rispetto all'asse *x*, attivando le opzioni *Merge* e *Clipping*.

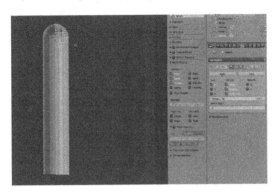

fig. 418 *Mirror* sulla metà della scanalatura

Selezioniamo ora il contorno esterno ed estrudiamolo vero destra (E, X) di una piccola quantità, poi scaliamo tali vertici di 0 rispetto all'asse *x* per allinearli in verticale.

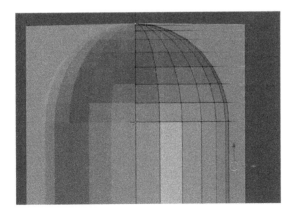

fig. 419 estrusione del bordo e scalatura su x di 0

Si noti la faccia triangolare in alto. Per eliminarla, dividiamo in due (W, *Subdivide*) il segmento superiore e allineiamo con la calamita il nuovo vertice, prima su x e poi su z.

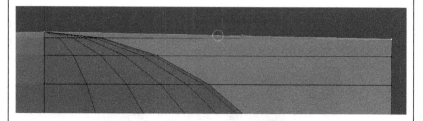

fig. 420 suddivisione del segmento superiore

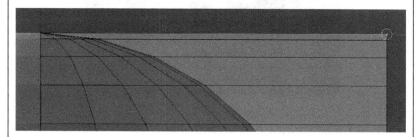

fig. 421 allineamento in x e in z del nuovo vertice

fig. 422 estrusione della parte superiore

Selezioniamo ora lo spigolo superiore ed estrudiamolo verso l'alto.

Torniamo in *Object Mode* e creiamo un cerchio di 24 segmenti, ruotandolo di 7.5 gradi e scalandolo in modo che ogni segmento misuri quanto la larghezza in x della scanalatura costruita.

Selezioniamo quindi il segmento in basso del cerchio in *Edit Mode* e digitiamo SHIFT + S, scegliendo l'opzione *Cursor to Selected*.

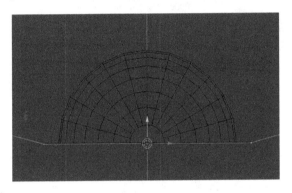

fig. 423 posizionamento del *3D Cursor* al centro del segmento del cerchio

Azzeriamo la scala.

Coi vertici due selezionati, leggiamo nella *Properties Bar* la posizione x. Quella sarà la lunghezza del segmento, che dovrà coincidere con la dimensione in x della scanalatura.

fig. 424 dimensione del segmento

Copiamo il valore nella casella con CTRL + C, poi, torniamo in *Object Mode*, selezioniamo l'oggetto scanalatura, già riproporzionato in buona approssimazione e copiamo con CTRL + V la misura precedente nella casella dimensionale x della *Properties Bar*.

Infine con SHIFT + S, scegliamo l'opzione *Selection To Cursor* per far coincidere l'origine della scanalatura con il *3D Cursor*.

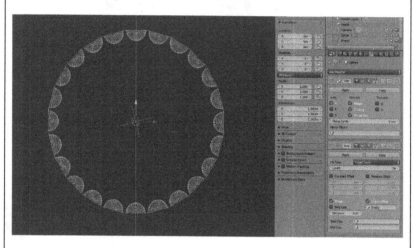

fig. 425 *Array*

Spostiamo quindi il *3D Cursor* al centro del centro (SHIF + S e *Cursor To Selected*), inseriamo un oggetto *Empty* e assegniamo alla scanalatura il modificatore *Array*.

Azzeriamo anche la Location dell'oggetto scanalatura, poi impostiamo il parametro *Object Offset* dell'*Array* su *Empty*.

Attiviamo il *Merge* e assegniamo 24 ripetizioni (*Count*).

Infine ruotiamo di 15 gradi l'oggetto *Empty* e godiamoci il risultato.

Aggiungiamo lo *Smooth* e il modificatore *Edge Split* alla colonna.

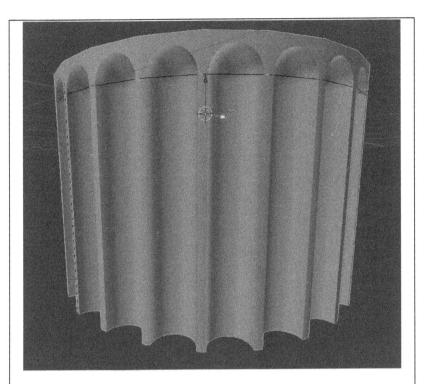

fig. 426 La colonna con lo *Smooth* e l'*Edge Split* applicati

MULTIRESOLUTION

Multiresolution è un modificatore molto simile al **Subdivision Surface**, che analizzeremo dettagliatamente più avanti.

Questo modificatore suddivide la geometria di una *mesh* in modo costante secondo le tre direzioni e contestualmente tende ad arrotondarla.

La *mesh* risulterà arrotondata e meno spigolosa, quanto più due o più *loop* saranno più prossimi tra loro, creando delle cuspidi.

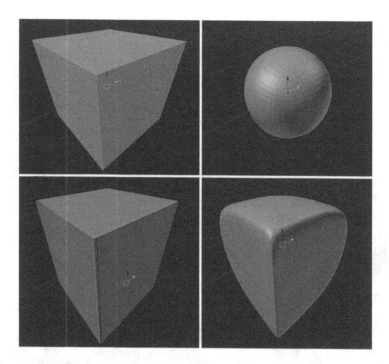

fig. 427 da sinistra verso destra e dall'alto verso il basso: cubo in *Edit Mode*, cubo in *Object Mode* con *Multiresolution* a 4 divisioni; cubo in *Edit Mode* con due *loop* aggiunti in prossimità di uno spigolo, cubo con *loop* in *Object Mode* con i *loop*. Si noti la cuspide che riduce la rotondità in corrispondenza dello spigolo e dei *loop*

fig. 428 il pannello *Multiresolution*

L'interfaccia del pannello di questo modificatore è meno semplice, ma decisamente più completa rispetto a quella del *Subdivision Surface*.

In alto troviamo il doppio interruttore che determina l'algoritmo tra *Catmull-Clark* e *Simple*. Il secondo mantiene la forma originale della *mesh*, senza arrotondarla.

Subito sotto, sulla sinistra vi sono tre contatori che indicano il numero delle divisioni della *mesh* rispettivamente in fase di previsualizzazione, cioè nella 3D view (*Preview*), in ambiente *Sculpt Mode* e in renderizzazione finale (*Render*). A differenza del *Subdivision Surface*, infatti, viene aggiunto l'ambiente *Sculpt* e ai tre ambienti possono essere impostati anche valori di suddivisione differenti. Di solito si tende a impostare un numero di suddivisioni più basse per la pre visualizzazione, per non appesantire il sistema, soprattutto con scene molto complesse.

Sulla destra, il pulsante **Subdivide**, premuto più volte, aggiunge suddivisioni alla *mesh*. Ad esempio se vogliamo suddividerlo 4 volte, questo andrà premuto altrettante. Una volta assegnate, il numero delle suddivisioni possono essere variate nei tre ambienti *Preview*, *Sculpt* e *Render*.

Delete Higher riduce al numero minore la suddivisione più bassa impostata nelle opzioni *Preview*, *Sculpt* e *Render*.

Reshape assegna ai vertici della *mesh* le stesse coordinate di vertici di un'altra *mesh* analoga. Per utilizzarle questo comando, occorre prima selezionare un oggetto *mesh* diverso con vertici corrispondenti indici nella topologia, quindi tenendo premuto SHIFT, selezionare l'oggetto in cui si desidera copiare le coordinate dei vertici e cliccare su *Reshape*.

Apply Base modifica la *mesh* non suddivisa originale abbinandole la forma della *mesh* suddivisa.

Attivando **Subdivide UVs**, saranno suddivise anche le mappature UV, ossia verranno aggiunte virtualmente le coordinate per tutte le nuove facce create dal modificatore.

Se attivata la spunta **Optimal Display**, in visualizzazione *Wireframe*, i fili dei nuovi bordi suddivisi non saranno marcati in arancio chiaro durante la selezione della *mesh* in *Object mode*. Verranno, in pratica, colorati solo i bordi corrispondenti con quelli della geometria originale.

Save External salva il *displacement*, cioè le nuove quote dei vertici, in un file *.btx* esterno.

REMESH

Remesh tenta di creare una nuova e differente topologia alla *mesh* sulla quale è assegnato il modificatore.

È un modificatore utile per sistemare *mesh* corrotte, o suddivise con superfici *ngon* o triangolari, testi convertiti in *mesh* da cui è necessario eliminare i triangoli, oppure per creare forme particolari partendo da una *mesh* originale.

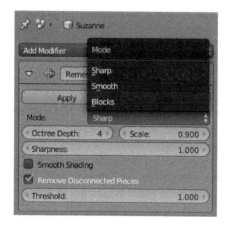

fig. 429 il pannello *Remesh*

Il meni **Mode** consente di scegliere la metodologia di intervento fra tre opzioni:

- *Smooth*, che suddivide la mesh in facce in modo da ottenere una superficie il più smussata possibile;

- *Sharp*, che, in modo simile a *Smooth*, smussa la superficie, ma preserva le spigolosità principali della mesh originale;

- *Bricks*, che, con la suddivisione della geometria, rende la *mesh* il meno smussata possibile, ottenendo un effetto di blocchetti.

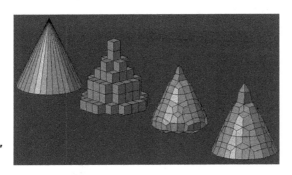

fig. 430 da sinistra verso destra: il cono originale, con l'opzione *Bricks*, con *Smooth* e con *Sharp*

Inseriamo ad esempio un cono e applichiamo ad esso il modificatore *Remesh*, testando le tre opzioni.

Si noti la differenza tra *Smooth* e *Sharp* in cui *Sharp* preserva la spigolosità con la base del cono.

Octree Depth regola la risoluzione dell'effetto, per il quale a valori bassi si otterranno facce di maggiori dimensioni e quindi risoluzione inferiore, mentre per valori più alti, facce più ridotti e maggiore dettaglio.

Scale imposta una regolazione fine della risoluzione in modo da ottenere maggior dettaglio per valori più bassi.

355

Sharpness è un parametro che si attiva solo con l'impostazione *Sharp* e determina la spigolosità dei bordi per valori più alti inseriti.

Smooth Shading forza l'ombreggiatura in modo smussato anziché piano (*flat*) in modo analogo al comando *Smooth* nella *Tools Shelf*.

Remove Disconnected Pieces rimuove automaticamente elementi della *mesh* disconnessi da quelli principali.

Threshold determina il valore della soglia dimensionale entro la quale l'elemento disconnesso deve essere rimosso.

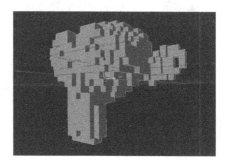

fig. 431 *Suzanne* visualizzata dopo l'applicazione di *Remesh* con modalità *Bricks*

fig. 432 un testo in 3D trasformato in *mesh* (in alto) e poi modificato con *Remesh* (in basso) converte le facce triangolari e ennagonali in quadrangoli

Screw funziona in modo non dissimile ai corrispondenti strumenti della *Tools Bar*, *Spin* e *Screw*, unendone le funzioni.

fig. 433 il pannello *Screw*

Screw genera un solido di rotazione partendo da una *mesh* o da una *curva*, attorno ad uno specifico asse di rotazione (**Axis**).

AxisO imposta un oggetto esterno come asse di rotazione (rotazione attorno ad un oggetto).

Angle determina il numero di gradi (da 0 a 360) di rotazione attorno all'asse.

Steps imposta il numero dei passi, o meglio, degli spicchi nell'arco impostato in Angle, che determinano il dettaglio e la risoluzione del solido di rotazione generato. A valori più bassi il solido risulterà spezzato e spigoloso, mentre a valori più alti, tenderà alla smussatura e all'arrotondamento della superficie.

Render Steps assegna il valore dei passi al *render* finale.

La spunta su **Smooth Shading**, analogamente a quella nel modificatore *Remesh*, smussa l'ombreggiatura della *mesh*.

Il parametro **Screw** è fondamentale. Esso genera l'effetto di avvitamento nella direzione dell'asse di simmetria. Risulta utilissimo nel caso in cui si desideri realizzare la filettatura di una vite o di un bullone, una rampa circolare ed altri solidi di avvitamento.

Object Screw si attiva con *AxisO* e imposta come valore di avvitamento la distanza fra l'origine dei due oggetti.

Calc Order ricalcola e riordina gli spigoli della *mesh* (non funziona con le curve).

Flip ricalcola e inverte le normali della *mesh* che siano rivolte verso l'interno del solido di rotazione.

Iterations imposta il numero dei giri di avvitamento.

Stretch U e **Stretch V** stirano le coordinate della mappatura in direzione U e V, qualora assegnata alla *mesh*.

ESERCIZIO n. 12: REALIZZAZIONE DI UNA VITE

In questo esercizio realizzeremo brevemente una vite partendo da una sequenza di vertici disposti come in figura.

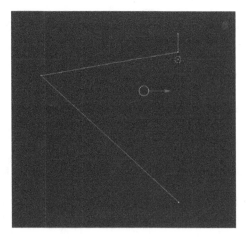

fig. 434 profilo del solido di rotazione

Ricordiamoci di azzerare la scala, la posizione e la rotazione.

Annotiamo (o copiamo) l'altezza (z) della *mesh*, aggiungiamo quindi il modificatore *Screw*.

Impostiamo 360°, z come asse di rotazione, 16 *step*, l'altezza della *mesh* come valore di avvitamento *Screw* e almeno 6 *Iterations*.

Spuntiamo quindi l'opzione *Smooth Shading* per smussare l'ombreggiature delle parti curve e aggiungiamo il modificatore *Edge Split per impedire l'ombreggiatura delle superfici piane.*

Il risultato (molto semplice) dovrebbe essere il seguente.

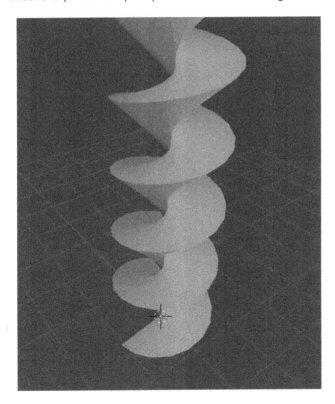

fig. 435 il solido di rotazione in avvitamento

Provate a realizzare con il modificatore *Screw* il bicchiere di cui alle esercitazioni n. 8 e 9 partendo dal profilo *mesh* e dal profilo *curve*.

SKIN

Il modificatore **Skin** aggiunge corpo, spessore agli spigoli di una *mesh*.

Analizziamo il pannello del modificatore prima di cimentarci in un esercizio chiarificatore.

fig. 436 il pannello *Skin*

Il pulsante **Create Armature** crea l'armatura e attiva il relativo pannello di configurazione e controllo per il *rigging*, partendo dall'interasse del *layout Skin*.

Branch Smoothing arrotonda e rende più complessa la geometria intorno ai segmenti ispessiti. Si tratta di un cursore i cui valori da assegnare vanno da 0 (valore minimo di geometri) a 1 (valore massimo).

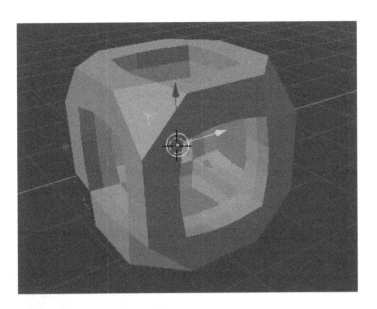

fig. 437 *Skin* applicato a un cubo di *default*

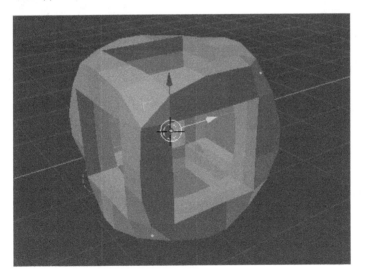

fig. 438 *Branch Smoothing* impostato a 1

361

Attivando la spunta **Smooth Shading**, verrà visualizzata l'ombreggiatura arrotondata.

Selezionando in *Edit Mode* alcuni vertici della *mesh*, si attiveranno quattro pulsanti del modificatore.

- **Mark Loose** demarca i vertici selezionati e li esclude dall'ispessimento;

- **Clear Loose** elimina l'effetto generato dal comando precedente e ripristina i vertici come facenti parte del processo di ispessimento;

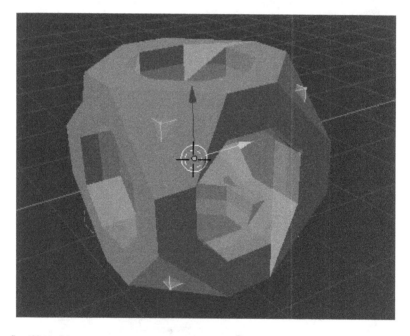

fig. 439 *Mark Loose*

- **Mark Root** demarca i vertici selezionati come *root* (radice) di ossa di un'armatura, in modo che i vertici siano considerati come centro di rotazione delle ossa e degli arti connessi. Le radici sono identificate nella 3D view con un cerchio rosso tratteggiato intorno ai vertici selezionati.

- **Equalize Radii** impone che i raggi dell'ispessimento attorno ai vertici selezionati siano uguali in ogni direzione degli assi cartesiani.

Symmetry Axes, infine permette di spuntare gli assi x, y e z in modo da evitare la creazione di facce quadrangolari asimmetriche rispetti ai tre assi x, y e z.

In *Edit Mode* è infine possibile impostare il valore dell'ispessimento dei vertici selezionati.

Digitando la combinazione di tasti CTRL + A e muovendo il mouse verrà pre-visualizzata in grigio chiaro la quantità dell'ispessimento degli spigoli, prima di confermare con LMB.

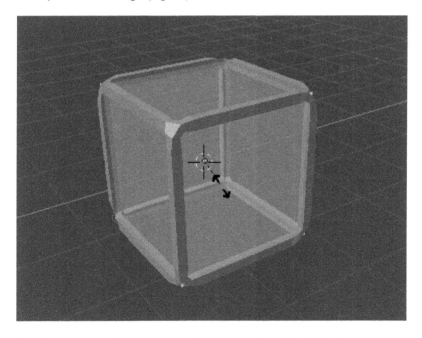

fig. 440 regolazione dell'ispessimento degli spigoli con CTRL + A in *Edit Mode*

In questo esercizio mostreremo come realizzare un ramo partendo dall'estrusione di vertici e infine ispessendo gli spigoli della *silhouette* con il modificatore *Skin*.

Partendo da un Plane al quale elimineremo 3 dei 4 vertici, procederemo per estrusione del vertice rimasto in modo da ottenere la *silhouette* di un tronco, eventualmente con rami secondari.

Riposizionando i vertici estrusi nelle viste *Front* (1 NUM) e *Right* (3 NUM), faremo in modo da seguire un percorso irregolare.

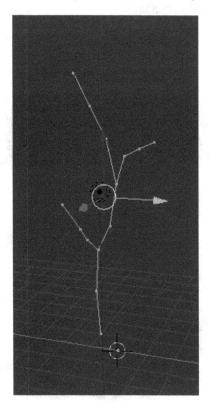

fig. 441 realizzazione della *silhouette* per estrusione dei punti

Una volta raggiunto il risultato, aggiungiamo il modificatore *Skin* alla *mesh*, entriamo in *Edit Mode* e scaliamo lo spessore a piacimento con CTRL + A.

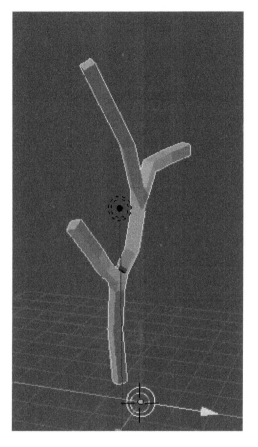

fig. 442 regolazione dello spessore in *Edit Mode* con CTRL + A

Aggiungiamo lo *Smoothing Shader*.

A questo punto facciamo un piccolo passo in avanti: aggiungiamo alla *mesh* il modificatore *Subdivision Surface* nella cascata dei modificatori, ponendolo dopo *Skin*.

Impostiamo 3 come valore di suddivisione in *View e in* Render.

Questo modificatore, aumenterà, in modo del tutto analogo a Multiresolution, la geometria della *mesh*, tendendo ad arrotondarne la superficie.

fig. 443 la cascata dei modificatori

Il tronco e i suoi rami saranno molto meno spigolosi, ma le sommità saranno decisamente tondeggianti.

Ricorderete che *loop* ravvicinati ridurranno le rotondità e provocheranno in corrispondenza delle cuspidi.

Per ogni ramo, quindi, selezioniamo i due vertici terminali e aggiungiamo un vertice tra loro. Abbiamo due possibilità:

-       selezionati i due vertici, digitiamo W e scegliamo *Subdivide* tra le opzioni. Il segmento verrà diviso in due parti con un nuovo vertice aggiunto;

-       con CTRL + R aggiungiamo un *loop* fra i due vertici terminali. Si aggiungerà un vertice (in violetto), un vero e proprio *loop* monodimensionale tra i due.

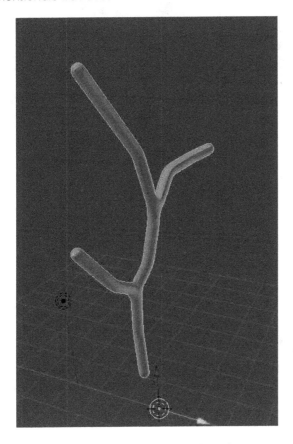

fig. 444 il ramo dopo l'aggiunta del modificatore *Subdivision Surface*

Non resterà che spostare il nuovo vertice in prossimità del vertice terminale del ramo digitando due volte G.

Ricordiamo che questo comando sposta un vertice lungo lo spigolo più prossimo.

Automaticamente la rotondità della sommità del ramo si appiattirà, dando l'impressione di un ramo sezionato.

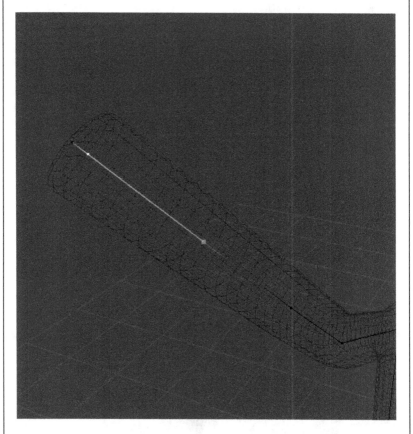

fig. 445 aggiunta di un nuovo vertice e spostamento di quest'ultimo in prossimità del vertice terminale con GG

Non ci resta che eseguire la stessa operazione per tutti gli altri rami.

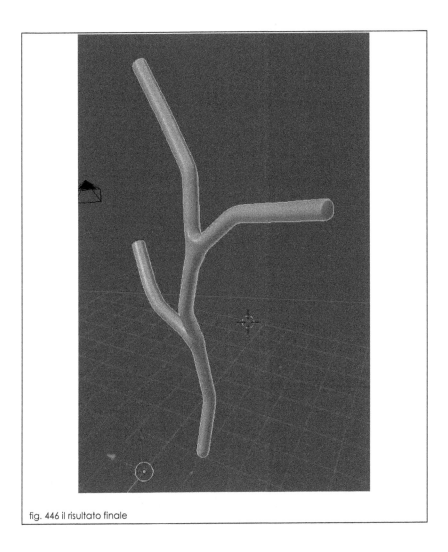

fig. 446 il risultato finale

SOLIDIFY

Il modificatore **Solidify** è tanto semplice nel funzionamento quanto utile e interessante.

fig. 447 il pannello *Solidify*

Come la parola lascia intendere, il modificatore ha un effetto molto simile allo strumento di trasformazione *Extrude*. Esso, infatti, dà spessore alle facce della *mesh* su cui è applicato, nel verso delle normali.

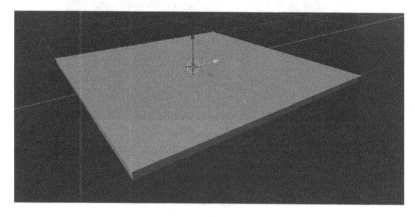

fig. 448 applicazione del *Solidify* su un piano

Thickness permette di impostare lo spessore dell'estrusione, espressa secondo l'unità di misura del progetto.

Offset specifica il verso di estrusione con un parametro da -1 a 1.(-1 completamente verso il basso, 1 completamente verso l'alto, 0 all'interasse),

fig. 449 *Solidify* con *Offset* impostato a 0

Clamp impedisce casi di auto intersezione delle facce di *mesh* più complesse. È possibile inserire un valore da 0 a 2 per regolare l'intervento.

Vertex Group estrude solo l'area delimitata da un *Vertex Group* inserito, se presente.

Factor è un parametro che si attiva solo in caso di inserimento di *Vertex Group*. Determina quanto i relativi *pesi* dei vertici vengano presi in considerazione nell'estrusione:

- impostando il valore 0, i vertici con peso zero (0) non avranno spessore (nessuna estrusione);

- Impostando il valore 0.5, i vertici con peso zero saranno due volte meno spesso quelli con peso massimo.

- Infine, impostando il valore a 1, i pesi vengono ignorati e il valore dello spessore viene assegnato separatamente per ogni vertice.

I parametri del gruppo **Crease** sono direttamente legati alla *Subdivision Surface*.

- *Inner* impone che il bordo interno sia demarcato nettamente e non arrotondato;

- *Outer* impone che il bordo esterno sia demarcato nettamente e non arrotondato;

- *Rim* impone che il bordo frontale (la sezione) sia demarcato nettamente e non arrotondato.

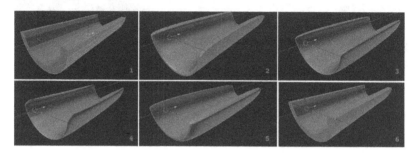

fig. 450 1) *Semicerchio estruso in y con* Solidify; 2) l'aggiunta della *Subdivision Surface* arrotonda la superficie; 3) effetto del *Crease Inner*; 4) effetto del *Crease Outer*; 5) effetto del *Crease Rim*; 6) effetto globale dei tre *Crease* che rende la superficie liscia e gli spigoli netti

Flip Normals permette di invertire le normali del solito che si crea dall'estrusione, se necessario.

Even Thickness, se spuntato, mantiene spessore regolando gli spigoli vivi. A volte migliora la qualità ma aumenta anche il tempo di calcolo.

High Quality Normals ricalcola le normali per produrre uno spessore più uniforme. Anche in questo caso, migliora la qualità ma aumenta anche il tempo di calcolo.

Fill Rim se spuntato crea le facce lungo l'estrusione. Se eliminata la spunta, vengono generate facce parallele non connesse a quelle originali. Di fatto, viene generato un semplice *Offset* delle facce della *mesh* su cui è assegnato il modificatore.

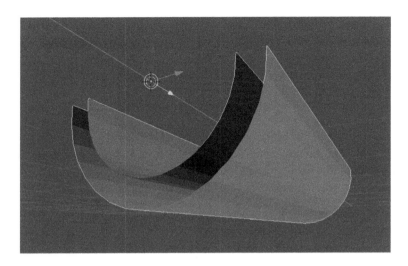

fig. 451 la rimozione della spunta *Fill Rim* genera un semplice *offset* delle facce della *mesh*, non connesse con quelle originali

Only Rig produce l'effetto inverso al precedente: genera esclusivamente lo spessore derivato dall'estrusione, ma non l'*offset* delle facce originali.

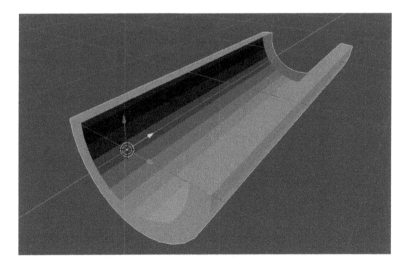

fig. 452 *Only Rig*

Material Index Offset permette di scegliere un materiale diverso da utilizzare per la nuova geometria creata dall'estrusione. Tale materiale viene applicato sull'*offset* e sull'orlo (*Rim*) a seconda dell'indice indicato nelle caselle sottostanti..

Il valore 0 significa che utilizzerà lo stesso materiale.

Un valore con segno positivo (ad esempio *n* = 1) significa che utilizzerà il materiale con l'indice inferiore di n posizioni rispetto a quello del materiale originale impostato alla *mesh*.

Un valore negativo significa che verranno utilizzati i materiali con indice superiore a quello del materiale originale.

Allo stesso modo, nella casella *Rim*, si può assegnare un altro materiale alle facce dell'orlo.

SUBDIVISION SURFACE

Si tratta certamente del modificatore più usato e più versatile in Blender.

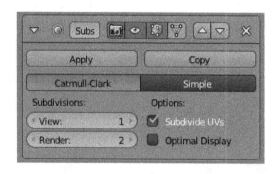

fig. 453 il pannello *Subdivision Surface*

La sua funzione, simile ma più semplice nelle impostazioni rispetto a quella del modificatore *Multiresolution*, è quella di suddividere la *mesh* fornendole più geometria, e contemporaneamente arrotondarla verso la superficie curva più prossima alla spezzata originale.

Esattamente come per il *Multiresolution*, è possibile impostare l'algoritmo di suddivisione, tramite l'interruttore a due scelte: *Catmull-Clark* e *Simple*. Il secondo mantiene la forma originale della *mesh*, senza arrotondarla.

Subdivisions consente di determinare il numero delle suddivisioni della *mesh* e impostarle in modo differente nella 3D view (*View*) e nel *render* definitivo (*Render*). Si consiglia di utilizzare valori non troppo elevati in *preview* perché potrebbero notevolmente rallentare il sistema a causa del calcolo laborioso a cui sarebbe sottoposto il processore.

Subdivide UVs consente di suddividere insieme alla *mesh* anche le coordinate *u* e *v*, rendendo la griglia di queste ultime regolare, per una più precisa mappatura delle *texture*.

Spuntando l'opzione **Optimal Display**, in caso si stia lavorando in visualizzazione *Wireframe*, i fili dei nuovi bordi suddivisi non saranno visualizzati, ossia, verranno disegnati solamente i bordi della geometria originale.

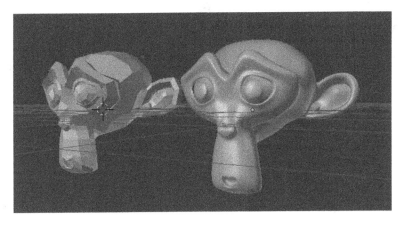

fig. 454 *Monkey* senza suddivisioni (a sinistra) e con l'assegnazione della *Subdivision Surface* (a destra)

Il modificatore è sensibile alla demarcazione degli spigoli *Mean Crease*, grazie alla quale l'arrotondamento della *mesh* sarà limitato gradatamente al valore impostato.

Analogamente i *loop* della *mesh* sono fondamentali ai fini del raggio di curvatura dell'arrotondamento nei pressi dello stesso.

Loop molto prossimi tra loro produrranno spigolosità o raggi di curvatura molto limitati, simili ad un *Bevel*.

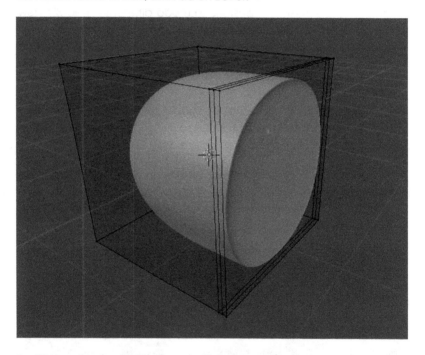

fig. 455 i *loop* riducono l'arrotondamento effetto del modificatore: in questo cubo è stato applicato il modificatore *Subdivision Surface* con 4 divisioni. Il modificatore ha arrotondato la mesh facendola tendere alla sfera, ma. in prossimità dei *loop* ravvicinati, gli spigoli tendono ad essere più netti e la faccia piatta

Abbinando il modificatore con un valore sufficientemente elevato di suddivisione al comando *Smooth* si ottiene una perfetta ombreggiatura liscia della superficie.

ESERCIZIO n. 14: SUDDIVISIONE E ARROTONDAMENTO DEL BICCHIERE REALIZZATO NEGLI ESERCIZI nn. 7, 8 E 9 CON L'USO DEL MODIFICATORE SUBDIVISION SURFACE

Recuperiamo il bicchiere di cui agli esercizi precedenti e applichiamo il modificatore *Subdivision Surface*.

Impostiamo in *View* e in *Render* 3 divisioni, quindi aggiungiamo anche il comando *Smooth*.

La superficie del bicchiere sarà ora liscia e morbida.

fig. 456 il bicchiere con il modificatore *Subdivision Surface* e il comando *Smooth*

Una volta applicato il modificatore, potrebbe essere conveniente ritoccare la geometria in *Edit Mode*, aggiungendo eventualmente dei *loop* per ridurre le rotondità eccessive.

È quello che faremo lungo il bordo della coppa, alla base di appoggio e in corrispondenza delle modanature dello stelo del bicchiere.

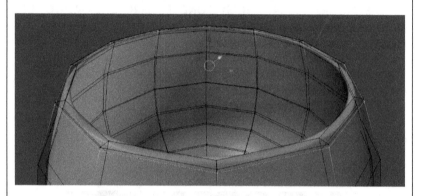

fig. 457 aggiunta di *loop* sul bordo della coppa

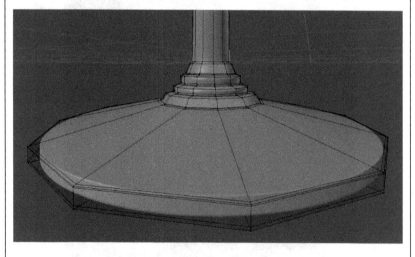

fig. 458 aggiunta di *loop* sulla base e delle modanature alla base dello stelo

In testata del pannello, tra le icone già descritte in precedenza, ce n'è una (Cage)che serve a visualizzare i segmenti della *mesh* in modo da adagiarsi lungo la superficie curvata e arrotondata.

fig. 459 l'icona *Cage*

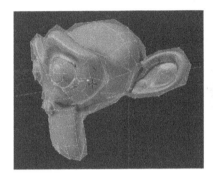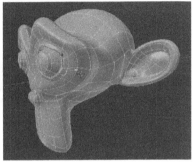

fig. 460 in *Edit Mode* la griglia della *mesh* rappresentata senza l'attivazione (a sinistra) e con l'attivazione dell'icona *Cage*

TRIANGULATE

fig. 461 il pannello *Triangulate*

Questo modificatore ricompone la geometria di una *mesh* e tenta di suddividerla in triangoli.

Uno degli utilizzi di una *mesh* triangolata è legato alla stampa 3D. Spesso le stampanti 3D riescono a gestire meglio una superficie triangolata, invece di una suddivisa in quadrangoli.

Quad Method attiva un menu in cui è possibile scegliere il metodo di suddivisione delle facce quadrangolari in triangoli.

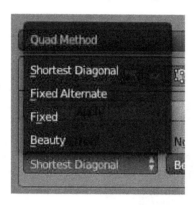

fig. 462 menu *Quad Method*

- *Shortest Diagonal* secondo la diagonale più corta;

- *Fixed Alternate* in modo che la diagonale sia connessa fra il secondo e il quarto vertice del quadrangolo;

- *Fixed* in modo che la diagonale sia connessa fra il primo e il terzo vertice del quadrangolo;

- *Beauty* in modo che i triangoli siano il più regolari possibile.

Ngon Method attiva un menu in cui si può determinare in che modo i triangoli debbano derivare da facce ennagonali.

- *Clip* genera triangoli in modo da dividere gli *ngon* utilizzando un algoritmo di scansione di riempimento;

- *Beauty* in modo che i triangoli siano il più regolari possibile.

fig. 463 menu *Polygon Method*

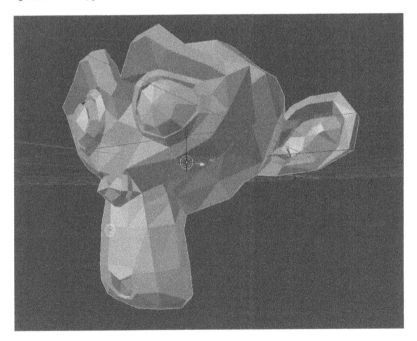

fig. 464 *Monkey* suddivisa in triangoli

L'ultimo modificatore disponibile nel gruppo *Generate* è **Wireframe**.

Questo modificatore, similmente al suo corrispondente strumento di modifica precedentemente descritto, assegna uno spessore minimo agli spigoli di una *mesh* in modo da dare l'impressione di poter renderizzare un oggetto realizzato a fil di ferro, a patto che tali spigoli facciano parte e siano connessi ad una faccia.

Spigoli presenti in *Mesh* prive di facce, infatti, non possono essere visualizzati in *Wireframe*.

fig. 465 il pannello *Wireframe*

I parametri **Thickness**, **Vertex Group**, **Factor**, **Offset** e **Even Thickness** hanno esattamente le stesse funzioni del modificatore *Solidify*.

Crease Edges, pensata per un utilizzo associato al modificatore *Subdivision Surface*, piega i bordi sulle giunzioni al fine di prevenire incroci in prossimità delle curve.

Crease Weight definisce quanto debbano essere piegate le giunzioni tra gli spigoli tra 0 (nessuna piega) e 1 (piega massima).

Relative Thickness determina lo spessore del bordo considerando la lunghezza come bordo – spigoli più lunghi come più spessi.

Boundary crea il fil di ferro sui margini della *mesh*.

Replace Original rimpiazza la *mesh* originale con il fil di ferro. Se tolta la spunta, piazza il fil di ferro sopra la *mesh* originale.

Material Offset assegna l'indice (*Index*) del materiale della *mesh* o di un altro materiale alla nuova geometria.

fig. 466 una *mesh* renderizzata in *Wireframe*

5.3. I modificatori Deform

Il secondo gruppo di modificatori che analizzeremo in questo capitolo è detto **Deform**.

I modificatori che compongono questo gruppo, a differenza dei precedenti, non aggiungono geometria all'oggetto su cui sono applicati, ma la deformano secondo algoritmi precisi, percorsi e riferimenti di oggetti esterni.

Nella maggior parte dei casi, per essere deformato, un oggetto deve possedere una geometria sufficientemente dettagliata. Questo significa che l'oggetto deve avere un certo numero vertici, da poter essere riposizionati secondo un determinato criterio

Iniziamo quindi la rassegna dei modificatori disponibili, ad esclusione di **Armature** che verrà analizzato a tempo debito.

CAST

Il modificatore **Cast** tende a modificare la forma di un oggetto e a trasformarlo in un cuboide, uno sferoide o un cilindroide, a seconda della scelta.

Una funzione simile, benché più limitata, nei trasformatori in *Edit Mode* è *To Sphere*.

Data una *mesh* con una geometria adeguata, è necessario scegliere il tipo di deformatore nel menu **Cast Type**, tra **Sphere**, **Cylinder** e **Cuboid**.

fig. 467 il pannello *Cast*

Prendiamo ad esempio un cubo, suddividiamolo con W *Subdivide* in 10 parti per lato e applichiamo *Cast, Sphere*.

Il parametro **Factor** determina l'entità della deformazione. Per valori negativi l'oggetto tenderà ad *implodere* su se stesso nelle parti centrali, per valori positivi tenderà alla sfera, mentre per valori superiori a 1 ogni faccia tenderà a gonfiarsi individualmente, ottenendo delle efflorescenze.

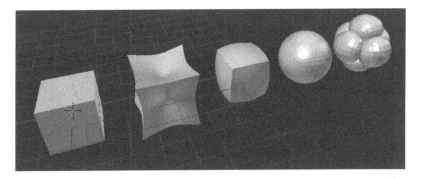

fig. 468 applicando *Cast* ad un cubo e impostando il *Cast Type* come *Sphere*, si possono ottenere deformazioni diverse, a seconda del parametro *Factor* assegnato. Da sinistra verso destra, *Factor* è stato impostato a: 0; -1; 0.5; 1; 2

Impostiamo ora *Cylinder* nel *Cast Type*.

385

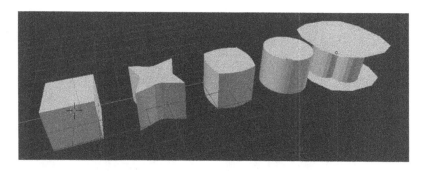

fig. 469 impostando il *Cast Type* come Cylinder, a seconda del parametro *Factor* si otterranno forme tendenti al cilindro. Da sinistra verso destra, *Factor* è stato impostato a: 0; -1; 0.5; 1; 2

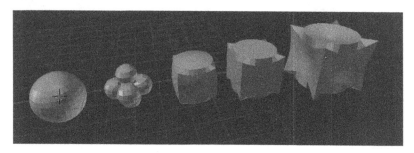

fig. 470 impostando il *Cast Type* sulla sfera come *Cuboid*, a seconda del parametro *Factor* si otterranno forme tendenti al cubo. Da sinistra verso destra, *Factor* è stato impostato a: 0; -1; 0.5; 1; 2

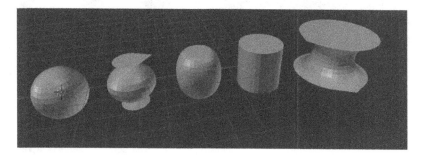

fig. 471 impostando il *Cast Type* sulla sfera come *Cylinder*, a seconda del parametro *Factor* si otterranno forme tendenti al cilindro. Da sinistra verso destra, *Factor* è stato impostato a: 0; -1; 0.5; 1; 2

Infine creiamo una sfera e impostiamo prima *Cuboid* e poi Cylinder nel *Cast Type*.

Otterremo forme che tenderanno rispettivamente al cubo e al cilindro, con differenze che variano a seconda del parametro *Factor*.

Le spunte **X**, **Y** e **Z** abilitano e disabilitano l'effetto della trasformazione nella direzione degli assi.

Radius definisce il raggio (sferico) di influenza del modificatore rispetto alla *mesh*.

Size permette di inserire una dimensione alternativa per la forma da ottenere;

La spunta **From Radius**, se attivata, calcola automaticamente il valore *Size* dal raggio di influenza.

Vertex Group limita l'effetto di deformazione ai soli vertici compresi in un *Vertex Group* caricato, anche eventualmente in funzione del *peso* assegnato ai vertici con il *Vertex Paint*.

Inserendo il nome di un oggetto esterno nella casella **Control Object**, infine, quest'ultimo influenzerà con la sua forma la deformazione dell'oggetto a cui è assegnato il deformatore *Cast*, in base alla sua posizione e all'origine.

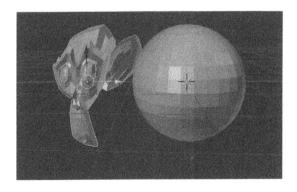

fig. 472 la sfera influenza la deformazione della *Monkey*

387

Questo deformatore è utilissimo per ottenere forme serpeggianti di una *mesh*, percorsi, sequenze di *mesh* (*Array*).

fig. 473 il pannello *Curve*

Assegnando alla *mesh* il modificatore ed impostando come **Object** una curva presente nella 3D view, la *mesh* si deformerà secondo lo spostamento della curava lungo l'asse dominante, X, Y, o Z definito in **Deformation Axis**. Per deformare la *mesh*, sarà sufficiente traslarla (o traslare la curva) nella direzione dominante (per impostazione predefinita, l'asse X.

È possibile deformare esclusivamente solo alcuni vertici della *mesh*, definiti in un *Vertex Group* assegnato.

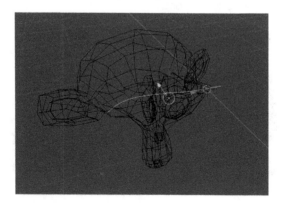

fig. 474 *Monkey* si deforma lungo la curva di *Bézier*

ESERCIZIO n. 15: UNA COLLANA DI PERLE

Inseriamo una sfera e una curva di *Bézier* che definisca il percorso della collana, come se fosse il filo di *nylon* che tiene insieme le perle.

Assegniamo il modificatore *Array* alla sfera con un numero sufficiente di ripetizioni, quindi anche il modificatore *Curve*. Impostiamo la curva di *Bézier* come oggetto del deformatore e trasliamo la sequenza di sfere lungo la direzione dominante.

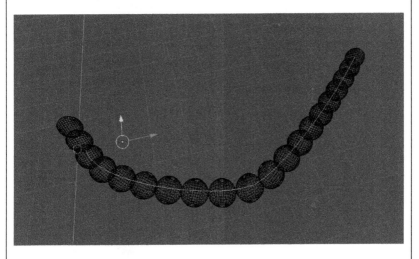

fig. 475 la sequenza di sfere segue l'andamento della curva di *Bézier* oggetto del modificatore *Curve*

ESERCIZIO n. 16: LE MONTAGNE RUSSE

In modo analogo proviamo a creare il binario delle montagne russe.

Per prima cosa realizziamo il nodo tipo, formato da due cilindri laterali (i veri e propri binari del trenino) e una costola centrale cilindrica.

389

Per prima cosa inseriamo un cilindro e in vista *Top* (7 NUM) spostiamola verso sinistra in direzione *x*.

Azzeriamo la *Location* e applichiamo un *Mirror* rispetto all'asse *x* (*y* sarà quindi l'asse di simmetria della specchiatura).

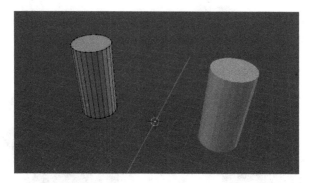

fig. 476 il cilindro specchiato rispetto a *x*

Inseriamo ora un altro cilindro in *Object Mode*, dal raggio maggiore posizionato al centro, ma traslato verso *y* rispetto agli altri due.

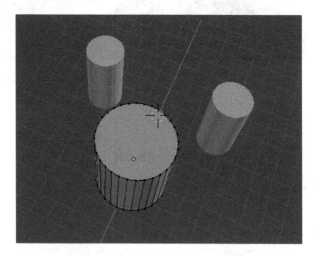

fig. 477 il cilindro maggiore

Partendo da un piano, inseriamo due *loop* e modifichiamo in *Edit Mode* la posizione di alcuni vertici come in figura. Assegniamo poi al piano il modificatore *Mirror* rispetto a x. Questo elemento sarà la base di partenza per la struttura di connessione tra i binari e la trave centrale.

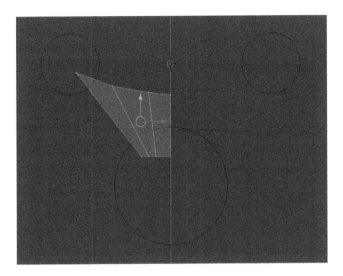

fig. 478 costruzione dell'elemento di connessione

Estrudiamo quindi il piano di una misura inferiore alla lunghezza dei cilindri.

fig. 479 estrusione dell'elemento di connessione

Applichiamo quindi definitivamente (Apply) a tutti gli oggetti il modificatore *Mirror*.

Selezioniamo tutti gli oggetti e uniamoli in un'unica *mesh* con la combinazione di tasti CTRL + J.

Azzeriamo scala, rotazione e posizione, quindi ruotiamo la *mesh* di 90° rispetto all'asse x (R, X, 90).

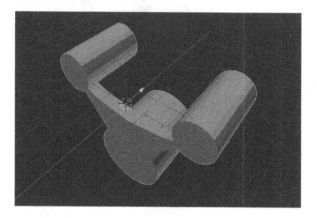

fig. 480 la vertebra tipo delle montagne russe

A questo punto dobbiamo realizzare il percorso che il binario seguirà. Sarà lungo, tortuoso, con piroette e avvitamenti.

Partendo da una curva di *Bézier*, provate a dare sfoggio alla fantasia, realizzando tale percorso in modo che sia proporzionato alla vertebra appena definita. Per farlo sarà sufficiente procedere per estrusioni successive del vertice estremo della curva.

È fondamentale fare molta attenzione, durante le estrusioni, alla corretta rotazione dei vertici e delle normali, affinché le vertebre non subiscano avvitamenti non voluti e che corrano lungo il percorso in modo uniforme e costante.

Per facilitare l'intento, è consigliabile estrudere e spostare i vertici della curva utilizzando le viste *Top*, *Front* e *Right*.

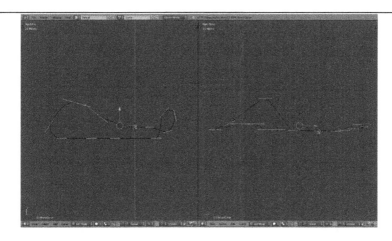

fig. 481 il percorso della curva di *Bézier* in proiezione ortogonale

Al termine chiudiamo il percorso, selezionando il vertice di partenza e quello terminale e digitando F.

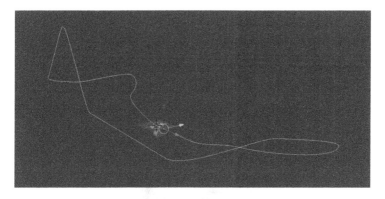

fig. 482 il percorso della curva di *Bézier* nello spazio 3D

Selezioniamo ora la vertebra e assegniamole il modificatore *Array*, impostando le istanze secondo il *Relative Offset* del valore 1 (pari a se stessa) e un numero di ripetizioni (*Count*) sufficienti per coprire la lunghezza complessiva del percorso.

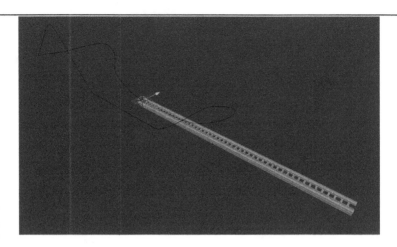

fig. 483 *Array* sulla vertebra

Assegniamo infine alla vertebra anche il modificatore *Curve*, impostando la curva di *Bézier* come *Object*. Il binario è pronto. Possiamo eventualmente correggere la rotazione su se stessi dei vertici con lo strumento *Tilt* posto nel pannello *Transform* della *Tools Shelf*. Aggiungiamo *Smooth* per arrotondare le superfici.

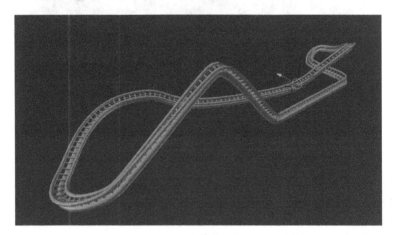

fig. 484 il binario derivato dalla deformazione del modificatore *Curve*

DISPLACE

Con questo modificatore, introduciamo un concetto molto importante: il rilievo.

Il termine **Displace**, in italiano, può essere tradotto come *dislocare*, ossia, nella fattispecie, riposizionare i vertici di una *mesh* lungo le proprie normali o lungo direzioni specifiche, ottenendo delle quote.

Esistono diversi metodi per ottenere il rilievo di un materiale. Li analizzeremo dettagliatamente col procedere degli argomenti. Per ora, basti sapere che il rilievo può essere assegnato ad una *mesh* come effetto (**bump**) o come reale riposizionamento dei vertici (**displacement**). Per far sì che quest'ultimo metodo sia possibile, la *mesh* deve possedere una geometria sufficientemente dettagliata.

Al fine di definire con esattezza la quota di ogni vertice, si ricorre ad una *texture*. Questa può essere una immagine monocromatica oppure un modello matematico (detta *texture procedurale*) di cui avremo occasione di parlare più avanti.

fig. 485 il pannello *Displace*

Blender interpreta la *texture* secondo le tonalità del colore. La scala dei grigi determina l'altezza dei vertici corrispondenti in quel punto della *texture* opportunamente scalata in funzione delle facce della *mesh*, in modo che per le aree più scure questi siano posizionati più in basso e per le aree più chiare in alto, secondo la forza imposta (**Strength**).

Facciamo un esempio pratico per chiarire il concetto.

Inseriamo nella 3D view una sfera. Assegniamo a questa un modificatore *Subdivision Surface* a due divisioni e applichiamolo definitivamente in modo da ottenere una griglia più fitta. Applichiamo definitivamente il modificatore *Subdivision Surface*.

Aggiungiamo ora alla sfera il modificatore *Displace*.

Nella casella **Texture** clicchiamo su *New*.

Nella finestra *Properties* andiamo ora al *tab Texture*.

fig. 486 icona del *tab Texture* nella finestra *Properties*

Nel pannello che si visualizzerà nella finestra *Properties* clicchiamo su *New* e scegliamo dal menu a tendina *Type* la *texture procedurale Distorted Noise*.

Questa può essere modificata a piacimento agendo sui parametri *Distortion, Nabla* e *Size* (che analizzeremo più avanti), adattandola alla forma e alla dimensione della *mesh*.

Impostiamo:

Distortion = 1.50

Nabla = 0.10

Size = 0.15.

La *texture* si presenterà così molto più fitta e dettagliata.

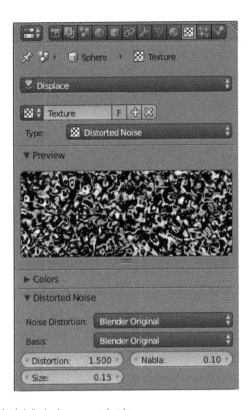

fig. 487 impostazioni della *texture procedurale*

Torniamo al *tab Modifiers* e imponiamo i valori di *Midlevel* e di *Strength* del modificatore *Displace* rispettivamente a 0.20 e 0.10.

Aggiungiamo quindi un modificatore *Subdivision Surface* a 2 divisioni per arrotondare ulteriormente l'effetto e lo *Smooth*.

La *texture* agirà come parametro sulla quota dei singoli vertici della *mesh*, sollevandoli in corrispondenza delle tonalità tendenti al bianco e schiacciandoli in corrispondenza alle tonalità più scure.

> **NOTA: La *texture* associata al *Displace* non colora la *mesh* ma ne determina soltanto il rilievo.**

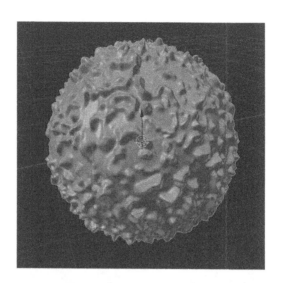

fig. 488 effetto del *Displace* sulla sfera con il parametro *Strength* impostato a 0.1

Proviamo ora a impostare un valore negativo allo *Strength*, ad esempio - 0.1. L'effetto si invertirà e i vertici che, nell'esempio precedente, erano a rilievo, si presenteranno adesso in depressione.

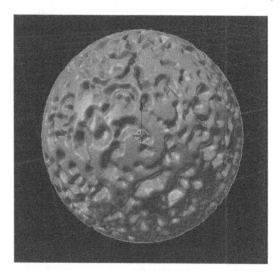

fig. 489 effetto del *Displace* sulla sfera con il parametro *Strength* impostato a - 0.1

Questo modificatore è adatto, tra le altre cose, a realizzare forme organiche e naturali, ad esempio virus e batteri, piuttosto che forme complesse dei rilievi di asteroidi o pianeti.

Mentre il parametro **Strength** regola l'intensità che la *texture* assegnata imprime sull'effetto, **Midlevel** agisce come regolazione fine dell'effetto. Il valore del *Midlevel* (tra 0 e 1) viene sottratto dal valore numerico del colore della *texture*.

Direction definisce la direzione lungo la quale verranno spostati i vertici. Tale direzione può essere scelta fra:

- *X, Y, Z*, lungo un asse locale;

- *Normal*, lungo la normale in quel punto;

- *RGB to XYZ*, lungo gli assi locali, secondo i componenti RGB della texture (valori rossi spostati lungo l'asse X, verdi lungo la Y, blu lungo la Z). Questo metodo è detto Vector Displacement.

Texture Coordinates definisce Il sistema di mappatura secondo le coordinate in modo da assegnare i valori dalla *texture* per ogni vertice. Il sistema può essere definito da uno dei seguenti metodi:

- *UV*, che utilizza il sistema di coordinate della *texture* specificato nel menu sottostante *UV Map*;

- *Object*, che utilizza il sistema di coordinate di un altro oggetto specificato nel menu sottostante *Object*;

- *Global*, che utilizza il sistema di coordinate globale del progetto;

- *Local*, che utilizza il sistema di coordinate dell'oggetto in questione.

Vertex Group impone che il *displacement* sia attivo soltanto sui vertici appartenenti al gruppo specificato.

Hook, in italiano, significa gancio e la traduzione rende perfettamente l'idea della funzione di questo modificatore assegnato ad una *mesh*.

Questo modificatore viene utilizzata per deformare una *mesh*, una curva o un oggetto *Lattice*, utilizzando un altro oggetto qualsiasi (di solito un *Empty*).

Muovendo l'oggetto gancio, i vertici dalla *mesh* vengono trascinati con esso e subiscono indirettamente la trasformazione applicata allo stesso, in modo simile a quanto avviene intervenendo sulla *mesh* con l'*editing* proporzionale.

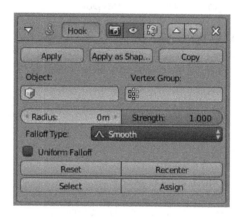

fig. 490 il pannello *Hook*

Ad esempio inseriamo una *mesh* adeguatamente suddivisa. Entriamo in *Edit Mode* e, selezionati i vertici che dovranno subire la deformazione del modificatore *Hook*, assegnamoli a un *Vertex Group*.

Creiamo quindi l'oggetto *Hook* (un *Empty*, o una piccola sfera).

Selezioniamo la *mesh* da deformare e applichiamo a questa il deformatore *Hook*, impostando l'oggetto gancio (l'*Empty* o la piccola sfera) come *Object* e il gruppo di vertici da deformare al *Vertex Group*.

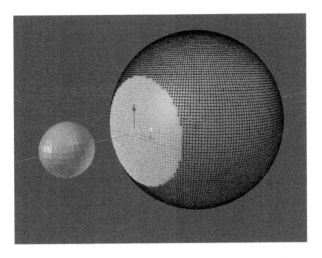

fig. 491 assegnazione al *Vertex Group* dei vertici da deformare della *mesh*

Regoliamo quindi la forza con cui il gancio influenzerà i vertici nella deformazione nel parametro **Strength** (da 0 a 1) il raggio di azione del gancio rispetto ai vertici (**Radius**) e il tipo di deformazione proporzionale nel menu **Falloff Type**.

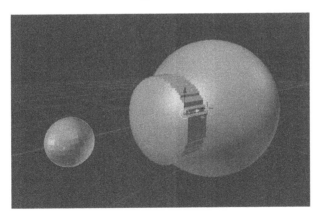

fig. 492 l'effetto del gancio sui vertici selezionati della *mesh*

Muovendo, ruotando o scalando l'oggetto gancio, i vertici assegnati al *Vertex Group* della *mesh* oggetto di deformazione seguiranno la trasformazione secondo il metodo proporzionale scelto.

La spunta su **Uniform Falloff** è utile quando si utilizzano ganci su oggetti in scala, in particolare nei casi in cui scale non uniformi potrebbero influenzare eccessivamente l'effetto del gancio.

Nella parte inferiore del pannello *Hook*, vi sono 4 pulsanti che rimandano alle funzioni del pannello *Vertex Group*:

- **Reset** ricalcola e cancella l'offset trasformato con il gancio;

- **Recenter** imposta il centro del gancio alla posizione del *3D Cursor*;

- **Select** seleziona i vertici interessati alla deformazione del gancio;

- **Assign** assegna i vertici selezionati nella *mesh* al modificatore.

Hook può anche essere assegnato ad un gruppo di vertici selezionato direttamente con la combinazione di tasti CTRL + H.

LAPLACIAN SMOOTH

Questo modificatore si basa sul flusso di curvatura di Laplace Beltrami, nell'omonima equazione. Spesso usato per le mesh ricostruite a mezzo di *scanner* 3D da oggetti del mondo reale, tenta di ridurre il rumore della *mesh*, adeguatamente suddivisa, intervenendo sulla geometria e sulla forma della *mesh* in modo non invasivo.

Il contatore **Repeat** consente di eseguire il deformatore più volte. Ogni ripetizione provoca un nuovo flusso di curvatura della *mesh* e, come risultato, rimuove il rumore per ogni iterazione.

fig. 493 il pannello *Laplacian Smooth*

Factor regola la quantità di spostamento di ogni vertice lungo il flusso di curvatura.

Usando un valore ridotto, soprattutto con più iterazioni (*Repeat*), è possibile rimuovere il rumore dalla *mesh* senza influire in modo significativo sulla geometria.

Utilizzando un valore elevato, invece, si ottiene una versione molto arrotondata della forma al costo della perdita dei particolari della geometria.

Utilizzando un fattore negativo, infine, è possibile migliorare la forma, mantenendo la geometria. Quando il fattore è negativo, più iterazioni possono tuttavia aumentare il rumore.

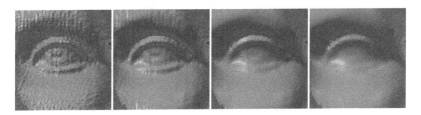

fig. 494 effetto del modificatore *Laplacian Smooth* su una *mesh* con il valore *Factor* impostato (da sinistra verso destra) a 0; 0.5; 2.5; 5

403

Poiché non vi è alcun modo per calcolare il flusso di curvatura sui margini di una *mesh*, questi devono essere controllati separatamente. I margini vengono livellati utilizzando un metodo molto più semplice, usando **Border** per controllare l'influenza.

Per valori positivi verranno smussate le posizioni dei vertici, mentre, per valori negativi, la modifica di miglioramento avverrà nella direzione opposta.

Le spunte degli assi (**Axis**) X, Y e Z attiveranno la modifica nelle direzioni specificate.

Per valori particolarmente elevati di *Factor* e *repeat*, il processo di levigatura o smussatura potrebbe provocare un restringimento della *mesh*. Spuntando **Preserve Volume**, Blender tenterà di limitare il restringimento e di mantenere le dimensioni della *mesh* originale.

Spuntando **Normalize**, invece, Blender farà in modo di levigare eventuali picchi dei vertici che potrebbero far risultare non morbido e uniforme l'andamento curvo della superficie.

Inserendo, infine, un gruppo di vertici specifico, la deformazione del *Laplacian Smooth* avverrà esclusivamente sui vertici facenti parte quel gruppo.

LAPLACIAN DEFORM

fig. 495 il pannello *Laplacian Deform*

Nonostante l'interfaccia semplice del suo pannello di controllo, il modificatore **Laplacian Deform** è estremamente complesso e performante.

Questo algoritmo adatta lo spostamento di gruppi specifici di vertici di una *mesh*, a cui è assegnato il modificatore, in modo da influire proporzionalmente anche sui vertici attigui, ottenendo una geometria non spigolosa della *mesh* soggetta allo spostamento dei vertici.

In modo analogo al modificatore precedete (*Laplacian Smooth*), il contatore **Repeat** esegue il deformatore più volte sulla *mesh*.

Nella casella **Anchor Vertex Group**, invece, viene indicato il nome del gruppo di vertici soggetti alla deformazione.

Il modo migliore per chiarire il funzionamento di questo interessate modificatore è quello di proporre un esempio pratico.

 ESERCIZIO n. 17: UNA STELLA MARINA

Per prima cosa dobbiamo realizzare la geometria del mollusco.

Esso avrà 5 punte, pertanto inizieremo con l'inserimento di un cerchio il cui numero di segmenti (o vertici) sia tre volte il numero delle punte, vale a dire 15. Prima di confermare spuntiamo *ngon* nel pannello della *Tools Shelf*, oppure, selezionando tutti i vertici in *Edit Mode*, digitando F per riempire la superficie.

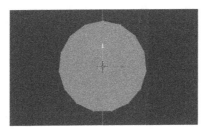

fig. 496 inserimento del cerchio a 15 segmenti

Selezionando alternati gruppi di due vertici a uno libero, partendo dal secondo in alto a destra, scaliamoli come in figura.

fig. 497 scalatura dei vertici alternati a formare le punte della stella

Selezionando con A tutti i vertici, effettuare due volte un *Inset* con il tasto I.

fig. 498 applicazione di un doppio *Inset*

Estrudere la *mesh* per darle spessore.

Tornare in *Object Mode* e assegnare un modificatore *Subdivision Surface* con 4 divisioni alla *mesh*. Applicare in modo definitivo il modificatore.

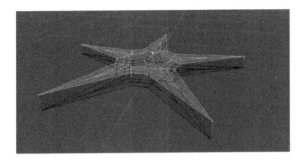

fig. 499 estrusione

fig. 500 applicazione del modificatore *Subdivision Surface*

In vista *Top* (7 NUM) e in modalità *Wireframe* (Z), con il comando di selezione circolare C, selezionare alcuni vertici di una delle punte della stella

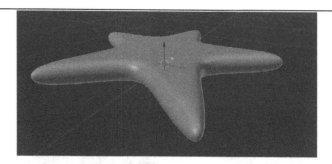

fig. 501 la stella in vista tridimensionale

Assegniamo quei vertici ad un nuovo *Vertex* Group (nell'apposito *tab* della finestra *Properties* e, con la combinazione di tasti CTRL + H e scegliendo *Hook to New Object* assegneremo a quel gruppo di vertici un gancio *Hook*.

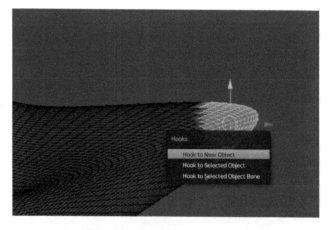

fig. 502 assegnazione dei vertici selezionati ad un *Vertex Group* e a un gancio (*Hook*).

Operiamo nello stesso modo anche con le rimanenti 4 punte e con l'area centrale della stella.

Nel *tab Modifiers* saranno comparsi 6 modificatori in cascata *Hook* assegnati ai relativi *Vertex Group*.

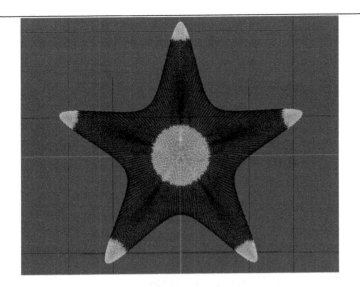

fig. 503 assegnazione di tutti i *Vertex Group* e dei relativi *Hook*

fig. 504 i modificatori *Hook* in cascata

Muovendo ogni singolo gancio si può notare che il gruppo di vertici associato si sposta di conseguenza, ma in modo netto e individuale.

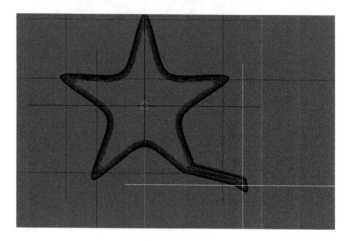

fig. 505 trascinamento del *Vertex Group* a mezzo dell'*Empty Hook* associato

Selezioniamo la stessa e entriamo in *Edit Mode*, selezionando tutti i vertici associati ai ganci.

Associamo tutti i vertici selezionati ad un nuovo, ulteriore *Vertex Group*.

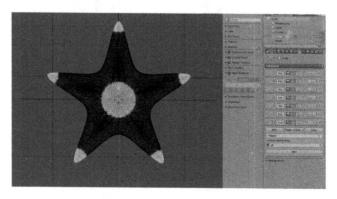

fig. 506 associazione del *Vertex Group* al modificatore *Laplacian Deform*

Aggiungiamo infine, dopo aver minimizzato tutti i modificatori *Hook*, il modificatore *Laplacian Deform*, associando i vertici dei tentacoli e del corpo centrale della stella marina al modificatore.

Applichiamo il comando **Bind**.

A questo punto, semplicemente intervenendo con il movimento e la rotazione degli *Empty*, i *Vertex Group* ad essi associati ne seguiranno le trasformazioni, intervenendo in modo proporzionale anche sui vertici ad essi attigui, per una deformazione morbida e proporzionale.

È il momento di mettere in posa la vostra stella marina.

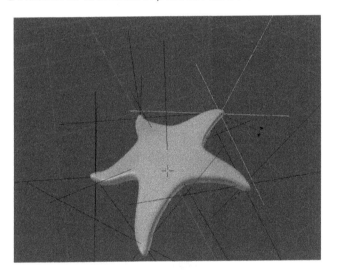

fig. 507 posa della stella marina

LATTICE

Il modificatore **Lattice** è uno strumento di deformazione potentissimo.

In sostanza consente di deformare la *mesh* ad alta definizione poligonale a cui viene associato grazie al controllo di pochi vertici.

Si tratta in definitiva di costruire una gabbia dell'ingombro massimo approssimativo delle dimensioni della *mesh* e, agendo sui pochi vertici di cui è composta tale gabbia, che funzionano in modo non dissimile dagli *Hook*, la *mesh* subirà una deformazione proporzionale in corrispondenza dei vertici.

fig. 508 il pannello *Lattice*

Una volta posizionato il parallelepipedo *Lattice*, con SHIFT + A, che per chiarezza potrà essere rinominato *Lattice*, possiamo agire nel *tab Data Lattice* per definire il numero delle suddivisioni e dei punti di controllo, secondo gli assi locali *U, V* e *W*.

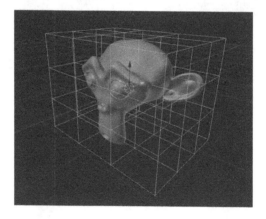

fig. 509 il *Lattice* impostato a 4 divisioni *U, V, W*

412

Selezionata quindi la *mesh*, applichiamo a questa il modificatore *Lattice*, assegnando nella casella **Object** il *Lattice* interessato.

Naturalmente è possibile forzare la modifica solo su determinati vertici appartenenti ad uno specifico **Vertex Group**.

Infine il cursore **Strength** (da 0 a 1) permette di regolare l'intensità con cui il lattice sarà in grado di deformare i vertici della *mesh*.

A questo punto possiamo selezionare l'oggetto *Lattice*, entrare in *Edit Mode* e spostare, ruotare o scalare i vertici. In tempo reale la *mesh* subirà la deformazione proporzionale.

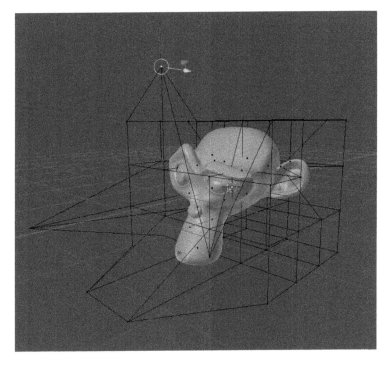

fig. 510 la deformazione della *mesh* secondo le trasformazioni del *Lattice*

413

Mesh Deform funziona in modo assai simile al *Lattice*, con la differenza che la *mesh* sarà soggetta a deformazione secondo il controllo dei vertici limitati di una *mesh* corrispondente, della stessa natura della prima, ma dalla geometria molto meno dettagliata.

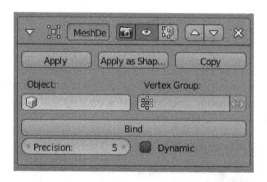

fig. 511 il pannello *Mesh Deform*

Ad esempio, inseriamo un cubo ed applichiamo su esso il modificatore *Subdivision Surface* a 4 suddivisioni. Il cubo si trasformerà in un solido simile ad una sfera. Rinominiamolo "*mesh*".

Applichiamo ora un secondo cubo, delle stesse dimensioni di partenza e nella stessa posizione rispetto al precedente. Assegniamo su questo il modificatore *Subdivision Surface* a 1 sola divisione. Applichiamo il modificatore su questo secondo cubo. Rinominiamolo "*Deform*".

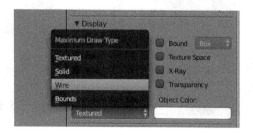

fig. 512 forzatura della visualizzazione *Wireframe* del secondo cubo

Selezioniamo ora il solido "Deform" e, nel pannello Display, all'interno del tab Object della finestra Properties imponiamogli la vista Wireframe nel menu Maximum Draw Type.

Questo forzerà la visualizzazione del solido a fil di ferro qualunque sia impostata la visualizzazione globale della scena 3D.

Selezioniamo ora il cubo rinominato "mesh" e assegniamogli il modificatore Mesh Deform, impostando il cubo Deform come **Object**.

Entriamo ora nel pannello del modificatore e clicchiamo sul pulsante **Bind** per far calcolare a Blender la deformazione. Dopo alcuni secondi potremo iniziare ad agire sui vertici del cubo "Deform" e il cubo "mesh" si deformerà in tempo reale.

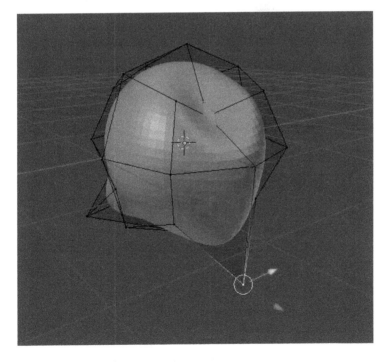

di una mesh con Mesh Deform

Il parametro **Precision** controlla la definizione della deformazione, mentre la spunta **Dynamic** permette di ricalcolare dinamicamente il *Bind* in cima a tutti gli altri deformatori in cascata.

SHRINKWRAP

Questo deformatore, similmente agli strumenti precedentemente analizzati nel *menu* della 3D view, permette di proiettare una *mesh* su un'altra *mesh*.

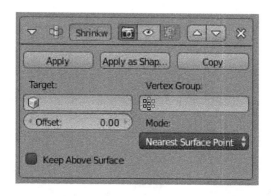

fig. 514 il pannello *Shrinkwrap*

Tale deformatore necessita di una definizione piuttosto elevata affinché i vertici della *mesh* da proiettare si proiettino sulla seconda *mesh*.

Il modificatore si applica alla *mesh* da proiettare, una volta che entrambe siano state opportunamente suddivise con una *Subdivision Surface*.

Nel menu **Target** occorrerà inserire il nome della *mesh* su cui proiettare quella selezionata.

Vertex Group consente di proiettare solo i vertici facenti parte di un gruppo specifico.

Offset permette di distanziare della misura selezionata la *mesh* *proiettata* dalla superficie. Per valori negativi, la *mesh* sarà distanziata verso l'esterno; per valori positivi, compenetrerà parzialmente la seconda *mesh*.

Il menu **Mode** definisce il metodo secondo il quale la *mesh* verrà proiettata, ossia:

- *Nearest Surface Point*, in modo che ogni vertice venga proiettato sull'area superficiale più prossima della seconda *mesh*;

- *Nearest Vertex* , in modo che ogni vertice venga proiettato sul vertice della seconda *mesh* ad esso più prossimo;

- *Project*, in modo da proiettare i vertici nella direzione di un asse scelto (*X, Y, Z*) nelle opzioni che si attiveranno. I vertici che, nell'atto della proiezione sulla seconda *mesh* non la toccheranno, di fatto non verranno proiettati. Le spunte *Positive* e *Negative* consentono di direzionare la proiezione rispetto agli assi selezionati. Il menu *Cut Faces* consente di impedire qualsiasi proiezione sul lato anteriore *Front* (oppure il lato posteriore, *Back*) delle facce della destinazione. Il lato di una faccia è determinato dalla sua normale.

Auxiliary Target permette di inserire una ulteriore *mesh* ai fini della proiezione.

 ESERCIZIO n. 18: PALLA DA BILIARDO NUMERO 8

Facciamo un esempio pratico dell'utilizzo di *Shrinkwrap*. Realizzeremo una palla da biliardo con il numero proiettato.

Inseriamo un cubo e assegniamogli il modificatore *Subdivision Surface* a 4 o 5 divisioni.

Si trasformerà in un solido tendente alla sfera con tutte le facce quadrangolari.

Inseriamo un testo, entriamo in *Edit Mode* e, dopo aver cancellato con CANC la scritta *Text*, digitiamo il numero 8.

Ruotiamo di 90° rispetto all'asse x il testo e trasformiamolo in mesh con la combinazione di tasti ALT + C e scegliendo *Mesh to Curve*. Applichiamo anche al testo il modificatore *Subdivision Surface* ad almeno 3 divisioni.

Posizioniamoci in vista frontale (1 NUM) e centriamo il numero 8 alla sfera, quindi in vista *Top* (7 NUM) trasciniamo il numero al di fuori della sfera.

Assegniamo al numero il modificatore *Shrinkwrap* e impostiamo il cubo divenuto ormai sfera come *Target*.

Il numero si stamperà sulla palla. Quanto più saranno definite le geometrie delle due *mesh*, si apprezzerà maggiore dettaglio nella proiezione.

Provate a giocare con i parametri e con il menu *Mode* per ottenere risultati soddisfacenti.

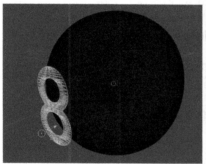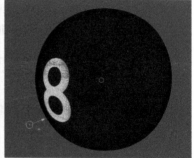

fig. 515 proiezione del numero 8 sulla palla

Questo modificatore consente di deformare una *mesh* scegliendo una delle tre opzioni di deformazione secondo l'asse z:

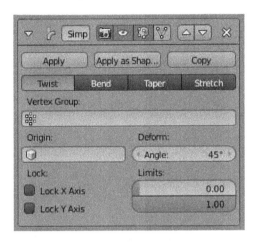

fig. 516 il pannello *Simple Deform*

- **Twist**, che torce la *mesh*;

- **Bend**, che piega la *mesh*;

- **Taper**, che assottiglia la *mesh*;

- **Stretch**, che stira la *mesh*.

Per ognuno dei quattro deformatori, restano costanti alcune opzioni, come **Vertex Group**, per la quale sono sottoposti a deformazione soltanto i vertici assegnati al gruppo specificato; **Origin**, che definisce come centro di deformazione l'origine di un oggetto esterno; e **Limits**, i cui due parametri definiscono i limiti superiore e inferiore di deformazione della *mesh*.

Altri parametri si attiveranno invece a seconda del tipo di deformatore selezionato. Vediamoli nel dettaglio.

a) Twist

- Il contatore **Deform** esprime in gradi la rotazione di torsione della *mesh*;

- **Lock X Axis / Y Axis** se spuntati bloccando l'effetto di torsione rispettivamente rispetto alla x e alla y.

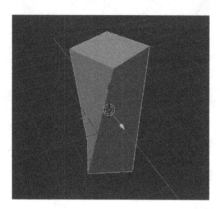

fig. 517 la torsione *Twist* applicata a un parallelepipedo

b) Bend

È disponibile l'opzione *Deform* che specifica i gradi.

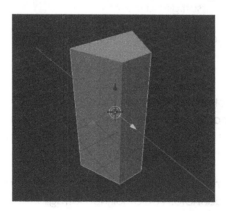

fig. 518 il deformatore *Bend* piega la *mesh*

c) Taper

Il parametro *Deform* è espresso da un valore *Factor* che determina l'entità della trasformazione di assottigliamento e il verso.

Inoltre sono disponibili i parametri a spunta *Lock X Axis / Y Axis*.

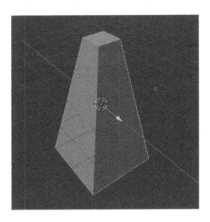

fig. 519 l'effetto del deformatore *Taper* sul parallelepipedo

d) Stretch

Dispone degli stessi parametri di *Taper* che utilizza per stirare la *mesh*.

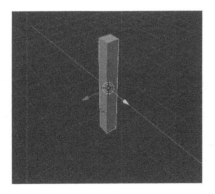

fig. 520 l'effetto del deformatore *Stretch* sulla *mesh*

Smooth, da non confondere con l'omonimo ombreggiatore, serve a smussare e arrotondare realmente, con l'aiuto di una geometria dettagliata, le spigolosità della *mesh* a cui è assegnato.

L'algoritmo influisce il riposizionamento dei vertici in prossimità degli spigoli tra le facce della *mesh*, secondo il parametro **Factor**, che ne determina l'intensità.

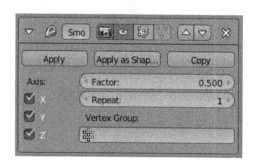

fig. 521 il pannello *Smooth*

Repeat definisce invece il numero delle ripetizioni dell'algoritmo, ognuna delle quali aggiunge maggiore smussatura.

Inserendo un **Vertex Group**, il deformatore influirà soltanto sui vertici assegnati.

Le spunte su *X*, *Y* e *Z* impediscono la deformazione lungo gli assi selezionati.

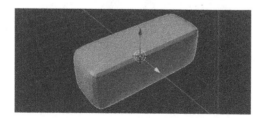

fig. 522 l'effetto del deformatore *Smooth* con *Factor* = 2 e *Repeat* = 7 su un parallelepipedo

422

Warp permette a due oggetti esterni (di solito oggetti *Empty*) di influire sulla deformazione di una *mesh* a cui è applicato il deformatore.

In particolare il deformatore agisce sulla *mesh* in modo che i due oggetti esterni (assegnati rispettivamente alle caselle **From** e **To**), influiscano sui vertici della *mesh* (debitamente suddivisa), come elementi attivi e resistenti l'uno verso l'altro.

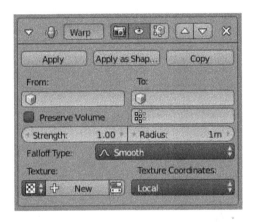

fig. 523 il pannello *Warp*

Ad esempio inseriamo una sfera e aggiungiamole geometria con un *Subdivision Surface*.

Inseriamo quindi due oggetti *Empty*, uno a sinistra e uno a destra della sfera, il primo dei quali verrà assegnato a *From* e il secondo a *To*.

Muovendo il primo *Empty* in direzione della sfera, questa subirà una deformazione concava, mentre avvicinando l'oggetto 2 fino a oltrepassare la sfera, essa subirà uno stiramento.

Nel contatore **Strength** può essere impostata la forza di azione del trasformatore, mentre in **Radius** il raggio di intervento sulla *mesh*.

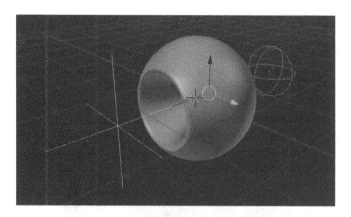

fig. 524 influenza dell'*Empty* a forma di terna di assi

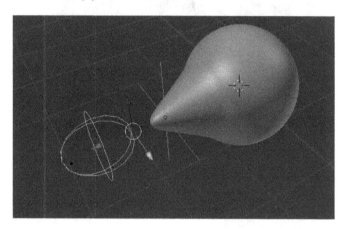

fig. 525 influenza dell'*Empty* si forma sferica

È possibile inoltre assegnare un **Vertex Group**.

Preserve Volume mantiene inalterato il volume dopo la deformazione.

Falloff Type apre un menu in cui è possibile scegliere il metodo di deformazione secondo algoritmi di proporzionalità.

424

Texture Coordinates apre un menu in cui scegliere secondo quali assi di riferimento deve avvenire la trasformazione, scegliendoli tra assi locali della mesh (*Local*), il sistema globale (*Global*), gli assi locali di un oggetto esterno (*Object*) e le coordinate *UV* della *texture* assegnata (*UV*).

Infine è possibile assegnare una **Texture** (scelta dal *tab Texture* come visto in precedenza) come *Falloff* di deformazione. I vertici si disporranno, nella deformazione, secondo un *displacement* definito dalla scala di grigi della *texture assegnata*.

WAVE

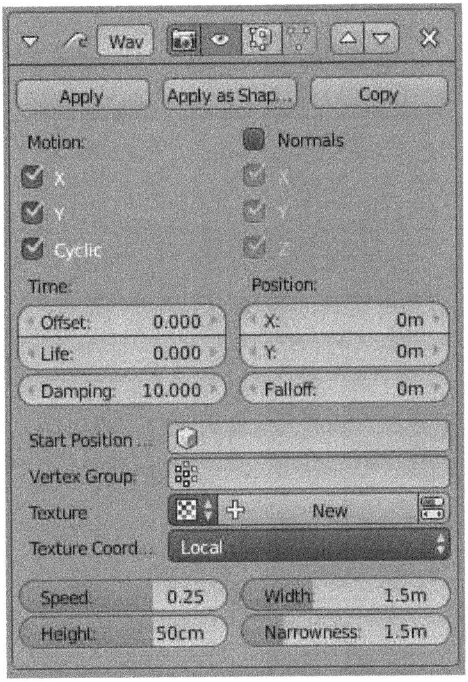

fig. 526 il pannello *Wave*

425

L'ultimo modificatore *Deform* della lista è **Wave**, *che* deforma una *mesh*, una curva, una superficie o un testo, applicando un andamento oscillatorio ai suoi vertici.

Logicamente è necessaria una geometria dettagliata.

L'effetto deforma vertici in direzione z e si propaga lungo l'oggetto con onde circolari (se entrambe le spunte **X** e **Y** relative a **Motion** sono abilitate), con onde rettilinee (se è abilitato un solo asse) parallelamente rispetto all'asse corrispondente alla spunta Y e/o X o attivata.

Per visualizzare l'animazione è sufficiente digitare la combinazione di tasti ALT + A.

La spunta **Cyclic**, se attivata, consente di ripetere l'animazione ciclicamente.

Normal (disponibile solo per le *mesh*), se attivato, sposta i vertici della *mesh* lungo le normali alla superficie, anziché lungo l'asse z dell'oggetto, come da *default*).

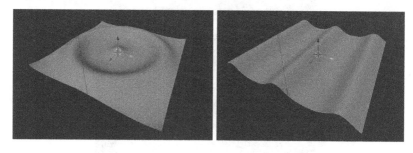

fig. 527 *Wave* con *X* e *Y* spuntate (a sinistra) genera onde concentriche circolari, mentre (a destra) con una spunta sola, onde parallele rettilinee.

La sezione **Time** contiene le informazioni sull'animazione e in particolare:

- *Offset* determina la posizione dell'onda del fotogramma iniziale;

- *Life* la durata dell'animazione, espressa in *frame*;

426

- *Damping* consente di impostare un ulteriore numero di fotogrammi (*frame*) entro i quali l'onda si smorzerà dolcemente dall'altezza massima allo zero (al fotogramma indicato).

La sezione **Position** definisce la posizione *X* e *Y* del centro delle onde, mentre **Falloff** controlla quanto velocemente le onde sfumeranno mentre si allontano dalle coordinate di cui sopra (o quelle di oggetto posizione iniziale).

Start Position permette di utilizzare il centro di un oggetto esterno come centro delle onde.

Vertex Group assegna il deformatore solamente ai vertici appartenenti al gruppo selezionato.

Texture impone un *displacement* (la cui accuratezza dipende dalla geometria della *mesh*) alle onde. Come per i modificatori precedenti, è sufficiente aggiungere una *texture* esterna o una procedurale dal *tab Texture* e richiamarlo nella casella omonima del modificatore.

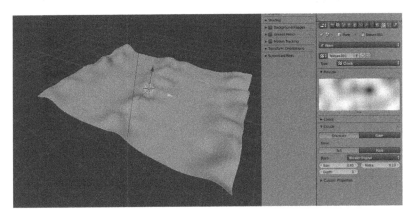

fig. 528 una *Texture* procedurale *Cloud* impostata come *displacement* delle onde

Così come per *Warp*, **Texture Coordinates** apre un menu in cui scegliere secondo quali assi di riferimento deve avvenire la trasformazione. Sono disponibili se seguenti scelte: assi locali della

427

mesh (*Local*), il sistema globale (*Global*), gli assi locali di un oggetto esterno (*Object*) e le coordinate *UV* della texture assegnata (*UV*).

I cursori **Speed**, **Height**, **Width** e **Narrow** consentono l'inserimento numerico dei parametri utili per il controllo delle onde e in particolare, rispettivamente, per la velocità di animazione, l'altezza delle onde, la distanza fra un'onda e l'altra (e quindi di fatto la frequenza) e l'ampiezza delle onde.

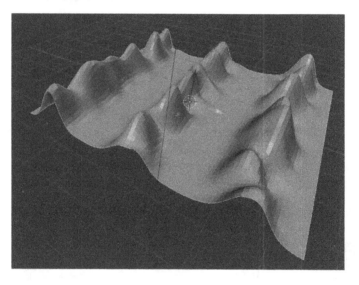

fig. 529 i parametri dimensionali modificati rendono le onde dalla forma più complessa

5.4. Il problema della sfera

In chiusura di questo capitolo teniamo ad affrontare una problematica importante nell'ambito della modellazione 3D: quello della sfera.

La sfera, dal punto di vista della modellazione, è un oggetto da gestire con accuratezza, soprattutto in vista di una corretta ombreggiatura e di una corretta mappatura.

Come abbiamo visto e ripetuto più volte, soprattutto nella modellazione 3D di *mesh* destinate alla renderizzazione con un motore di tipo *Unbiased*, l'ideale sarebbe che queste siano suddivise in poligoni quanto più possibile regolare e soprattutto quadrangolari.

Per forza di cose, proprio perché Blender (così come altri software commerciali basati sullo stesso criterio di modellazione) opera per approssimazione di curve, può capitare da doversi imbattere in problemi di triangolazioni, a volte inevitabili. Sappiamo quanto questo possa risultare un rischio per l'ombreggiatura.

La sfera di *default* (*UV Sphere*) , in modo particolare (e con essa anche altri solidi derivati), è composta da una griglia di paralleli e di meridiani, i quali convergono al polo nord e al polo sud in un unico punto, generando le facce triangolari all'estremità.

fig. 530 facce triangolari della *UV Sphere* ai poli

429

A seconda del livello di dettaglio, sia chiaro, potrebbe essere necessario e conveniente intervenire sulla geometria.

Un metodo, a patto che i meridiani della sfera siano di un numero multiplo di 4, è quello di eliminare i vertici ai poli, selezionare il *loop* circolare del primo parallelo e con F riempire la superficie.

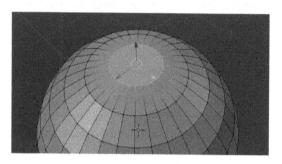

fig. 531 eliminazione del vertice al polo e *fill* sul primo parallelo

Una volta creata la faccia, effettueremo un primo *Inset* con I, poi, posizionandoci in vista frontale (1 NUM), solleveremo gradualmente il *loop*, seguendo la curvatura naturale della sfera.

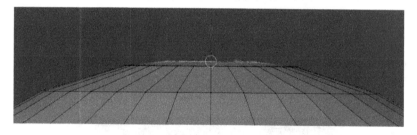

fig. 532 *Inset* e sollevamento del *loop*

Procederemo almeno un'altra volta allo stesso modo.

Al fine di evitare che rimanga una faccia poligonale in sommità, posizionandoci in vista *Top* (7 NUM), effettueremo dei tagli con *Knife* (K) alternando un vertice a due e passando per il centro.

430

In questo modo la superficie verrà divisa in tante facce quadrangolari.

Non rimane che sollevare il polo secondo il raggio di curvatura.

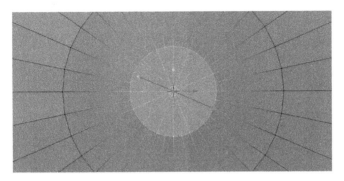

fig. 533 suddivisione della faccia terminale con *Knife*

Un secondo metodo per ottenere una sfera suddivisa in facce quadrangolari è quello di inserire una Icosfera (che come si sa è suddivisa in triangoli) e applicare a questa un modificatore *Subdivision Surface*. Questo modificatore suddividerà adeguatamente la *mesh* ricreando facce quadrangolari.

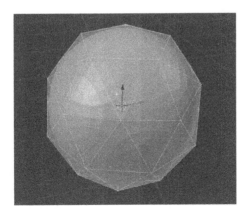

fig. 534 suddivisione di una *Icosphere* con *Subdivision Surface*

A proposito di *Subdivision Surface*, sappiamo che questo modificatore suddivide una *mesh* e ne arrotonda gli spigoli.

Inserendo un semplice cubo nella 3D view con il modificatore applicato ad almeno 4 divisioni, il solido subirà una trasformazione e *tenderà* alla sfera. Teniamo a sottolineare la parola *tendere*, poiché non diverrà propriamente una sfera, ma un solido simile a questa e con la geometria di base di un cubo. Teoricamente con un numero infinito di suddivisioni il cubo si trasformerebbe effettivamente in una sfera.

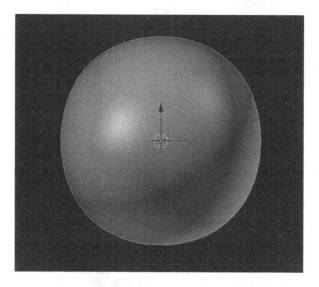

fig. 535 suddivisione di un cubo con *Subdivision Surface*

Quello che forse risulterebbe il metodo più preciso per la creazione di una sfera, sia per regolarità, sia per omogeneità delle facce, è quello di inserire un cubo, debitamente suddiviso nella geometria con W e *Subdivide* (almeno 15 suddivisioni per ottenere un discreto risultato) e applicare a questo il modificatore *Cast* in cui verranno impostati *Sphere* nel menu *Cast Type* e il valore 1 nel contatore *Factor*.

432

fig. 536 il modificatore *Cast* deformerà il cubo in una sfera, le cui facce, saranno disposte in modo omogeneo, come quelle del cubo

434

6
PER CONCLUDERE

6.1. Ringraziamenti

Desidero ringraziare tutti quanti coloro hanno contribuito alla realizzazione di questo primo volume di Blender - la guida definitiva, la mia famiglia, i collaboratori, gli amici che mi hanno supportato e consigliato, quali, tra tutti Francesco Andresciani, la Blender Community e la Blender Foundation, le persone che seguono me e il sito www.blenderhighschool.it, nonché tutti i miei editori di Area 51 Editore che hanno creduto in questo progetto: Simone, Valentina, Enrico e Silvia.

Desidero dedicare a tutti loro il successo di quest'opera.

Grazie.

Andrea

6.2. Bibliografia di supporto

Per la stesura di questo primo volume sono state consultate le seguenti fonti cartacee e digitali:

- Francesco Siddi - Grafica 3D con Blender - Apogeo 2015

- Oliver Villar Diz - Learning Blender - Addison Wesley 2015

- Andrea Coppola / Francesco Andresciani - Blender - Area 51 Publishing 2013-2015

- Francesco Andresciani - Blender: le basi per tutti - Area 51 Publishing 2014

- Gabriele Falco - Blender 2.7 Grafica e Animazione 3D - 2014

- Gordon Fisher - Blender 3D Basics - PACKT Publishing 2014

- John M. Blain - Blender Graphics Computer Modeling & Animation - CRC Press 2012

- Ben Simonds - Blender Master Class - 2012

- Andrea Coppola - Blender Videocorso (modulo base e intermedio) - Area 51 Publishing - 2014-2015

- Andrew Price - The Architecture Academy - 2014

Sono inoltre stati consultati i seguenti siti internet:

www. blender.org (Cloud)

www.blenderguru.com

www. blendtuts.com

www.francescomilanese.com

www.blenderclick.it

www.blender.it

cgcookie.com/blender

www.blenderhighschool.it

6.3. Nota sull'Autore

Andrea Coppola, classe '71, è un professionista poliedrico: architetto, *designer*, 3D *artist* e costruttore (e parecchi anni fa anche musicista arrangiatore e produttore).

Vive dividendosi tra Roma (dove si occupa di architettura di interni e design e di training) e il Kenya (dove ha progettato e realizzato cinque residence di ville a Watamu: (consultabili sul sito www.lamiacasainkenya.com). In Kenya è anche socio fondatore della società di costruzioni Hendon Properties Ltd.

Titolare e fondatore dello studio di architettura di Roma L.A.A.R. (www.laboratoriodiarchitettura.info), ha lavorato e lavora tuttora come progettista di interni e designer (avendo progettato, tra l'altro, i due modelli di cucina "Nairobi" e "Skin" per Reval Cucine s.r.l. e la sedia "Cra Cra" per Art Leather).

Ha inoltre lavorato come coordinatore per la sicurezza nei cantieri edili (C.S.E.) e come assistente universitario presso la facoltà di Architettura di Roma "La Sapienza", insegnando in alcuni master.

Appassionato di computer grafica e in particolare di Blender, tiene regolarmente corsi, attraverso il sito www.blenderhighschool.it, uno dei principali riferimenti italiani di Blender e partner ufficiale di Blender Italia (www.blender.it). In questo sito, connesso con www.blenderclick.it (gestito con Francesco Andresciani), l'Autore cerca di dare il personale contributo alla causa di Blender, grazie alla sua versatilità, offrendo tutorial, trucchi, libri e prodotti gratuiti e/o a pagamento, oltre a servizi di modellazione e *rendering*.

Come consulente ha realizzato dei cataloghi per aziende di cucine (insieme ad Alan Zirpoli) e per la Mars Society di Bergamo, un progetto interattivo utilizzando le reali mappe del pianeta rosso fornite dalla NASA (con Francesco Andresciani).

Oltre a questa opera, ha pubblicato 8 e-book su Blender, 1 sulla stampa 3D, 10 videocorsi, una Academy a tema (Thematic Academy) su Blender; 3 e-book su Autocad; 1 corso di fonia e 1 *thriller* ("L'Altra Specie"), tutti editi da Area 51 Editore di Bologna (www.area51editore.com).

Per contatti:
andreacoppola71@gmail.com
www.blenderhighschool.it